MOLDEN
TASCHENBUCH
VERLAG

Das Buch

Tag für Tag kaufen Frauen in Parfümerien für viel Geld Kosmetika ein, die ihnen Schönheit und Jugend verheißen. Was diese Cremes, Lotionen und Gesichtsmasken an Grundsubstanzen enthalten, kann man meist für weitaus weniger Geld in jeder Apotheke oder jedem Reformhaus beziehen – mit dem Unterschied, daß die Schönheitsmittel, die man sich aus frischen Zutaten selbst verfertigt, frei sind von chemischen Konservierungsmitteln, ohne die das teure Industrieprodukt nicht jahrelang haltbar bliebe.
Kosmetische Mittel selbst herzustellen ist kinderleicht. Abgesehen von den Töpfen und Geräten, die in jeder Küche sowieso vorhanden sind, braucht man dazu nur eines: gute Rezepte.
Diese Rezeptsammlung ist das Resultat jahrelanger Recherchen. Stephanie Faber begann mit dem Sammeln alter Schönheitsrezepte als Hobby. Aus reinem Interesse, ob diese Mittel auch brauchbar wären, probierte sie die Rezepte aus. Sie waren mehr als brauchbar – sie waren zumindest ebenso gut, meist wirkungsvoller und besser als die teuren Präparate, die auf ihrem Toilettentisch herumstanden. Nun ging sie systematisch an die Arbeit. Sie stöberte in alten Tagebüchern, Briefen, Kräuterbüchern, sie prüfte alle Rezepte auf ihre Verwendbarkeit und Wirkung aus, verfeinerte und bereicherte sie dann mit Zutaten, die zu Großmutters Zeiten nur schwer oder überhaupt nicht zugänglich waren. Jedes dieser Rezepte wurde dann von Hautärzten und kosmetischen Fachleuten genau geprüft. Dieses Buch beinhaltet mehr als 300 der besten Rezepte: für Gesichtsreinigungsmittel, Lotionen, Pflege- und Nährcremes, Gesichtspackungen und -masken, Badezusätze, Haarpflegemittel, Rasierwässer, Körperöle . . .

Die Autorin

Stephanie Faber, Journalistin, stammt aus Franken und lebt heute auf einem Bauernhof in Oberbayern. Sie ist Landwirtin aus Leidenschaft, sammelt internationale Schönheitsrezepte und schreibt in verschiedenen in- und ausländischen Zeitschriften. Ihre beiden Bücher „Das Rezeptbuch für Naturkosmetik" und „Schönheitsfarm zu Hause" (beide erschienen im Molden Verlag) sind Bestseller geworden.

Stephanie Faber

DAS REZEPTBUCH FÜR NATURKOSMETIK

318 Rezepte zum Selbermachen

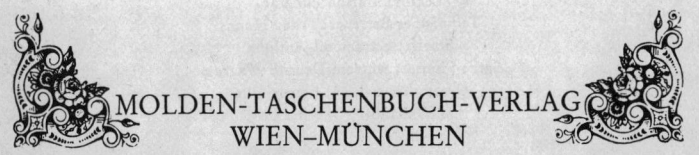

MOLDEN-TASCHENBUCH-VERLAG
WIEN–MÜNCHEN

1. Auflage, 1.–20. Tausend, Januar 1976
2. Auflage, 21.–40. Tausend, Februar 1976
3. Auflage, 41.–50. Tausend, Juni 1976
4. Auflage, 51.–55. Tausend, Oktober 1976
5. Auflage, 56.–60. Tausend, Februar 1977
6. Auflage 61.–65. Tausend, Mai 1977

MTV · Molden-Taschenbuch-Verlag
EROICA Verlagsgesellschaft m.b.H., Wien–München
Lizenzausgabe mit freundlicher Genehmigung des
Verlages Fritz Molden, Wien–München–Zürich
Copyright © 1974 by Verlag Fritz Molden, Wien–München–Zürich
Ungekürzte Ausgabe
Nachdruck, auch auszugsweise, verboten
Umschlagentwurf: Hans Schaumberger
Umschlagfoto: Dieter Blum
Lektor: Marion Pongracz
Technischer Betreuer: Franz Hanns
Schrift: Garamond-Antiqua
Satz: Filmsatzzentrum Deutsch-Wagram
Gesamtherstellung: Ebner, Ulm
MTV-Band 7, Oktober 1976
ISBN 3-217-05007-x

INHALT

1

ALLGEMEINER TEIL

„Hausgemachte Kosmetika in einer Zeit, in der man ohnehin alles fertig kaufen kann?" Die Industrie bietet doch eine solche Vielfalt von Fertigprodukten an, warum sich also die Mühe machen, selbst Kosmetika herzustellen?

Wollte man ein Kochbuch schreiben und nicht ein Rezeptbuch für hausgemachte Kosmetika, müßte man keinerlei Erklärung darüber abgeben, warum man das tut. Denn beim Essen und Trinken käme niemand auf die Idee, sich ausschließlich von vorfabrizierten, konservierten Erzeugnissen der Nahrungsmittelindustrie zu ernähren. Jedem wäre klar, daß dieses Essen gesundheitsschädigend wäre, obwohl man davon nicht unbedingt verhungern müßte. Für Kosmetika gelten im Prinzip die gleichen Voraussetzungen. Das mag zunächst unverständlich scheinen, denn durch die totale Industrialisierung heutiger Kosmetika ist uns die Idee, Pflegemittel für die Haut könnten aus einfachen, frischen Zutaten bestehen und selbst hergestellt werden, völlig abhanden gekommen. Wir sind zwar nach wie vor davon überzeugt, welch gute Wirkungen natürliche Stoffe auf unsere Haut haben, aber wir kaufen nicht etwa die frischen Zutaten, um sie selbst für die Schönheitspflege zu verarbeiten, sondern die konservierte Fertigkosmetik, die lediglich auf natürliche Zusätze hinweist. Wir fragen uns nicht einmal, warum das angeblich mit natürlichen Zusätzen angereicherte Produkt trotz lang dauernder Lagerung nicht ranzig wird. Unser Vertrauen in das konservierte Schönheitsmittel ist so groß, daß wir nicht auf den Gedanken kommen, die vorfabrizierte Creme in der Parfumerie weiter schmoren zu lassen, um stattdessen für wenig Geld ein frisches Mittel selbst herzustellen.

Bevor ich auf den Gedanken kam, mich mit natürlicher Kosmetik zu beschäftigen, war ich eine Verbraucherin, wie die Kosmetikindustrie sie sich nur wünschen kann. Ich kaufte mit Begeisterung die teuersten Cremes und Lotionen, weil mir der Preis kostbarsten Inhalt zu garantieren schien, weil die Verpackung und die wohlklingenden Namen verheißend waren, weil die schönen Farben und Düfte zum Kauf verlockten. Mein damaliges Schönheitsproblem war eine trockene und empfindliche Haut. Viele Jahre lang kaufte ich Präparate für meine „Problemhaut", ohne daß sich die geringste Verbesserung gezeigt hätte. Als stumme, kritiklose Verbraucherin erwartete ich diese Besserung allerdings auch nicht, ich gab mich schon zufrieden damit, daß meine Haut so blieb, wie sie war, und nicht noch trockener und empfindlicher wurde. Auf den Gedanken, Schönheitsmittel für Problemhaut nur so lange zu benützen, bis der Zustand der Haut sich verbessert, um dann auf weniger spezielle Mittel überzugehen, wäre ich niemals gekommen.

Eines Tages fand ich in einem Tagebuch aus Großmutters Zeiten zufällig das Rezept einer Hautcreme in dem einige Zutaten genannt waren, welche die neueste Kosmetikwerbung als besonders schönheitsfördernd anpreist. Ich hätte es nicht für möglich gehalten, mit ein paar billigen Zutaten und einem Kochlöffel eine Creme produzieren zu können, die auch nur entfernteste Ähnlichkeit mit meinen teuren Schönheitsmitteln hatte. Doch zu meiner größten Überraschung war meine erste selbstgemachte Creme in Aussehen und Konsistenz nicht von den Fertigpräparaten zu unterscheiden.

Ich war mißtrauisch: eine Creme, deren Zutaten mich ganze DM 2,– gekostet hatten und die so leicht herzustellen war, konnte doch unmöglich die gleiche Wirkung haben wie eine teure Markencreme? Es erschien mir abenteuerlich dieses Eigenprodukt an meinem Gesicht auszuprobieren. Erst als sich der Zustand meiner Haut durch die Benutzung der Creme wirklich besserte, die Trockenheit und Empfindlichkeit meiner „Problemhaut" verschwand, begann ich mich ernstlich mit hausgemachten, natürlichen Kosmetika zu beschäftigen.

Da ich mein erstes Cremerezept in einem alten Buch gefunden hatte, durchstöberte ich nun Bibliotheken nach brauchbaren Schönheitsrezepten. Zeitgeschmack und Schönheitsideal haben sich im Laufe der Geschichte ständig geändert, unverändert aber blieb zu allen Zeiten der Wunschtraum der Frauen, schön zu sein. Schon immer waren die Frauen bereit, alles Erdenkliche zur Erreichung dieses Ziels zu unternehmen. Der durch nichts zu erschütternde Glaube an die magische Kraft eines Schönheitsmittels mag – früher genau wie heute – größer gewesen sein als seine eigentliche Wirkung. Die Langwierigkeit der Herstellung und die teilweise teure und umständliche Beschaffung einiger geheimnisumwitterter Zutaten hatte den unschätzbaren Vorteil, den Glauben an die Wirksamkeit eines Mittels ins Uferlose zu steigern. Man stelle sich nur vor, wie aufregend es gewesen sein muß, monatelang auf ein seltenes, teures Öl aus Indien gewartet zu haben, das man unbedingt für die Fertigstellung einer vielverheißenden Creme brauchte. Unvorstellbar, daß diese Creme dann nicht eine wunderbare Wirkung gezeigt hätte!

Dieser ebenso erfolgreichen wie irrationalen Regeln der Magie bedient sich auch heute die Kosmetikindustrie. Transponiert auf moderne Verhältnisse, ist der hohe Preis für die Verbraucherin eine Garantie für die Schwierigkeit der Beschaffung und steigert den Wert des Schönheitsmittels ins Unerreichbare. Für welch magische Zutaten die Verbraucherin allerdings viel Geld ausgibt, das verrät die Verpackung nicht, im Gegenteil: die Produzenten der Fertigkosmetik erhöhen die magische Anziehungskraft ihrer Mittel, indem sie über seinen wirklichen Inhalt nichts aussagen, und statt dessen die faszinierende Wirkung der Produkte schildern. Was teuer ist, muß auch wirksam sein, das ist die Parole.

An diese geheimnisvollen, sehr teuren Zutaten der Fertigkosmetik glaubte ich noch, als ich meine ersten Cremes selbst herstellte. Um herauszufinden, wo ich diese teuren Zusätze kaufen könne, um sie meinen Cremes zuzusetzen, suchte ich einen Kosmetikchemiker auf. Er besah sich meine Rezeptsammlung und erklärte zu meinem größten Erstaunen, daß es kaum eine kommerziell gefertigte Creme geben dürfte, die so gute, hautverträgliche und vor allem unpräparierte Zutaten enthalten könne wie meine selbstgefertigten Cremes. Ich gewann bald Einblicke in die Produktion kommerzieller Kosmetika. Heute weiß ich, daß es keine industriell gefertigte Creme geben kann, deren Inhaltsstoffe in handelsüblicher Menge mehr als DM 5,- wert sind. Die kostspielige Werbung, die höchstens noch von der Waschmittelindustrie übertroffen wird, die aufwendige Verpackung und die Unterhaltung eines großen Vertriebsnetzes muß die Verbraucherin teuer bezahlen.

Zur Rechtfertigung ihrer hohen Preise präsentiert uns die Kosmetikindustrie heute hochwertige natürliche Inhaltsstoffe, die man aber in Wirklichkeit für wenig Geld in jeder Apotheke kaufen und mit pharmazeutischen Hilfsstoffen leicht selbst verarbeiten kann. So erfahren wir von der märchenhaften Wirkung des Avocadoöls, das schon seit erdenklichen Zeiten in der hausgemachten Kosmetik verwendet wird. 150 Gramm Avocadoöl kosten in der Apotheke DM 6,50, und man kann damit mindestens fünfmal soviel Creme herstellen wie die Menge einer fertigen Avocadocreme, die DM 34,- kostet, wobei man noch den Vorteil hat, sicher zu wissen, wieviel Avocadoöl die selbstgemachte Creme enthält. Es gibt noch viele andere Beispiele billiger und wirksamer Zusätze, deren Beschaffung und Verarbeitung keinerlei Mühe machen, auf die aber in der Werbung nachdrücklich als Besonderheit hingewiesen wird.

Lanolin, Protein, Oliven- und Mandelöl, Ei, Zitrone oder Kräuterzusätze wie Kamille und Hamamelis gehören dazu.

Die Diskrepanz zwischen Ladenpreis und effektivem Wert fällt besonders bei Vitamin- und Hormoncremes auf. Die in einer Creme enthaltenen Vitamine werden heute für Pfennigbeträge synthetisch hergestellt, der hohe Preis ist also hierdurch nicht zu rechtfertigen. Abgesehen davon, daß man die Schönheit der Haut hauptsächlich durch vitaminreiche Ernährung beeinflußt, ist in der Fachwelt noch immer umstritten, welche Vitamine die Haut von außen resorbieren kann. Besonders gefragt ist derzeit das klassische Schönheitsvitamin A, das als Hautschutzvitamin in vielen kosmetischen Präparaten angeboten wird. Über seine Anwendung schreibt ein Fachbuch: „Es erhebt sich allerdings die Frage, ob das Provitamin, das bekanntermaßen ja erst in der Darmwand zu Vitamin A umgeformt und in der Leber gespeichert wird, in kosmetischen Präparaten überhaupt wirksam ist." Und ein Fachwissenschaftler meint dazu: „Es gibt keine Arbeit, die beweist, daß Vitamin A durch die Haut geht." Da Vitamine der Haut durch frische, natürliche Mittel zugeführt werden können, ist, unabhängig von der fragwürdigen Wirksamkeit, die Ausgabe für teure Vitamincremes durch nichts zu rechtfertigen.

Auch über die Wirkung von Hormonpräparaten erfährt der Verbraucher nur Mystisches. Der bekannte Frankfurter Internist Dr. Norbert Gerlich schrieb dazu in der Verbraucherzeitschrift „DM": „Hormone werden in Kosmetika eingearbeitet, um den höheren Preis zu rechtfertigen. Hormone produziert der Körper selbst. Wenn der Hormonhaushalt nicht stimmt, muß der Arzt helfen. Nicht die Kosmetika. Nur bei kranker Haut verwenden Hautärzte Hormone. Auf gesunder Haut sind sie Humbug. Ich lege mir ja das Frühstück auch nicht auf den Bauch, um es einwirken zu lassen und damit satt zu werden."

Im Gegensatz zu Vitaminen und Hormonen gibt es aber manche schönheitsfördernde Stoffe, deren Gewinnung sehr teuer ist und die wir auch kaum in den Apotheken kaufen könnten. Dazu gehört zum Beispiel Azulen, das aus Kamillenblüten gewonnen wird. Der Gehalt von Azulen wird auf der Verpackung mancher Kosmetika besonders hervorgehoben, obwohl man sicher sein kann, daß natürliches Azulen viel zu kostspielig wäre, um es wirkungsvoll in einer Creme zu verarbeiten. Das dunkelblaue Azulenöl ist in der Kamillenblüte nur in verschwindend kleiner Menge vorhanden, und seine Gewinnung ist unerschwinglich teuer. Die Kosmetikindustrie verarbeitet deshalb ein synthetisches Präparat, das billig in der Herstellung und dem natürlichen Azulen chemisch zwar ähnlich ist, die hohen Preise der Azulencremes aber keineswegs rechtfertigen kann.

In den Bereich der Preisrechtfertigungsversuche gehört auch jene Art der Werbung, in der man sich mit einem Flair medizinischen Wissens umgibt. Ärzte, Wissenschaftler, Forscher und vor allem Dermatologen haben nach jahrelanger Arbeit und nach vielen tausend Experimenten ein Produkt erfunden, das vollkommen neu und unschlagbar auf seinem Gebiet ist: es ist allergiegetestet! Die Motivforscher dieser Werbung müssen erkannt haben, wie wenig aufgeklärt die Verbraucherin ist, denn es ist ganz unmöglich, ein kosmetisches Produkt herzustellen, das von vielen tausend Abnehmerinnen gleichermaßen gut vertragen wird. Eine Allergie ist eine individuell auslösbare Hautreizung, sie kann auch durch völlig harmlose Schönheitsmittel hervorgerufen werden. Bietet der Hersteller eine „nicht Allergie auslösende" Ware an, so liegt der Verdacht nahe, daß das Mittel auch in positiver Hinsicht nur von schwacher Wirksamkeit ist.

Wenn man bedenkt, wie absurd es ist, daß uns die Werbung bereits als Vorteil eines Schönheitsmittels die Neuigkeit offeriert, es sei nicht schädlich, dann zeigt das, wie unverträglich Mittel sein können. Man muß sich fragen, wie die Industrie dazu kommt, den Leuten für Präparate Geld abzunehmen, nur weil diese nicht schädlich sind. Das würde heißen, jeder, der seinem Nachbarn nichts Böses tut, ist bereits ein guter Mensch.

Es wäre ein Fehler, zu glauben, alle Mittel, welche die Kosmetikindustrie heute verarbeitet, seien von Grund auf gefährlich und suspekt. Es wäre auch falsch, anzunehmen, alle chemischen Zusätze der einzelnen Schönheitsmittel wären von vornherein von hautfeindlicher Beschaffenheit. Das Wort Chemie im Zusammenhang mit Kosmetik hat einen ebenso mißverständlichen Beigeschmack, wie die übertriebene Vorstellung, nur Mittel natürlicher Abstammung garantierten einen sichtbaren Erfolgsbeweis. Die Großchemie entwickelt auch Stoffe, die hautverträglich sind, und allein die Tatsache, daß sie chemischen statt natürlichen Ursprungs sind, spricht durchaus nicht gegen ihre Anwendbarkeit. Die Kritik sollte sich deshalb weniger gegen die industrielle Fertigung von Kosmetikprodukten generell richten, und auch nicht dagegen, daß chemische Substanzen in Kosmetika verwendet werden, sie sollte sich vielmehr gegen die Mißbräuche wenden, in die sich die Kosmetikindustrie selbst laviert hat. So muß sie sich heute auf einem überhöhten Preisniveau bewegen, da sie jahrelang der Verbraucherin eingehämmert hat, nur was teuer sei, könne auch wirksam sein. Auf der anderen Seite hat sie sich durch ein extrem erweitertes, festgelegtes Vertriebssystem der Möglichkeiten beraubt, natürliche Kosmetikprodukte frisch und schnell und damit ohne große Konservierung an die Verbraucherin weiterzugeben.

Die öffentlichen Forderungen richten sich deshalb in zunehmendem Maße auf eine Auszeichnungspflicht, weniger der Rohstoffe, als vielmehr der Art und Menge des enthaltenen Konservierungsmittels. Konservierungsstoffe sind nur in ganz geringen Mengen unschädlich. Diese geringe Menge würde aber nicht ausreichen, um kommerziell vertriebene Schönheitsmittel über einen langen Zeitraum hinweg frisch zu halten. Die Kosmetikindustrie verteidigt die Konservierung vor den Dermatologen mit dem Argument, Konservierung sei nicht nur nötig, um die Präparate haltbar zu machen, sondern auch um sie steril und keimfrei zu halten. Die Dermatologen sind aber der

Meinung, chemische Konservierung sei schädlich, gerade weil die Konservierung auf der Haut eine keimtötende Wirkung hat. Diese Wirkung ist nur bei ganz gezielter Anwendung wünschenswert, nicht, wenn sie als unkontrollierte Nebenwirkung anfällt, wie das bei der Verwendung kommerzieller Kosmetika der Fall ist. Die Konservierungsmittel stören die natürlichen biologischen Vorgänge der Haut, und die Dauerberieselung mit antimikrobiellen Konservierungsstoffen führt als Folgeerscheinung zu einer übergroßen Sensibilisierung der Haut. Der natürliche Bakterienmantel der Haut schützt gegen Krankheitserreger von außen. Die durch Konservierungsmittel hervorgerufene Veränderung des Nährbodens für die Bakterienflora der Haut bewirkt die Reduzierung der natürlichen Abwehrkräfte, und sobald eine erhöhte Sensibilisierung durch diesen illegalen Eingriff stattgefunden hat, ist auch die Gefahr des Eintritts neuer Krankheitserreger gegeben.

Abgesehen von der schädigenden Wirkung übermäßiger Konservierung bleibt auch die Frage zu beantworten, wie weit Konservierungsstoffe in einem Fertigprodukt zu einer Schädigung der guten Inhaltsstoffe führen kann. Eine vollkommen schonende Konservierung ohne Denaturierung der wirksamen Zusätze wäre nur dann möglich, wenn man die Konservierung in allerkleinster Menge zufügen könnte. Das würde für den Hersteller bedeuten, sein fertiges Produkt wäre zu einem Verbrauch innerhalb von etwa vier bis sechs Wochen bestimmt. Man kann sich vorstellen, daß diese Ideallösung weder im Interesse des Herstellers noch des Einzelhändlers liegt.

Die Folgen industrieller Präparierung wie Konservierung und Anreicherung mit möglicherweise hautreizenden Duft- und Farbstoffen dokumentieren sich bei der Verbraucherin sichtbar auf der Haut: sie wird übersensibel. Manche Frauen halten ihre hochempfindliche Haut für ein natürliches Manko, ohne zu ahnen, daß sie sich diese Störung vielleicht durch den Gebrauch schädigender Kosmetika zugezogen haben. Durch die Unterbrechung der normalen Hautfunktionen nimmt die

Haut immer weniger ihre natürlichen Aufgaben wahr, und die ratlose Verbraucherin greift in immer teurere Cremetöpfe, um den kränklichen Zustand der Haut zu verbessern. Der Circulus vitiosus hat begonnen, aus dem es nur den Ausweg geben kann, die Haut so lange in Ruhe zu lassen, bis sich die normalen Hautfunktionen von selbst wieder einstellen.

Seit der Konsum von Kosmetika für immer mehr Frauen eine Selbstverständlichkeit geworden ist, und auch Luxuspreise keine Exklusivität mehr bedeuten, wird die herkömmliche kommerzielle Kosmetik immer mehr zu etwas Alltäglichem. Die Reaktionen hierauf, nicht zuletzt unterstützt durch ein allgemeines Unbehagen an unserer synthetischen Welt, führen dazu, daß „Natur" wieder mehr ins Interesse einer chemieüberdrüssigen Gesellschaft rückt. Diese Tendenz, die sich scheinbar gegen die industriell gefertigte Kosmetik richtet, wird von der Industrie aber gar nicht erst zu bekämpfen versucht, sondern sofort auf ihre Weise absorbiert. Das Ergebnis davon ist, daß uns die Kosmetikindustrie mit ganzen Naturkosmetikserien überschwemmt. „Gönnen Sie Ihrem Gesicht einen Ausflug aufs Land!" sagen die Werbeslogans für „natürliche Kosmetik". „Nichts ist für das Gesicht besser als die Natur!"

Das stimmt wirklich, es fragt sich nur, ob diese konservierten, präparierten und mit synthetischen Duft- und Farbstoffen angereicherten Kosmetika noch etwas mit der „Natur" zu tun haben. Die Sehnsucht nach frischer Landluft wird durch synthetisch hergestellten Erdbeer-, Heu-, Birken-, Kamillen- und vor allem Zitronenduft befriedigt. Der künstliche Duft echter Zitronen muß von der Rasierseife bis zum Spülmittel, vom Bohnerwachs bis zum Nagellack herhalten. In Amerika gibt es heute bereits zweitausend verschiedene Produkte, die mit Zitronensaft angereichert sind. Bei Zitronenduft, sagten amerikanische Motivforscher, denkt der Amerikaner an Florida, Sonne, Faulenzen, Gewichtabnahme und frühen Ruhestand.

Die Werbemanager schrecken aber nicht einmal davor zurück, in der Kosmetikerzeugung den Trend zurück zur Milchkanne zu fordern. Wieder einmal müssen sich die Chemiker den Kopf zerbrechen, und sie kommen zu dem Schluß, am sinnvollsten sei es, „dynamische" Produkte ins Leben zu rufen, die viel stärker „gewisse Reaktionen wie Kribbeln, Krabbeln, Streicheln oder Fühlen" erleben lassen. Sie meinen, man könne auch gewisse Produkte als Konzentrat anbieten, als Instant-Kosmetik, die mit einem speziell gelieferten Wasser aufgelöst und angerührt werden muß. Was für Stoffe die Kundin allerdings dabei anrührt und auflöst, das bleibt das Geheimnis des Herstellers.

Solange uns die Industrie Mittel verkauft, die wenig schaden und kaum nützen, kann man eigentlich ganz zufrieden sein. Viel ernster wird die Sache, wenn kosmetische Mittel angeboten werden, deren Anwendung zu gesundheitlichen Störungen führen kann. Die Anzahl der Produkte, von denen man nach Meinung der Ärzte besser die Finger lassen sollte, ist groß, trotzdem werden diese Mittel bedenkenlos in Anzeigen propagiert.

Mit Vorsicht zu behandeln sind vor allem die Sprays für und gegen alle Lebenslagen. Da die Hersteller nicht gezwungen sind, hautreizende Stoffe auf der Verpackung zu nennen, ist der Verbraucher von Deodoranten darauf angewiesen, sich selbst zum Versuchskaninchen zu machen, um herauszufinden, ob er ein Mittel verträgt oder nicht. Die wirkende Ingredienz der Deodorante ist häufig Aluminiumchlorhydrat, dessen antibakterielle Eigenschaften nicht von jedem gleichermaßen gut vertragen werden. Jucken, Hautreizung und Ekzeme sind häufige Begleiterscheinungen, die Sprays können nicht nur die Haut, sondern auch die Kleidung beschädigen. Auch bei der Verwendung von sogenannten Intimsprays können allergische Reaktionen oder Krankheiten auftreten.

Vorsicht ist auch bei Mitteln geboten, die die ganze Familie verwendet. Dazu gehören vor allem Schaumbäder und Zahncremes. Die Motivforscher der Industrie haben festgestellt, Badetabletten, Badesalz und Badeöl sind ein sterbender Markt. Die Leute wollen Schaum in der Wanne, möglichst stark parfümiert, das gibt ein Gefühl von Luxus. Bezeichnend ist, daß in einer Reklame für Schaumbäder begeistert gesagt wird, man müsse die Badewanne nach einem Bad mit diesem Mittel nicht mehr putzen, immer sei nun die Wanne blitzblank, und alles zusammen ergäbe eine herrliche Badefreude. Man fragt sich, wie der Fettfilm der Haut wohl auf dieses kombinierte Wasch- und Putzmittel reagiert, das die Fähigkeit besitzt, den Fettrand in der Wanne zu zerstören? Waschaktive Substanzen, wie sie in allen Schaumbädern verwendet werden, machen die Haut trocken, rissig und spröde, sie attackieren den natürlichen Schutzmantel der Haut und können als Folgeerscheinungen Hautkrankheiten verursachen.

Wie schädlich die waschaktiven Substanzen in Schaumbädern sind, darüber streiten sich Ärzte und Kosmetiker seit Jahren. Einig scheint man sich darin zu sein, daß die Schaumbäder sogenannte rückfettende Substanzen enthalten sollen. Das heißt mit anderen Worten, Öle oder Fette, die der Haut während des Badens von außen wieder das Fett zuführen sollen, das man ihr durch das Bad in waschaktiven Substanzen entzogen hat. Wozu man dann allerdings überhaupt in duftenden Schaumbergen baden soll, bleibt ungeklärt.

Duftende Schaumberge im Mund sind ebenso beliebt wie in der Badewanne. Laut Werbetexten zerstört ein Mittel bis zu 80 Prozent der Mundbakterien, die Mundgeruch und Karies verursachen. Daß daneben auch die natürliche Mundflora in Mitleidenschaft gezogen wird, erfährt man nicht. Die Mund- flora hat bakterizide Eigenschaften, die bestimmte Verdauungs- vorgänge einleiten. Aus der Sicht des Zahnarztes gilt es bei der Zahnpflege lediglich, die Speisereste und den Zahnbelag mecha- nisch zu entfernen.

Manche verantwortungsbewußte Ärzte beanstanden den unbedachten Kauf kosmetischer Produkte. Dazu legte eine Hautklinik eine interessante Statistik vor: von 25.000 Hauterkrankungen, die innerhalb eines Jahrzehnts in der Klinik behandelt wurden, gab es 550 Fälle von Hautschädigungen durch Schönheitsmittel allgemeiner Art, 157 allein durch Hautcremes und 67 durch Lippenstifte. Ekzematöse Erkrankungen durch den Gebrauch von Gesichtspuder beliefen sich auf 57 Fälle und Nagellackschäden waren bei 13 Patienten nachweisbar. Der Landesverband der niedergelassenen Ärzte Deutschlands erklärte vor kurzem, daß immer mehr Patienten beim Arzt mit Hautkrankheiten erscheinen, die ganz offensichtlich durch Kosmetika hervorgerufen wurden. Der Verband verlangt künftig vom Gesetzgeber, so schnell wie möglich mit der Geheimniskrämerei aufzuhören, da sonst die Zahl der Hautkrankheiten weiter ansteigen wird. Nicht nur der Verbraucher, so stellt der Verband fest, auch die behandelnden Ärzte sind den Herstellern von Cremes, Sprays und Seifen wehrlos ausgeliefert, weil sie nichts über die Zusammensetzung der Verschönerungsprodukte erfahren.

Es wäre ein großer Fortschritt, wenn der Hersteller künftig auf der Verpackung den Herstellungsmonat des Produkts aufdrucken würde, die genaue Menge der verwendeten Stoffe, der Duft-, Farb- und Konservierungsmittel. Firmeneigene Phantasiebezeichnungen für einen angeblich neu entwickelten Wirkstoff sollten in aller Deutlichkeit erklärt oder vom Gesetzgeber verboten werden.

Die kritischen Stimmen aus dem Kreis der Ärzte werden leider nur in der Fachpresse laut. Man muß sich fragen, warum derartige Diskussionen nur in jener Presse geführt werden, die der Endverbraucherin kaum zugänglich ist. Das Thema würde gut in eine gängige Frauenzeitschrift passen, besonders in eine, die den Frauen immer wieder Hilfe in allen praktischen Lebensbereichen verspricht. Es dürfte kaum ein Geheimnis sein, warum diese angeblich hilfreichen Zeitschriften das heiße

Eisen nicht anpacken wollen. Schließlich finanzieren die Anzeigen der Kosmetikindustrie einen Teil der Redaktionskosten, und wer möchte schon seinen besten Geldgeber verärgern? Statt dessen ziehen sich die Frauenzeitschriften geschickt aus der Affäre, indem sie mit einem Scheinprotest eine Pseudohilfe anbieten. Unter dem Titel „Der Hals verträgt's" liest man in einer der beliebtesten deutschen Frauenzeitschriften: „Manche Cremes, die extra für die empfindliche Hautpartie um die Augen gedacht (und gekauft) sind, werden nicht vertragen. Die Augen tränen oder bekommen rote Lidränder. Solche extrem fetthaltigen Cremes können Sie dann immer noch für die Halspartie verwenden." Wodurch die tränenden Augen und die roten Lidränder hervorgerufen werden, was die Augencreme außer dem Fett noch enthalten haben mag, darüber schweigt sich der Ratgeber aus. Eine andere Leserin fragt in der gleichen Zeitschrift: „Atmet die Haut? Weil mein Gesicht oft glänzt, pudere ich es immer etwas ab. Jetzt habe ich Angst, daß ich dadurch die Hautatmung unterbinde." Hier weiß die Frauenzeitschrift eine Antwort, die jedem Dermatologen die Haare zu Berge stehen lassen würde: „Die Haut atmet nicht. Sie gibt lediglich Schweiß, Talg und Kohlendioxyd ab."

Jahrelang war das Sammeln alter Schönheitsrezepte mein Hobby. In Briefen, Chroniken, Tagebüchern, in alten Abhandlungen über Salbenherstellung und Pflanzenheilkunde fand ich viele brauchbare Rezepte und Anleitungen für die Verwendung einzelner, natürlicher Stoffe. Einfache und leicht anzuwendende Schönheitsmittel wie Mandel- und Olivenöl, Lanolin, Blüten- oder Kräuterextrakte werden seit zweitausend Jahren in der Schönheitspflege verwendet und tauchen immer wieder in den alten Rezepten auf. Auch die ängstlich gehüteten Schönheitsgeheimnisse bestanden meist aus den einfachsten Zutaten: so benützte zum Beispiel Marie Antoinette als Schönheitsmittel frische Buttermilch auf Gesicht und Dekolleté.

Das Leben der Damen von Stand spielte sich fast immer in geschlossenen Räumen ab, insofern dienten ihre Kosmetika mehr der Hautpflege als dem Hautschutz. Frauen des unteren Standes dagegen, die schwere Arbeit in der freien Natur zu leisten hatten, benutzten Mittel zum Schutz gegen Wind und Wetter. Ihre Hausrezepte wurden meist mündlich überliefert. Erst im 19. Jahrhundert finden sich schriftliche Rezepte amerikanischer Einwanderinnen gegen rote, rissige Hände, Mittel gegen Hitze und Kälte. All diese Rezepte lassen sich noch heute herstellen, und mit kleinen Änderungen habe ich viele von ihnen in den Rezeptteil dieses Buches aufgenommen.

Nicht jedes hausgemachte Rezept, das man findet, ist gut; so manche sind umständlich herzustellen, andere enthalten Stoffe, von denen man heute weiß, daß sie der Haut nicht zuträglich sind, wie zum Beispiel Paraffin, Glyzerin, Teer, Borsäure oder Bleiweiß.

Gewiß, es bleibt jedem selbst überlassen, ob er sich größere Wirkungen von hausgemachter oder von Fertigkosmetik verspricht. Aber selbst wenn man sich dazu entschließt, weiterhin Fertigprodukte zu kaufen, so wird einem doch die Kenntnis über hausgemachte Kosmetik helfen, fertige Präparate mit etwas mehr kritischer Überlegung einzukaufen.

Die im folgenden Rezeptteil genannten Schönheitsmittel enthalten die seit erdenklichen Zeiten erprobten und anerkannten Mittel und ergänzen sie mit modernen hautverträglichen Zutaten, die man auch in der Apotheke für die Herstellung von Heilsalben verwendet.

Alle Zutaten, die im Rezeptteil vorkommen, sind in Apotheken, in Reform- oder Kräutergeschäften erhältlich. Die Rezepte sind einfach herzustellen, die Zutaten sind preiswert, und die Mittel sind, wie ich meine, wirksamer als fertige Produkte. Alle Rezepte wurden von Dermatologen geprüft und als hautverträglich empfohlen.

2

DIE HAUT

Die Haut eines jeden Menschen ist von frühester Jugend bis ins hohe Alter laufend Veränderungen unterworfen. Die Beschaffenheit der Haut wird nicht nur von äußeren Einflüssen, sondern auch vom körperlichen und seelischen Gesamtzustand des Einzelnen bestimmt. Die Haut spiegelt nicht nur Vorgänge unseres Organismus wider, sie ist auch ein selbständig arbeitendes Organ mit komplexen Funktionen. Um diese Funktionen besser zu verstehen und die Kenntnisse darüber in der praktischen Schönheitspflege anzuwenden, sollte man über den Aufbau der Haut Bescheid wissen.

DIE STRUKTUR DER HAUT

Vereinfacht dargestellt, kann man die Haut in drei Schichten unterteilen: die Oberhaut (Epidermis), die Lederhaut (Corium) und die Unterhaut (Subcutis). In jeder dieser Hautschichten finden sich verschiedene Zellagen, die höchst komplizierte Aufgaben wahrzunehmen haben. Was wir als äußere Körperdecke sehen und im allgemeinen Sprachgebrauch als Haut bezeichnen, stellt nur einen kleinen Teil der Oberhaut dar. Diese an der Oberfläche liegende sogenannte Hornschicht baut sich aus lamellar angeordneten toten Zellschüppchen auf, die in der Peripherie echtes Horn (Keratin) enthalten. Als nächste

Zellage der Oberhaut folgt die Glanzschicht, auf die sich die Hornhaut stützt. Sie ist besonders kompakt und widerstandsfähig und enthält sowohl innerhalb wie außerhalb der Zellen Tropfen einer ölartigen Flüssigkeit, das Eleiden.

Zwischen der Glanzzellenschicht und der darunterliegenden Körnerschicht liegt eine dünne Membran aus Keratin, die man als schützende Barriere der Haut bezeichnen kann. Die Körnerschicht enthält die ersten lebenden Zellelemente der Oberhaut. In diesen Zellen entstehen die Keratohyalinkörner, die wahrscheinlich Vorläufer der Hornsubstanz sind. Eine noch tiefere Schicht besteht aus den sogenannten Stachelzellen und der von ihnen gebildeten Stachelzellschicht. Es folgt nun, in der Tiefe der Oberhaut, die Basal- oder Keimschicht. Die unterste Zellage der Keimschicht grenzt an die Lederhaut.

In den Zellagen der Epidermis findet ein reger Transport statt. Das ständige Absterben der Zellen in der Hornschicht wird durch einfache Zellteilung in der basalen Keimschicht kompensiert. Hier werden also ständig neue Zellen gebildet, die sich nach oben schieben und auf ihrer Wanderung in Richtung Oberfläche sich ständig verändern. An der Oberfläche schließlich sterben sie ab und werden abgestoßen. Man schätzt, daß etwa 6–14 g Zellmaterial täglich diesen Weg nimmt. Mit zunehmendem Alter läßt die Produktion neuer Zellen in der Keimschicht nach; je langsamer diese Neubildung vor sich geht, desto deutlicher manifestiert sich das Altern der Haut.

Unter der vielschichtigen Epidermis liegt die Lederhaut. Es sind an ihr zwei Schichten zu unterscheiden, von denen die erste durch zapfenartige Papillen fest mit der Epidermis verankert ist. Je älter ein Mensch wird, desto lockerer werden diese verbindenden Zapfen, und desto mehr verliert die Oberhaut an Elastizität. Die Endgefäße der Haut werden hier an die Epidermis herangeführt, die selbst gefäßlos ist und deren Ernährung nur durch Diffusion erfolgt. In der Lederhaut liegen also jene feinen Blutgefäße, die für die Kosmetik von innen eine bedeutende Funktion erfüllen; durch ihre emsige Tätigkeit werden Sauerstoff und Nährstoffe aus dem Kreislauf in die oberen Hautschichten transportiert. In den Maschen der Lederhaut, dem produktivsten Teil der Haut, liegen ferner die Lymphgefäße, Haarfollikel, Talgdrüsen, die Ausführungsgänge der Schweißdrüsen und nicht zuletzt zahlreiche Nervenfasern mit ihren Endformationen.

Die Hauptschicht der Lederhaut besteht aus geflechtartigem Bindegewebe, charakterisiert durch dicke, gebündelte und elastische Fasernnetze. Hier befindet sich der Teil der Haut, der ihr Festigkeit und Elastizität verleiht. Dies ist auch die Hautschicht, die man bei Tierhäuten zu Leder verarbeitet; demnach stammt die Bezeichnung Lederhaut aus dem Handwerk der Gerberei.

Die tiefste Schicht der äußeren Körperdecke ist die Unterhaut oder Subcutis. Sie repräsentiert das Bindeglied zwischen den oberflächlichen Schichten und der Hautunterlage, besteht aus lockerem Bindegewebe und geht ohne scharfe Grenze in die Lederhaut über. Die lockere Struktur der Unterhaut ermöglicht es, die Haut auf ihrer Unterlage zu verschieben und in Falten abzuheben. Die Subcutis dient vornehmlich als Fettpolster; etwa zwei Drittel unseres gesamten Körperfettes sind hier gelagert. Bei zu reichlicher Ernährung wächst sie zu einem beträchtlichen Fettpolster an. Nur in der Haut der Hohlhand und der Fußsohle ist das Fett der Unterhaut nicht Speicher, sondern Baufett. Das Unterhautfettgewebe speichert nicht nur Vorrat für schlechte Zeiten, es schützt auch darunterliegende Organe vor starken Kälteeinflüssen, vor allem gegen lebensbedrohlichen Druck oder Schlag.

FUNKTIONEN DER HAUT

Viele Aufgaben unserer Haut erscheinen so selbstverständlich, daß wir kaum auf den Gedanken kommen, die Haut als selbsttätiges Organ zu betrachten.

Die Haut übt zahlreiche Funktionen aus, und trotz ihrer Variabilität dienen sie einem gemeinsamen Ziel: der Vermittlung zwischen unserem komplizierten Organismus und der Außenwelt.

Eine der wichtigsten Funktionen der Haut dürfte ihre schützende Fähigkeit sein. Sie fungiert als Barriere gegen Einwirkungen mechanischer, thermischer oder chemischer Art. Das Eindringen schädlicher Mikroorganismen, etwa Bakterien, mobilisiert beispielsweise ein zur „Müllabfuhr" befähigtes System in der Lederhaut. Auch rein passiv macht die strukturelle Beschaffenheit der Lederhaut unsere Haut widerstandsfähig. Durch die zahlreichen, vor allem elastischen Faserelemente, wird ein Verschieben der Haut gegenüber den darunterliegenden Schichten möglich.

Der Schutzmantel Haut hält schädliche Lichteinwirkungen von unseren Organen fern. Die Haut ist zur Melaninbildung befähigt: Das Melanin ist das Hauptpigment unserer Haut, eingelagert in körniger Form in die unterste Schicht der Epidermis, manchmal auch in darunterliegende Schichten. Dieses Pigment ist es, welches die Tönung der Haut bestimmt. Schwarze Haut ist mit Melanin überladen, Albinos mangelt es ganz. Die Synthese des dunklen Pigments wird durch UV-Strahlen und Wärme stimuliert. Je höher die Pigmentkörnchen in der Epidermis gelagert sind, desto dunkler treten sie nach außen sichtbar zutage.

Als Speicherorgan ist die Haut in der Lage, nicht nur lebensnotwendiges Fett auf Vorrat zu nehmen, sie kumuliert auch Wasser, Zucker und Mineralsalze. Bei Bedarf werden sie dem Organismus zugeführt.

Um den Wärmehaushalt unseres Körpers zu regulieren, paßt

sich die Haut permanent den äußeren Gegebenheiten an. Diese thermoregulatorische Funktion der Haut entsteht durch die Verengung und Erweiterung der feinen Blutgefäße in den Papillen der Lederhaut, je nach Außentemperatur. Sinkt die Temperatur der Haut, so verengen sich die Gefäße und reduzieren so den Wärmeverlust. Der umgekehrte Vorgang findet bei warmer Außenluft statt. Auch die Behaarung trägt dazu bei, den Wärmeverlust zu vermeiden. Eine ebenfalls sehr wichtige Rolle spielen hier die Schweißdrüsen der Haut. Bei großer Hitze treten sie in aktivere Tätigkeit, und die Haut scheidet vermehrt Wasser aus. Durch die Verdunstung des Schweißes wird dem Organismus Wärmemenge entzogen. Neben der sichtbaren Transpiration erfolgt auch eine dauernde, unmerkliche Sekretion der Haut, die Perspiration, die normalerweise etwa 1 Liter am Tag beträgt. Bei großer Kälte dagegen treten die Talgdrüsen der Haut in verstärkte Aktion. Sie scheiden ausreichend Talg aus, bis sich ein schützender Fettfilm auf der Haut gebildet hat. Der oberflächliche Fettfilm wird nicht nur von den Talgdrüsen produziert und als Talg auf der Epidermis sichtbar, es handelt sich vielmehr um ein Gemisch wasser- und fettlöslicher Substanzen, das aus der Sekretion von Talg, dem Schweiß und den Hornlamellen der Haut entsteht. Überwiegt die wäßrige Phase, so bildet sich eine Emulsion vom Typ Öl-in-Wasser auf der Haut. Herrscht dagegen die Fettphase vor, so entsteht eine Wasser-in-Öl-Emulsion. Dies stellt einen Schutzmechanismus gegen das Austrocknen der Haut dar. Der Wasser-Fett-Film unserer Haut ist nicht konstant, sondern hängt von verschiedenen Faktoren ab, wie zum Beispiel von Alter und Geschlecht. Der hohe Gehalt des Hautmantels an bestimmten Fettsäuren hilft mit, das Wachstum von krankmachenden Mikroorganismen auf der Oberfläche der Haut zu bremsen: Die Fettsäuren greifen in bestimmten Fällen in den Stoffwechsel der Bakterien ein und bauen so zusammen mit dem Säuremantel der Haut eine Barriere gegen Krankheitserreger auf.

Die Haut entlastet auch die Tätigkeit der Nieren und des Darms, indem sie einen Teil des Abtransports durch den Schweiß übernimmt. Mit der Sekretion der Schweißdrüsen scheidet der Organismus Elektrolyte, vor allem Natrium sowie schwefelsaure und phosphorhaltige Stoffe aus. Auch organische Substanzen, darunter Harnstoff, Ammoniak, Aminosäuren sowie Milchsäure sind im Schweiß enthalten.

Die Haut ist zudem fähig, Sauerstoff aus der Luft und Kohlendioxyd zu resorbieren oder auszuscheiden. Kohlendioxyd passiert die Hautschicht dabei durch Diffusion in beiden Richtungen, der Sauerstoff diffundiert nur nach innen.

Die gesunde Haut ist für viele Substanzen undurchdringbar. Dies ist bedingt durch ihre Struktur, durch ihren Wasser-Fett-Film und die Eigenschaft der Glanzschicht, Wasser abzustoßen. Früher glaubte man, daß die intakte Haut völlig undurchlässig sei, selbst für Gase. Mittels radioaktiver Substanzen konnte man jedoch beweisen, daß bestimmte Stoffe durch die Haut resorbiert werden und in die Blutbahn gelangen. Dieser Vorgang steht in Abhängigkeit von der Lipoidlöslichkeit der Stoffe. Lipoide sind für den Organismus lebenswichtige Stoffe, die sich in ihrem chemischen Aufbau zwar von den Fetten unterscheiden, aber ähnliche Löslichkeitseigenschaften besitzen. Zu diesen fettähnlichen Stoffen zählen Sterine, Phosphatide, Cerebroside und Ganglioside. Heute gilt als gesichert, daß bestimmte Elektrolyte, gewisse weibliche Hormone, lipoidlösliche Stoffe, Gase und Phenolderivate die Haut zu durchdringen vermögen.

Eine sehr wesentliche Funktion der Haut ist ihre Fähigkeit, Horn (Keratin) zu bilden. Normalerweise ist die Hornschicht sehr dünn, sie kann sich jedoch erheblich verdicken, um sich äußeren Gegebenheiten anzupassen. An unseren Fußsohlen beispielsweise ist die Hornschicht am stärksten formiert, im Durchschnitt etwa 0,4 cm.

Als hochempfindliches Sinnesorgan übernehmen die in der Haut gelagerten Nervenenden unseren Tastsinn, unsere Schmerzempfindlichkeit, unser Gefühl für Hitze und Kälte.

Notfalls ist die Haut sogar in der Lage, ein anderes Sinnesorgan zu ersetzen: wenn ein Mensch das Augenlicht verloren hat, entwickeln die Fingerspitzen eine gesteigerte Sensibilität. Die feinverästelten Nerven, mit denen die Haut reichlich versorgt ist, ermöglichen, daß auf dem Wege über die Nervenbahnen im Gehirn oder im Rückenmark Reize wahrgenommen werden, die ständige Anpassung an äußere Verhältnisse erlauben. Vegetative Nervenfasern regulieren die Tätigkeit der Schweißdrüsen und die Hautdurchblutung. Auch psychisch bedingte Impulse spiegeln sich auf der Haut wider: Nervosität kann Schweißausbrüche hervorrufen oder Erröten und Erblassen.

Eine dominierende Funktion unserer Haut stellt ihr Schutz durch einen Säuremantel dar. Dieser Säuremantel resultiert aus der Produktion von Schweiß- und Talgdrüsen, aus in der Hornschicht enthaltenen wasserlöslichen Substanzen, zuletzt auch aus der ausgeschiedenen Kohlensäure. Der saure Schutzmantel auf der Haut verringert die Wachstumschancen von Krankheitserregern, verhindert aber nicht das Wachstum aller Bakterien. Normalerweise finden sich auf der Haut zahlreiche Bakterien, die aber keinen Schaden anrichten; verdrängt man sie, nehmen schädliche Keime ihren Platz ein. Dies geschieht beispielsweise durch Konservierungsmittel, werden sie in hoher Konzentration Hautcremes zugesetzt. Abgesehen von seiner bakterienfeindlichen Funktion nimmt der Säuremantel auch Ablagerungen körperfremder Substanzen auf, die somit anderenorts keinen Schaden mehr anrichten können.

Störungen des Säuremantels der Haut bilden die Grundlage für Hautunreinheiten aller Art, Rötungen, Pickel, Entzündungen und Juckreiz. Wird der Säuremantel durchbrochen, bessern sich sofort die Wachstumsbedingungen für Bakterien und Krankheitserreger anderer Art. In der Praxis geschieht dies zum Beispiel durch die unkontrollierten Nebenwirkungen der waschaktiven Badezusätze oder durch die Verwendung bestimmter Seifen.

CHARAKTERISIERUNG UND PFLEGE DER GESICHTSHAUT

Mehr als irgendein anderer Teil des Körpers ist das Gesicht den verschiedendsten Witterungseinflüssen ausgesetzt. Selbst die Hände schützen wir im Winter mit wärmenden Handschuhen, das Gesicht dagegen ist jedem Wetter preisgegeben. Will man feststellen, von welch individueller Beschaffenheit die Gesichtshaut ist, muß man sich zuerst darüber klar sein, daß die Reaktionen der Haut einem ständigen Wechsel unterliegen. Abgesehen von der unterschiedlichen Verfassung der Haut in Jugend und Alter, spielen dabei auch Vererbung und Anlage sowie sich ständig verändernde Lebensumstände eine wichtige Rolle. So mag die Haut vielleicht im Sommer zu übermäßiger Fettsekretion neigen, während sie im Winter, beeinflußt durch die Witterung oder durch den Aufenthalt in überheizten, schlecht gelüfteten Räumen, trocken und spröde wirkt. Die Haut reagiert auch auf schlechte Ernährung, wenig Schlaf oder Krankheit. Es wäre deshalb falsch, sich in der Schönheitspflege auf einen Hauttyp festzulegen, zu dem man prinzipiell vielleicht neigt, ohne den Zustand der Haut laufend zu beobachten und seinen verschiedenartigen Ansprüchen gerecht zu werden. So gibt es beispielsweise Frauen, die fest darauf eingeschworen sind, kosmetische Präparate gegen trockene oder fette Haut zu kaufen, weil sie davon überzeugt sind, ihre Haut sei schon immer trocken oder fett gewesen und müßte es auch für immer bleiben. Sie erwarten keine Besserung ihrer Hautverfassung und geben sich mit teuren Kosmetikserien zufrieden, die zwar Hilfe versprechen, sie aber nur in begrenztem Maße halten. Es wäre das ideale Ziel einer sinnvollen Kosmetik, der Haut von außen und innen die jeweils den Umständen entsprechenden Mittel zuzuführen. Dabei sollte man auch die eigene natürliche Regenerationsfähigkeit der Haut berücksichtigen. Viele Frauen neigen dazu, ständig neue Mittel zu versuchen, wodurch die natürliche Regenerationsfähigkeit der Haut immer mehr reduziert wird. Je weniger Erfolg sich einstellt, desto mehr werden Cremes und Lotionen angewandt. Das Ergebnis dieser teuren und sinnlosen Schönheitspflege ist meist eine übersensibilisierte Haut, die schlaff und widerstandslos aussieht.

Die normale Haut

Normale Haut ist eine vollkommen gesunde Haut, deren Erscheinungsbild vom Alter der jeweiligen Person abhängig ist. Normale Haut in der Jugend ist glatt und weich, mit unsichtbaren feinen Poren. Sie ist straff, rosig, gut durchblutet und zeigt weder fette noch trockene Tendenzen, weder Mitesser noch erweiterte Poren. Meist ändert sich das Bild der normalen Haut bei der Frau im Alter von etwa dreißig Jahren: in diesem Alter zeigt sich häufig eine Tendenz zu trockener Haut. Aber es wäre falsch, anzunehmen, die Haut sei nicht mehr normal und gesund. „Normal" ist die Haut auch im Alter, wenn eine Lockerung durch den Schwund des subkutanen Fettgewebes eingesetzt hat.

Reinigung. Die Reinigung der gesunden Haut hängt von ihrer individuellen Verträglichkeit ab. Viele Schönheitsexperten raten vom Gebrauch der Seife ab, manche Hautärzte hingegen vertreten die Meinung, ohne Wasser und Seife sei eine richtige Reinhaltung der Haut nicht möglich. Häufig reagieren die normalen Toilettenseifen in Verbindung mit Wasser auf der Haut alkalisch, das heißt, der natürliche Säuremantel der Haut wird zum Alkalischen hin verschoben und der damit verbundene Entzug von Fett kann zu einem Austrocknen der Haut führen. Aus der Praxis weiß man allerdings, daß viele Frauen mit einer schönen, gesunden Haut regelmäßig Wasser und milde Seifen für die Reinigung des Gesichts verwenden. Sollte man sich also zur Reinigung mit Seife entschließen, gehört dazu weiches Wasser und eine fetthaltige oder überfette Seife. Was das Wasser betrifft, so hängt sein Härtegrad vom Wohnort ab; in manchen Gegenden mag das Leitungswasser weich wie Regenwasser sein, anderswo ist das Wasser so hart, daß man selbst Rasierseife kaum zum Schäumen bringt. Als Faustregel könnte man deshalb sagen: wirksame Seifen müssen gut schäumen, und je weicher das Wasser, desto milder soll die Seife sein. Weiches Wasser ist für die Pflege der Haut unbedingt erforderlich. Wenn man in einer Gegend wohnt, in der das Wasser besonders hart ist, setzt man dem Waschwasser am besten etwas enthärtendes Borax zu.

Die Menge der angebotenen Toilettenseifen ist groß, und man sollte die Auswahl nach dem Härtegrad des Wassers und nicht nach den Versprechungen der Werbung treffen. Es ist auf alle Fälle richtig, Seifen zu vermeiden, die stark gefärbt und parfümiert sind, denn Farb- und Duftstoffe können auch auf der gesunden Haut Reizungen hervorrufen. Damit beschränkt sich die Auswahl auf weiße, unparfümierte Babyseifen. Die sogenannten „medizinischen Seifen" sollte man mit Vorsicht gebrauchen. Sie enthalten meist bakterientötende und desinfizierende Zusätze, sind also Spezialseifen, die man nur gezielt gebrauchen sollte, wenn es der Hautarzt verschreibt.

Wenn man Seife für die Gesichtsreinigung verwendet, sollte man zum Waschen warmes, aber nicht zu heißes Wasser verwenden und die Seifenreste lang und sorgfältig – zuletzt mit kaltem oder kühlem Wasser – abspülen. Nicht ratsam ist zu starkes Reiben beim Abtrocknen; die Haut soll mit Papiertüchern sanft abgetupft werden.

Wasser ist die Grundlage jeder Hautpflege, es befreit die Poren von Schmutz und schwemmt die abgestoßenen Hautzellen von der Hautoberfläche, es erfrischt und regt die Durchblutung der Haut an. Je weicher das Wasser, desto besser die Wirkung. Man sollte jede Gelegenheit wahrnehmen, die Haut mit Regenwasser zu erfrischen und zu reinigen. Ein Spaziergang im Regen und Nebel ist ein wunderbares Schönheitselexier.

Um die Haut von Make-up-Resten und starker Verschmutzung zu befreien, verwendet man eine Reinigungscreme oder eine milde Reinigungsmilch. Mit der Reinigungsmilch wäscht man den Schmutz mit Wasser von der Haut, die Reinigungscreme wird mit einem Zellstofftuch abgenommen und die Haut anschließend mit einem erfrischenden Gesichtswasser nachgereinigt, denn das Gemisch von Creme, Schmutz und Fett auf der Haut erfordert unbedingt eine Nachreinigung. Der normalen Haut sollte man außerdem einmal in der Woche eine gründliche Generalreinigung gönnen, besonders dann, wenn man in einer Großstadt lebt und die Haut intensiver Verschmutzung ausgeliefert ist. Dazu eignet sich am besten ein Gesichtsdampfbad mit Kräuterzusätzen, das die Poren öffnet und die Durchblutung der Haut anregt. Vom reinigenden Gesichtsdampfbad profitiert nicht nur die Haut, es ist auch eine gute Vorbeugung gegen Erkältung und Schnupfen.

Ernährung und Belebung: Am Tag sollte man die Haut mit einer leichten, wenig fetten Tagescreme oder einer Feuchtigkeitsmilch schützen. Welche Auswahl man als pflegenden Schutz trifft, hängt vom Wetter ab. Bei sonnigem Wetter wird man einer weniger fetthaltigen Creme den Vorzug geben, im Gegensatz zu eiskaltem Winterwetter. Als Make-up-Unterlage wählt man eine mattierende Creme. Hier ist Vorsicht bei den fertigen Produkten geboten, denn viele mattierende Cremes enthalten Glyzerin, das der Haut Wasser entzieht und auch Hautreizungen auslösen kann. Hier zeigt sich wieder ein Vorteil der hausgemachten Kosmetika: die Kenntnisse über Stoffe, die uns nützen und die uns schaden können, verhelfen zu einem wohlüberlegten Einsatz der einzelnen Mittel.

Die Auswahl der Nachtcreme sollte sich auch bei der gesunden Haut nach ihrer Tendenz und jeweiligen Verfassung richten; neigt die Haut mehr zu trockener oder fetter Beschaffenheit, muß die pflegende Nachtcreme entsprechend angepaßt werden. Hat man beispielsweise den Tag bei großer Hitze oder großer Kälte im Freien verbracht, kann die Haut trockene, spröde Stellen zeigen, die man über Nacht mit einer öl- und fetthaltigen Creme behandelt. Eine reine Fettcreme sollte man bei auftretender Trockenheit vermeiden, da zuviel Fett die Haut austrocknet. Der fette, wasserundurchlässige Film bleibt auf der Haut stehen und bewirkt eine Schweißstauung, die das Keratin der Haut zum Quellen kommen läßt. Gut verträglich und glättend hingegen wirken Cremes, die vorwiegend frische Öle enthalten wie Avocadoöl, süßes Mandelöl, Olivenöl. Verwendet man eine nährende Nachtcreme, sollte man sie ganz leicht auf Gesicht und Hals auftragen und sie sanft in die Haut einklopfen. Nach einer Viertelstunde nimmt man die Reste mit einem weichen Papiertuch ab. Um die Wirkung der Creme zu erhöhen, kann man von Zeit zu Zeit eine warme Kompresse auf das eingecremte Gesicht legen, womit sich das Abnehmen der Cremereste erübrigt.

Gönnen Sie Ihrer Haut neben der routinemäßigen Schönheitspflege gelegentlich eine frische Packung aus natürlichen Stoffen, die erfrischend, belebend und stärkend wirken. Ei, Honig, Gurken, Erdbeeren, Bananen oder Quark sind bewährte Zugaben für Packungen, um eine gesunde Haut zu beleben. Legen Sie ab und zu eine Gesichtsmaske auf, die den Blutzustrom in dem Gewebe vermehrt; das strafft die Muskeln und reinigt die Poren. Frische Schönheitsmittel, die gut für die Haut sind, bewirken auch Schönheit von innen; Gayelord Hauser, der Ernährungsberater ungezählter Hollywoodstars, behauptet, die schwedischen Filmschauspielerinnen hätten die normalste Haut und den schönsten Teint der Welt, weil sie von Kind auf viel frische Milch, Käse, Quark, Fisch und Vollkornbrot zu sich nehmen, also jene Nahrungsmittel, in denen Eiweißstoffe und Vitamine enthalten sind.

In sehr jungen Jahren ist die trockene Haut von der gesunden normalen Haut kaum zu unterscheiden. Sie wirkt feinporig, rein und gut durchblutet. Verhältnismäßig früh, etwa im Alter von zwanzig Jahren, wird man der Pflege trockener Haut – medizinisch sebostatische Haut genannt – mehr Beachtung schenken müssen, da sie schon in jungen Jahren immer dünner, pergamentartiger wird und zu frühzeitiger Faltenbildung neigt. Die trockene Haut wirkt nach außen sehr zart und feinporig, sie schuppt leicht, ist empfindlich gegen Witterungseinflüsse, sie neigt zu Rötungen, Entzündungen und geplatzten Äderchen auf den Wangen. Haut mit trockener Tendenz ist häufig angeboren, aber auch von Natur aus gesunde Haut vermag durch falsche Lebensweise und Anwendung schlecht verträglicher Kosmetika langsam trocken zu werden.

Die Problematik der trockenen Haut besteht darin, daß sie nicht genug hauteigene Fette produzieren kann. Die Talgdrüsen stellen zu wenig Talg her, um die Haut geschmeidig zu halten. Der akute Mangel an Fett hat noch eine zweite unerfreuliche Nebenwirkung: die Haut ist ungenügend geschützt und verliert ständig Feuchtigkeit. In fortschreitendem Alter wirkt sich der immer stärker werdende Wasserverlust deutlich sichtbar aus. Ein grober Fehler bei der Behandlungsweise trockener Haut ist der Glaube, man müsse ihr ständig von außen Fett zufügen, da sie selbst nur wenig Fett produziert. Bei dieser einseitigen Fettbehandlung stellt die ohnehin schon träg arbeitende Fettproduktion der Haut meist ihre Tätigkeit noch mehr ein und verläßt sich ganz auf die Fettzufuhr von außen: die Haut wird immer trockener, man verwendet immer mehr fette Mittel, um den ständigen Spannungszustand der Haut zu mildern – ein auswegloser Kreis also, den man nur durch einen sofortigen Abbruch der bisherigen Behandlungsmethode unterbrechen kann, um die Produktion der Talgdrüsen zu aktivieren. Da die Haut häufig eher an Feuchtigkeitsmangel als an Fettmangel leidet, kann nur eine ausgewogene Behandlung mit Feuchtigkeit, emulgierten Ölen und sparsamem Fettgebrauch helfen.

Reinigung. Die wichtigste Maßnahme zur Behandlung der trockenen Haut ist die Einschränkung von Seifenwaschungen, da alkalische Seifen dazu angetan sind, der Haut jenes mühsam produzierte Fett wieder zu entziehen, das sie zum eigenen Schutz dringend braucht. Eine absolut alkalifreie Seife gibt es nicht, da ein geringer Überschuß an freiem Alkali notwendig ist, um das Ranzigwerden einer guten Seife zu verhindern. Im Gegensatz zu den alkalischen Toilettenseifen sind neuerdings auch synthetische Seifen auf dem Kosmetikmarkt zu finden, die synthetische, waschaktive Stoffe und synthetische Fettsäuren enthalten. Waschaktive Stoffe stören den natürlichen Säuremantel der Haut, so daß der Gebrauch dieser Seifen für trockene Haut nicht zu empfehlen ist.

Je härter das Waschwasser ist, desto weniger eignet es sich zur Reinigung der trockenen Haut. Auch der Zusatz von Borax oder Natron im Waschwasser, der häufig empfohlen wird, um das Wasser zu neutralisieren, ist für die trockene Haut ungeeignet, da beide Salze leicht entfettend wirken. Am besten reinigt man die Haut mit einer sehr milden Reinigungcreme oder Reinigungsmilch, wenn sie stärker verschmutzt ist oder von Make-up-Resten befreit werden muß. Für die normale Reinigung oder Nachreinigung eignet sich Regenwasser, destilliertes Wasser, frisch aufgebrühter, abgekühlter Kamillentee oder frische Magermilch. Auch Gesichtsbäder mit frischer, süßer Sahne oder Buttermilch wirken feuchtigkeitsspendend und reinigen schonend die trockene Haut. Es genügt auch, wenn man die Haut täglich mit einem in Milch getränktem Wattebausch abtupft.

Aus Hollywood stammt ein Schönheitsrezept, das für die Reinigung der trockenen Haut besonders zu empfehlen ist: Ein- bis zweimal in der Woche wird ein in warmes Wasser getauchtes Frotteehandtuch eine Minute lang gegen das mit

Reinigungscreme gereinigte Gesicht gepreßt; dann wird erneut Reinigungscreme aufgetragen und diese mit einem feuchten, seidenweichen Schwamm mit aufwärtskreisenden Bewegungen ins Gesicht und den Hals einmassiert. Die Partien um Augen, Nase und Mund werden besonders vorsichtig und gründlich behandelt. Dann alle Spuren der Creme mit Papiertüchern entfernen und zum Schluß mit Gesichtswasser erfrischen.

Die trockene Haut ist sehr empfindlich gegen Einflüsse von außen, insbesondere gegen Witterungseinflüsse. Die Reaktionen auf zu große Hitze oder Kälte können unterschiedlich sein: die Haut zeigt Rötungen, sie wird rauh und fleckig, sie schuppt, brennt oder spannt. Bei der Reinigung dieser hochempfindlichen Haut sollte man deshalb auch große Temperaturschwankungen des Waschwassers vermeiden. Das warme Wasser sollte handwarm und das kalte Wasser nur kühl sein. Die manuelle Pflege sollte immer mit Bedacht vor sich gehen: kein Reißen und Zerren beim Auftragen der Schönheitsmittel, kein Rubbeln mit Handtüchern und Watte. Zur Reinigungspflege der trockenen Haut sind warme Kompressen auf Kräuterbasis gut geeignet, der Haut schonend feuchte Wärme zuzuführen. Vermeiden sollte man Gesichtsdampfbäder, auch wenn der Dampf nicht heiß, sondern feuchtwarm aus dem Topf kommt.

Ernährung und Belebung. Nach der feuchtwarmen Kompresse ist die Haut besonders aufnahmefähig für nährende und pflegende Schönheitsmittel. Es empfiehlt sich deshalb, die warme Kompresse am Abend aufzulegen, um einerseits die pflegenden Stoffe einer Creme über Nacht einziehen zu lassen, andererseits um die gegen Witterungseinflüsse empfindliche Haut nach der Kompresse keinen übermäßigen Temperaturschwankungen auszusetzen. Am Tag schützt man die Haut am besten mit einer Feuchtigkeitscreme oder einer Schönheitsmilch, wenn die Witterung warm genug ist. Zum Schutz gegen eiskalten Wind trägt man besser eine Tagescreme auf, die mehr Öl enthält. Wer viel Zeit in zentralgeheizten Räumen verbringt, sollte auch untertags etwas Feuchtigkeitscreme zum Schutz gegen die trockene Luft auftragen und an den Heizkörpern Wasserverdampfer anbringen.

Als Make-up-Unterlage muß vor allem die im Handel erhältliche mattierende Tagescreme vermieden werden, die zwar auch für die trockene Haut fertig angeboten wird, über deren Glyzeringehalt die Verbraucherin nicht informiert ist. Glyzerin wirkt unter dem aufgetragenen Make-up noch mehr feuchtigkeitsentziehend und kann bei trockener, empfindlicher Haut zu Reizungen führen. Wenn man eine gute Feuchtigkeitscreme für die trockene Haut gefunden hat, sollte man sie ruhig als Unterlage fürs Make-up verwenden, denn das feuchte Make-up ist für die trockene Haut viel geeigneter als das trockene.

Trockene Haut tendiert zu frühzeitiger Faltenbildung, besonders um die Augenpartie. Viele der im Handel befindlichen Augencremes sind dazu angetan, diese hochempfindlichen Stellen noch mehr auszutrocknen, die Haut quellen zu lassen und schwere Reizerscheinungen hervorzurufen. Die Verwendung von frischen Ölen ist wirksam und schonend; am besten eignet sich süßes Mandelöl frisch aus der Apotheke gegen die Austrocknung und Verhärtung der Augenfalten. Man trägt es sparsam auf und nimmt die überschüssigen Reste nach einer viertelstündigen Einwirkungszeit mit der Papierserviette ab.

Die nährende Nachtcreme sollte ebenfalls vorwiegend Öl enthalten; das heißt nicht, daß man reines Öl auf die Haut aufträgt, sondern man läßt das in einer Creme emulgierte Öl einwirken. Das verarbeitete Öl, sei es Mandel-, Avocado-, Oliven- oder Weizenkeimöl, hält die Haut weich und geschmeidig, dringt leicht in die Haut ein und bleibt nicht wie ein Fettfilm unbeweglich auf der Haut sitzen.

Um den Allgemeinzustand der Haut zu verbessern, wendet man Kompressen, Masken und Packungen mit den verschiedensten frischen, natürlichen Stoffen an.

Gesichtsmasken, die stark durchblutungsfördernd wirken,

sollte man bei trockener Haut meiden, sie erweitern die Blutgefäße, insbesondere, wenn man unter geplatzten Äderchen zu leiden hat. Wenn auch noch kein Mittel gefunden worden ist, das, innerlich eingenommen, die träge Produktion der Talgdrüsen aktivieren könnte, so trägt doch auch die Ernährung und Lebensweise dazu bei, den Zustand der trockenen Haut zu beeinflussen. Ausreichender Schlaf, viel frische Luft, am besten in feuchtem Klima, Spaziergänge bei Regenwetter und Nebel sind die billigsten Schönheitsmittel gegen die trockene Haut. Bei schuppiger und spröder Haut wirkt die innerliche Einnahme von Lebertran und Weizenkeimöl wahre Wunder, beides gibt es in der Apotheke in Kapselform zu kaufen. Auf das tägliche Glas Karottensaft schwören viele Frauen, die gegen die trockene Haut ankämpfen; auch frisches Gemüse, Salate, Quark und Milch sollten im täglichen Speiseplan nicht fehlen. Vor rapiden Abmagerungskuren, vor Höhensonne und langem Aufenthalt in der prall scheinenden Sonne sollte man sich hüten. Wie viele Pflanzen gedeiht die trockene Haut am besten im Schatten bei feuchtwarmem Klima.

Die fette Haut

Während die Talgdrüsen der trockenen Haut zu wenig eigenes Fett produzieren, zeichnet sich die fette Haut durch ihre übermäßige Absonderung an Fett aus. Die fette Haut ist dick, meist schlecht durchblutet und neigt aufgrund ihrer übermäßigen Fettabsonderung zu erweiterten Poren, Mitessern und Pickeln. Durch die starke Unterpolsterung mit Fettgeweben erscheint die Haut von außen meist straff, doch um die empfindlichen Regionen der Augen zart und durchsichtig. Fette Haut erfordert viel Pflege, um einerseits die übermäßige Tätigkeit der Talgdrüsen zu reduzieren, andererseits mit den reichlich sprießenden Hautunreinheiten fertig zu werden. Eine der unangenehmsten Merkmale der fetten Haut sind erweiterte

Poren, die eine dauernde Ausweitung durch die ständige starke Absonderungstätigkeit der Haut erfahren. Gelegentlich ist die Absonderung so intensiv, daß sie aus der Pore nicht mehr austreten kann; das gestaute Sekret verstopft den Porenausgang, und es entstehen häßliche Mitesser und Pickel, meist auf der Nase oder um die Nasengegend. Die Schönheitspflege bei fetter Haut muß deshalb dahin zielen, die Poren rein und offen zu halten, um eine Verstopfung zu verhindern. Eine wirksame innerliche Behandlung der fetten Haut – medizinisch Seborrhoe genannt – gibt es bisher nicht, obwohl Ärzte mit Ichthyol in Drageeform recht gute Erfahrungen machen konnten. Es verbleiben äußerlich anzuwendende Maßnahmen, die nicht die Sekretion der Talgdrüsen anregen dürfen.

Obwohl manche Schönheitsexperten auf den ausschließlichen Gebrauch von entfettenden Schönheitsmitteln schwören, haben sich im Gegensatz dazu hervorragende Wirkungen mit der ausdrücklichen Behandlung fett- und ölhaltiger Schönheitsmittel erzielen lassen. Während die stark entfettenden Mittel erfahrungsgemäß die Sekretion der Talgdrüsen zu noch stärkerer Tätigkeit anregen können, sind manche Öle und Fette, die auf der Haut stehenbleiben, in der Lage, den hauteigenen Talg in sanfter Form abfließen zu lassen, ohne die Poren zu verstopfen. Je mehr man von außen versucht, die Haut trockenzulegen, desto intensiver reagiert sie; die energische Entfettung führt immer zu einer Gegenreaktion, in diesem Fall zu einer Hypersekretion der Talgdrüsen.

Die fette Haut kann verschiedene Ursachen haben: ihre übermäßige Fettproduktion kann angeboren, oder durch bestimmte Lebensumstände zustande gekommen sein. Ursachen anormaler Hautfettigkeit sind sehr häufig Störungen des vegetativen Nervensystems, Verdauungsstörungen, psychische Probleme, vitaminarme Ernährung oder Blutarmut. Die Seborrhoe beginnt meist in der Pubertät, bleibt jahrelang bestehen und verschwindet erst wieder mit zunehmenden Alter. Die Seborrhoe kann verschiedene Hautleiden verursachen, z. B.

Akne oder seborrhoische Ekzeme. Manchmal treten an ein und derselben Person verschiedene Merkmale der Seborrhoe auf: an einer Stelle zeigt die Haut allzu intensive Fettproduktion, an anderen Stellen eine Neigung zu trockener Schuppenbildung. Dieses Bild führt bei der eigenen Hautdiagnose häufig zu Irrtümern, da manche Frauen glauben, sie hätten eine typische Mischhaut, obwohl sie in Wirklichkeit zwei verschiedene Arten von fetter Haut zu behandeln hätten. Die Teile des Gesichts, an denen ohnehin die stärkste Fettabsonderung stattfindet, produzieren auch bei der fetten Haut das meiste Sekret: Stirn, Nase, angrenzende Wangenpartien und Kinn. In schlimmen Fällen verleihen vergrößerte Poren, besonders auf der Nase, der Haut das Aussehen, als ob sie mit Nadeln zerstochen wäre. Drückt man die Haut an den Nasenflügeln zusammen, steigen aus den Poren Fettpfropfen oder weißliche, zylindrisch geformte Absonderungen auf.

Reinigung: Eine unempfindliche, fette Haut ohne trockene Tendenzen kann man mit Wasser und Seife reinigen. Es empfiehlt sich der Zusatz von Borax im Waschwasser und eine milde Teer-, Schwefel- oder Ichthyolseife. Bei starker Verunreinigung oder zur Entfernung des Make-ups ist vaselinhaltige Reinigungsmilch oder Baby-Öl von guter Wirkung. Zur Nachreinigung sollte man ein Gesichtswasser nehmen, das etwas Alkohol enthält, aber in erster Linie saure Wirkung hat, zum Beispiel auf der Basis von Milchsäure, Pepsin oder Zitrone. Ist die Haut neben stark fettenden Tendenzen auch von sichtbarer Trockenheit, sollte man etwas vorsichtiger mit Wasser und Seife und mit alkoholischen Präparaten umgehen. Ist die Haut sehr unrein, sollte auch bei der Auswahl des Gesichtswassers für Abwechslung gesorgt und neben den leicht entfettenden auch entzündungshemmende Mittel verwendet werden. Entzündete Stellen behandelt man mit Hamameliswasser, Kampferzusätze wirken reinigend und porenverengend auf erweiterte Poren, pflanzliche Zusätze wie etwa Thymian, Salbei oder Pfefferminze wirken antiseptisch. Wenig zu empfehlen sind nachhaltiges Abseifen mit zu heißem Wasser, Reinigen mit hochprozentigem Alkohol oder abwechselnde Heiß- und Kaltwasserwaschungen.

Staub und Schmutz setzen sich in Verbindung mit hauteigenem Talg auf der Haut fest und können Hautunreinheiten verursachen. Es empfiehlt sich deshalb, die Haut immer sehr sorgfältig zu reinigen, am besten mehrmals täglich. Für die gründliche Abendreinigung hat man mit vaselinölhaltiger Reinigungsmilch, Baby-Öl oder Kleieprodukten die besten Erfahrungen gemacht. Gute Erfolge erzielt man auch durch tägliches Trockenbürsten der Haut; dazu verwendet man am besten eine weiche Gesichtsbürste aus Ziegenhaar. Die täglichen zarten Bürstenmassagen tragen nicht nur Hautschuppen und andere locker sitzende Rückstände von der Haut ab, die milde Durchblutungssteigerung wirkt auch normalisierend auf die Funktion der Oberhaut und der Talgdrüsen.

Wechselwaschungen mit nicht zu heißem und nicht zu kaltem Wasser, dem etwas Borax oder ein paar Tropfen Zitronensaft zugesetzt ist, Wechselkompressen, Gesichtsdampfbäder und Packungen, die reinigend und adstringierend wirken, helfen, die Poren reinzuhalten und den überschüssigen Talg sorgfältig und schonend abzutragen. Als Kräuterzusätze eignen sich adstringierende und desinfizierende Mittel wie Thymian, Rosmarin, Lindenblüten, Weißdorn oder Salbei. Erfrischend wirken auch Abreibungen mit Gemüsesäften, mit Gurken-, Tomaten- oder Karottensaft.

Ernährung und Belebung. Nachdem man die Haut gründlich gereinigt und mit einem adstringierenden Gesichtswasser erfrischt hat, verwendet man als Schutzfilm für den Tag eine mattierende Tagescreme oder Feuchtigkeitsmilch, je nach Jahreszeit und Witterung. Feuchtigkeitsmilch ist für die fette Haut günstig, da sie leicht in die Haut eindringt und die Poren nicht unnötig verstopft und erweitert. Auch leichter medizinischer

Schwefelpuder aus der Apotheke eignet sich als Schutz für den Tag; er sollte nur hauchdünn aufgetragen werden, denn obwohl er die Haut leicht entfettet, kann er auch die Poren verstopfen. Niemals sollte man Puder ohne schützende Unterlage anwenden, da sich Puder und der natürliche Hauttalg vermischen und ebenfalls die Poren verstopfen können.

Sparsamkeit in der Anwendung von Pflegemitteln ist das oberste Gebot bei der Pflege fettiger Haut. Auch die fette Haut braucht Nährcremes, man sollte sie aber nicht jede Nacht auftragen, denn über Nacht produziert die Haut ebenfalls Fett, das in Verbindung mit allzuviel Creme die Poren erneut verstopfen kann.

Pflegende Gesichtsmasken helfen, die übermäßige Fettproduktion der Haut zu reduzieren. Leidet man allerdings an einer gemischten, gleichzeitig öligen und trockenen Seborrhoe, gilt zu beachten, daß die Masken, je nach Wirkung, nur auf die betroffenen Stellen aufgetragen werden sollen. So wirkt beispielsweise eine Heilerdemaske ausgezeichnet, trägt man sie aber zu häufig auf die schuppenden Stellen der Haut auf, erzielt man damit unter Umständen eine noch intensivere Schuppenbildung. Am besten, man schwächt die straffende Wirkung der Heilerde ab, indem man der Maske statt Wasser, je nach individuellem Bedarf, Quark, Milch, Sahne, Mandelöl, Gurken- oder Karottensaft zufügt.

Es ist bekannt, daß man an der fetten Haut nicht ein ganzes Leben lang zu leiden hat, obwohl man sie medizinisch gesehen als einen konstitutionellen Dauerzustand betrachtet. Im Sommer und bei heißem Wetter nimmt die Seborrhoe zu, im Winter dagegen ab; das sollte man bei der Hautpflege berücksichtigen. Auch vor der Menstruation kann die Talgdrüsensekretion durch das Absinken des Östrogenspiegels zunehmen. Im Alter dagegen ändert sich die Haut, sie wird zunehmend trockener und bedarf einer vollkommen anderen Pflege.

Um den Zustand der fetten Haut auch von innen heraus wirksam zu verbessern, sollte man großen Wert auf die richtige

Ernährung legen. Süßigkeiten, fette Speisen, Schweinefleisch, Kuchen und Torten, Nüsse, allzuviel Alkohol sollten soweit wie möglich aus dem täglichen Speiseplan gestrichen werden. Quark mit frischen Kräutern, ungesüßter Joghurt, viel Salat und frisches Gemüse helfen, den Zustand der Haut verbessern. Eine häufige Ursache der fetten Haut sind chronische Verdauungsschwierigkeiten. Benutzen Sie jede Gelegenheit, den Körper zu entschlacken; Sauna, frische Luft, Reizklima, Sport und viel Schlaf sind die besten und billigsten Schönheitsmittel bei fetter Haut. Auch Vitaminmangel mag eine Ursache für eine fette Haut sein. Man wird selbst am besten wissen, was man mit der Ernährung versäumt hat und kann durch eine gewissenhaftere vitaminreiche Ernährung dazu beitragen, den richtigen Ausgleich wiederherzustellen. Dabei sollte man nicht vergessen, daß auch zuviel ungesund sein kann. Eine Gewaltkur mit Vitaminen, die weder ärztlich empfohlen, noch dosiert zum Einsatz kommen, können schädigende Folgen haben und genau das Gegenteil von dem bewirken, was man mit ihrem gutgemeinten Einsatz bewirken wollte.

Die Mischhaut

Die Mischhaut weist deutlich die Merkmale zweier verschiedener Hauttypen auf und ihre Behandlung und Pflege ist deshalb nicht ganz leicht. Im allgemeinen bezeichnet man die Mischhaut als jenen Hauttypus, der um die Augen, den Mund und um den Hals trockenere oder fettere Tendenzen aufweist als an den übrigen Teilen des Gesichts. Die individuellen Merkmale der Mischhaut kann man nur an der eigenen Haut beobachten. Während die Haut am Kinn oder um die Nase, auch an der Stirn zu starker Fettabsonderung neigen kann, sind die Partien um die Augen ausgetrocknet und tendieren zur Faltenbildung. Es gilt also, erst festzustellen, an welchen Stellen die eigene Haut zu mehr oder weniger starker Fettproduktion neigt.

Häufig werden die Anzeichen für die Mischhaut nur dahingehend beschrieben, daß ein Teil der Haut fett und unrein wirkt, ein anderer dagegen besonders trocken. Es besteht aber die Möglichkeit, daß die Haut an manchen Stellen zwar besonders fett ist, an den übrigen Teilen des Gesichts hingegen ganz normal: die normalen Hautpartien wirken nur im Vergleich zu den fetten viel trockener. An jenen Stellen, an denen die Haut übermäßig viel Fett produziert, treten auch verstopfte Poren, Mitesser und Pickel auf.

Während die Schönheitspflege der trockenen oder fetten Haut meist einheitlich ist, muß man bei der Mischhaut eine unterschiedliche Pflege, je nach der individuellen Tendenz der Haut, anwenden, wobei auch das Alter zu berücksichtigen ist. Häufig diagnostizieren junge Mädchen im Pubertätsstadium ihre Haut als Mischhaut, obwohl sie nur an typischen, häufig vorkommenden und durch ihr Alter bedingten Hautunreinheiten zu leiden haben.

Reinigung. Da die trockenen Partien der Mischhaut empfindlicher und pflegebedürftiger sind als die fetten, sollte man sie auch bei der allgemeinen Reinigung des Gesichts mehr berücksichtigen. Hartes Wasser und alkalische Seife, zu heißes oder zu kaltes Wasser sollte man im Interesse der trockenen Hautstellen meiden. Es empfiehlt sich, das Gesicht entweder mit Hilfe einer überfetten Seife zu waschen oder eine milde Reinigungsmilch anzuwenden. Waschungen mit frisch überbrühtem, abgekühltem Kamillentee sind ein vorzügliches Schönheitsmittel bei Mischhaut, denn sie bewirken eine schonende Behandlung der trockenen Haut und wirken entzündungshemmend bei Hautunreinheiten. Auch Milch zum Waschen oder süße Sahne sind altbewährte schonende Reinigungsmittel. Verwendet man Reinigungscreme oder Reinigungsmilch, sollte man ein fetthaltiges und gleichzeitig entzündungshemmendes Mittel auswählen. Zur anschließenden Erfrischung der Haut verwendet man am besten zwei verschiedene Lotionen; eine leicht adstringierende für die fetten, unreinen Hautstellen und eine milde, alkoholfreie für die trockenen Stellen. Ein schonendes Elexier, das man für das ganze Gesicht anwenden kann, ist Hamameliswasser; es trocknet die trockene Haut nicht aus und wirkt entzündungshemmend auf die fetten Partien.

Kompressen, Packungen und Masken, wie sie für die trockene Haut empfohlen werden, sind auch für die Mischhaut geeignet und können mit gelegentlichen Dampfbädern gegen unreine Haut ergänzt werden. Die jeweiligen Auflagen der verschiedenen Gesichtsmasken sollten partiell zur Anwendung kommen: die fettenden Partien, die Mitesser um Nase, Mund und Kinn müssen gesondert behandelt werden.

Ernährung und Belebung. Das Wichtigste bei der Pflege der Mischhaut ist die ausgewogene Zufuhr von Feuchtigkeit und Fett. In erster Linie pflegt man die empfindlichen, trockenen Hautpartien mit feuchtigkeitsspendenden Cremes. Für die kalten Wintermonate nimmt man eine gleichzeitig öl- und fetthaltige Tagescreme, die keine adstringierenden Zusätze enthält. Will man eine gemischte Behandlung vornehmen, empfiehlt sich für die unreinen, fetten Stellen eine Extrabehandlung mit einer Salbe gegen unreine Haut oder mit einer kampferhaltigen Creme, die porenverengend und entzündungshemmend wirkt. Wie bei der Behandlung der fetten Haut sollte man auch bei den fetten Hautpartien der Mischhaut im Umgang mit stark entfettenden Schönheitsmitteln vorsichtig sein. Je gewaltsamer die Haut entfettet wird, beispielsweise mit hochprozentigem Alkohol, desto mehr regt man die Talgproduktion an. Mit dieser Art der Austrocknung erzielt man eher die Verschlechterung der betroffenen Stellen.

Extrem trockene Partien der Mischhaut behandelt man mit Schönheitsmitteln, die für die trockene Haut empfohlen werden. Gegen die Faltenbildung unter den Augen hilft süßes Mandelöl, das man nur sparsam aufträgt. Meist neigt die trockene Haut unter den Augen zu großer Empfindlichkeit, und viele fertige Augencremes rufen Schwellungen, Rötungen und Entzündungen hervor.

Prüfen Sie Ihre Ernährung und Lebensweise, um herauszufinden, ob die Anomalien nur auf vorübergehende Umstände zurückzuführen sind. Versuchen Sie es mit einer Diät oder einer Blutreinigungskur, wenn die fettenden Stellen der Haut plötzlich starke Fettabsonderung zeigen. Auch Magenbeschwerden, Darmträgheit, einseitige Kost und vorwiegend sitzende Lebensweise, zu wenig Schlaf, ein zu spannungsreiches Leben und psychische Probleme können eine partielle Veränderung der Haut auslösen. Nur wenn man die Ursache beseitigt hat, wird man durch die Kosmetik von innen und außen eine dauerhafte Besserung erreichen.

Die alternde Haut

Die Symptome der alternden Haut betreffen bei der Gesichtshaut sowohl die oberen Zellagen als auch die darunterliegenden Schichten. Die Verzapfungen der Papillarkörper, welche die obere Hautschicht an die unteren Lagen bindet und festigt, lockern sich, Bindegewebe und elastische Fasern der Lederhaut verlieren an Dehnbarkeit und Elastizität, und ein Rückgang des Fettgewebes der untersten Hautschicht setzt ein. Alle diese Vorgänge in den einzelnen Hautschichten führen zu Falten- und Runzelbildungen. Je mehr die Gesichtshaut im Laufe eines Lebens von innen und außen gepflegt wurde, desto später und weniger intensiv treten diese normalen Altersveränderungen an der Haut auf. Ganz verhindern läßt sich die Faltenbildung nie. Die Schönheitspflege sollte jedoch dahin zielen, den aufgetretenen Falten ein gepflegtes, weiches Aussehen zu verleihen.

Das wichtigste Schönheitsgeheimnis berühmter Frauen besteht darin, ihre Alterserscheinungen gelassen und souverän hinzunehmen. Lilli Palmer sagt dazu: „Kümmert euch nicht um die paar Runzeln, auf die kommt's doch gar nicht an. Die ersten

Fältchen machen ein hübsches, nichtssagendes Backfischköpfchen erst zum echten Gesicht." Auf die richtige Einstellung zum Alter kommt's also bei der Schönheitspflege der alternden Haut in erster Linie an – je freier und natürlicher die innere Einstellung, desto besser sind die Voraussetzungen für die wirksame Schönheitspflege von außen.

Reinigung. Meist neigt die Haut im Alter zu Trockenheit, man sollte also bei der Reinigung Mittel und Zusätze verwenden, die der Haut möglichst wenig Fett entziehen. Es eignen sich deshalb die gleichen Reinigungspräparate, die für die trockene Haut empfohlen werden. Wichtig für die alternde Haut ist die anschließende Nachbehandlung mit einem durchblutungsfördernden Gesichtswasser, um die träg werdenden Funktionen der Haut anzuregen. Man sollte daher auch häufig feuchtwarme Kompressen mit durchblutungsfördernden Kräuterzusätzen anwenden. Das führt zu einer intensiven Durchblutung, um die Degeneration des Stützgewebes zu verzögern, und die damit verbundene Schweißsekretion reinigt und belebt die Poren.

Hartes Waschwasser ist für die Pflege der alternden Haut genauso schädlich, wie für jede andere Haut. Regenwasser, destilliertes Wasser, Kamillentee oder Sprudelwasser sind für die regelmäßige Reinigung am meisten zu empfehlen.

Ernährung und Belebung. Bei der täglichen Pflege der alternden Haut muß man vor allem auf Sorgfalt und Regelmäßigkeit in der Anwendung von Kosmetika bedacht sein, um der Haut ein dauerhaft frisches und durchblutetes Aussehen zu verleihen. Dazu gehört in erster Linie die tägliche Gesichtsmassage, die man morgens und abends je fünf Minuten anwendet. Mit der regelmäßigen Gesichtsmassage kann man einen Ausgleich und eine Abschwächung jener Faltenbildungen erzielen, die dem Gesicht ein hartes, verwittertes Aussehen geben können. Die Falten weich und geschmeidig zu erhalten, darauf kommt es an. Meist sind es die Krähenfüße, die Falten unter den Augen und die Furchen, welche vom Nasenflügel zum Mundwinkel führen – die sogenannten Lachfalten –, die zur Verhärtung neigen. An jenen Stellen, an denen die Gesichtshaut straff über den Knochen gespannt ist, sollte man bei der Gesichtsmassage nur streichende Bewegungen anwenden und knetende Bewegungen dort, wo die Haut gut unterpolstert ist.

An manchen Stellen des Gesichts kann eine einseitige Wucherung des Fettgewebes auftreten, die sich wie eine Wulstbildung bemerkbar macht. Um diese überflüssigen Ablagerungen des Fettgewebes zu bekämpfen, ist auch eine sogenannte Vibrationsmassage geeignet, die man entweder mit den Händen oder mit fein dosierfähigen Vibrationsapparaten vornimmt. Für die mechanische Behandlung sollte man jedoch besser regelmäßig eine gute Kosmetikerin aufsuchen, wenn man nicht selbst über genug Geschicklichkeit und Erfahrung im Umgang mit dem Gerät verfügt.

Kräuterkompressen, Hauttonikum auf der Basis von belebenden Kräuterextrakten, feuchtigkeitsspendende Cremes und Massagen helfen, der alternden Haut ein frisches, belebtes Aussehen zu verleihen. Daneben sollten straffende und glättende Gesichtsmasken angewendet werden, um die Blutzirkulation zu fördern. Welche Maske für die Haut am besten geeignet ist, richtet sich nach ihrer Beschaffenheit. Von allzu straffenden Paraffin- und Kunststoffmasken, die nur vorübergehend wirken, ist abzuraten. Es gibt viele natürliche Mittel, die eine straffende – aber weniger strapaziöse – Wirkung haben, z. B. Eiweiß.

Die Partien um die Augen sowie die Pflege des Halses bedarf bei der alternden Haut großer Aufmerksamkeit. Schwere Augencremes und „Quell-Cremes" werden häufig schlecht vertragen, man sollte deshalb die empfindlichen Augenregionen ausschließlich mit süßem Mandelöl einmassieren, das man eine Weile einziehen läßt, bevor man die überschüssigen Ölreste abtupft. Für den Hals kann man neben der regelmäßigen Massage gute Erfolge mit der Anwendung von Weizenkeimöl und Avocadoöl erzielen. Dabei wird der Hals reichlich mit Öl eingerieben, anschließend legt man ein warmes weiches Tuch um den Hals und darüber einen wärmenden Schal. Je länger das Öl einzieht, desto besser, am wirkungsvollsten über Nacht. Auch zur inneren Anwendung ist Weizenkeimöl als Schönheitsmittel gegen alternde Haut sehr gut, insbesondere zusammen mit Lebertran.

Neben den natürlichen Erschlaffungserscheinungen werden auch die sogenannten Gewohnheitsfalten im Alter ausgeprägter. Schlechte Angewohnheiten, wie das Herabziehen der Mundwinkel, Zusammenziehen oder Hochziehen der Augenbrauen, Nasenrümpfen oder Augenreiben, führen zu unliebsamen Faltenbildungen. Ein arabisches Sprichwort sagt: „Bis 30 trägst du das Gesicht, das dir die Natur geschenkt hat, nach 30 das Gesicht, das du verdienst."

Unreine Haut und Akne

Unreine Haut erkennt man an Pickeln, Pusteln, Mitessern und verstopften Poren, die vereinzelt oder in Gruppen auftreten. Sporadisch erscheinende Unreinheiten können die verschiedensten Ursachen haben: nachlässige Reinigung, Unsauberkeit, falsche Ernährung, schlechte Verdauung, seelische Störungen oder der unkontrollierte Genuß von Alkohol, Zigaretten und Medikamenten. Auch klimatische Veränderungen oder eine rapide Umstellung der Lebensweise mag eine der vielen Ursachen dafür sein. So beobachtet man plötzlich auftretende Unreinheiten der Haut häufig auf Reisen, wenn der Klimawechsel und eine Umstellung der Ernährung ungewohnte Anforderungen an den Organismus stellen.

Zur äußeren Schönheitspflege von kurzfristig auftretenden Hautunreinheiten sind alle Schönheitsmittel geeignet, die antiseptische und entzündungshemmende Eigenschaften haben. Diese Mittel sollte man partiell an den betroffenen Stellen anwenden, in Form von Cremes, Lotionen und Kompressen oder als Gesichtsmaske. Beschränkt sich die Hautunreinheit lediglich auf einzeln auftretende Pickel, betupft man sie am besten nach dem Gesichtsdampfbad mit etwas Kampferspiritus und Schwefelpuder, das trocknet sie rasch aus. Kleine Mitesser drückt man nach dem Gesichtsdampfbad vorsichtig aus; am hygienischsten macht man das mit Hilfe einer Papierserviette, wobei man sehr sorgfältig den Talgpfropfen von innen nach außen drückt. Man muß verhindern, daß er nach innen geht, steckenbleibt und dadurch Entzündungen verursacht. Danach betupft man die Hautstelle zur Desinfektion mit etwas reinem Alkohol. Sehr nützlich für diesen Zweck sind auch die sogenannten Komedonquetscher; der Umgang damit will allerdings erst gelernt sein, und man überläßt ihn besser einer guten Kosmetikerin. Hat man genug Übung mit diesem Spezialinstrument, sollte man es vor der Benutzung immer desinfizieren.

Zur innerlichen Anwendung gibt es verschiedene Mittel gegen unsaubere Haut; so kann man sporadisch auftretende Hautunreinheiten auch mit einer entsprechenden Diät oder einer Blutreinigungskur bekämpfen. Blutreinigende Tees, die dem Körper Giftstoffe entziehen, die sonst an die Oberfläche kommen und sich im Gesicht festsetzen, helfen Unreinheiten der Haut frühzeitig bekämpfen. Fenchel, Huflattich, Rosmarin und Zinnkraut, Thymian und Salbei sind dabei für die innere und äußere Anwendung geeignet. Auch Hefe ist ein gutes, altes Hausmittel: sie enthält reichlich Vitamin F und in hoher Konzentration Vitamin B. Mit der innerlichen und äußerlichen Hefetherapie lassen sich gute Erfolge erzielen, weil die Hefe bei der inneren Anwendung die Selbstvergiftung des Körpers und Darms unterbindet, während die äußerliche Anwendung dazu beiträgt, die funktionelle Einheit der Hautzelle zu regulieren. Die Bedeutung der Hefe in der Therapie von Hautunreinheiten beruht in erster Linie darauf, daß sie den Stoffwechsel der Hautzellen zu normalisieren vermag und so den Hautunreinheiten den Boden entzieht. Man braucht allerdings etwas

Geduld bei der Hefekur, denn ihre Anwendung wird auf einen Zeitraum von vier bis sechs Wochen angesetzt, je nach Hartnäckigkeit der Hautunreinheiten.

Es lohnt sich, Mitesser frühzeitig mit inneren und äußeren Mitteln zu bekämpfen, denn ist der Talgpfropfen erst einmal erhärtet, entwickeln sich daraus entzündete Pickel und Pusteln, deren Entfernung wesentlich komplizierter ist. Vor allem ist äußerste Sauberkeit vonnöten, um die weitere Einwanderung von Eitererregern zu verhindern. Dampfbäder und Gesichtsmasken, entzündungshemmende Gesichtswasser und Schwefelpuder lassen die entzündeten Pickel langsam wieder abheilen. Das Ausdrücken sollte man bei einem bereits entzündeten Pickel besser bleiben lassen und die Geduld aufbringen, abzuwarten, bis sich der Pickel entweder von selbst öffnet und entleert oder austrocknet und verschwindet.

Die Akne ist eine Erkrankung der Haut, an der häufig junge Leute in den Pubertätsjahren leiden. Früher sagte man, das beste Mittel gegen jede Art von pickeliger Haut ist eine frühe Ehe. Tatsächlich besteht ein enger Zusammenhang zwischen den hormonellen Umstellungen im Körper eines Jugendlichen und der Entstehung der Akne. Die Akne hat die Seborrhoe zur Voraussetzung, auch falsche Ernährung und Verdauungsstörungen unterstützen ihre Verbreitung. Bei Frauen tritt die Akne prämenstruell stärker auf. Bleibt sie bis ins dritte Lebensjahrzehnt bestehen, kann dies auch das Zeichen einer Störung der hormonellen Funktionen sein.

Hauptsitz der Akne sind die talgdrüsenreichen Gebiete des Gesichts, die Stirn, die Nase, die Wangen und das Kinn. In schweren Fällen erstreckt sie sich über das ganze Gesicht, die Ohren, den Hals, den Rücken, die Brustregion und die Oberarme. Man unterscheidet zwei verschiedene Erscheinungsphasen der Akne: Die erste Phase erkennt man an der Bildung einer Vielzahl von Komedonen, die zweite Phase ist durch entzündliche und eitrige Entwicklung der Hautunreinheiten gekennzeichnet, sie muß jedoch nicht unbedingt als Folge der ersten Phase auftreten. Während die oberflächliche Pustel-Akne wenigstens weitgehend narbenfrei abheilt, führt die tiefe Form der Akne zu trichterförmig eingezogenen Narben. Abszesse, entzündete Knötchen, Pusteln treten dabei auf.

Zum Ausbruch einer Akne kommt es, wenn vermehrt gebildeter Talg durch die stark verhornten Talgdrüsenausführungsgänge nicht rasch genug abfließen kann, wodurch eine Verstopfung durch Talg und Hornlamellen eintritt. Der gelbliche Talg nimmt durch Oxydation an der Hautoberfläche eine schwarze Farbe an und wird so als Mitesser oder Komedon äußerlich sichtbar. Die Talgdrüsen produzieren auch bei verstopften Ausgängen weiter übermäßig viel Sekret, und der Druck innerhalb der Drüsen steigt so stark an, bis schließlich der Talg in das umgebende Bindegewebe übertritt und eine infektiöse Entzündung des Gewebes bewirkt. Als Folge entstehen nun die Akneknötchen und Aknepusteln.

Die Behandlung der Akne stellt ein schwieriges Problem dar. Häufig rät der Arzt zu einer Diät, in der Geräuchertes, Käse, Nüsse, blähende Mehlspeisen, Eier, Milch, Süßigkeiten und Fett vermieden werden. Zu bevorzugen sind dagegen Obst und Südfrüchte, rohes Gemüse, Kompotte, Vollkornbrot und Speisen mit Schrot und Weizenkeimen.

Im allgemeinen gilt auch Waschverbot mit Wasser und Seife, denn Quellungsvorgänge im alkalischen Bereich verstärken unter Umständen die Entstehung der Komedone. Es kommen verschiedene entfettende, desinfizierende Mittel zum Einsatz, unter anderem auch Schwefel oder Zinnober. Diese Mittel kann man weder selbst verarbeiten, noch soll man sie ohne ärztliche Kontrolle verwenden.

3

PRAKTISCHE TIPS
FÜR DIE HERSTELLUNG
VON KOSMETIKA

Ausstattung: Die Ausstattung der Kosmetik-Küche ist einfach, man braucht dazu keine speziellen Töpfe, Geräte oder Behälter. Hygienischer für die Zubereitung ist es, wenn man Töpfe und Rührlöffel ausschließlich für die Kosmetikherstellung verwendet, denn unsichtbare Speisereste und Bakterien können die Frische der Produkte negativ beeinflussen. Das Handwerkszeug sollte man nur mit kochendheißem Wasser reinigen, ohne Verwendung von chemischen Spülmitteln. Man läßt am besten Wasser im benutzten Topf zum Kochen bringen und legt auch den Rührlöffel mit hinein. Wenn man ganz besonders vorsichtig sein will, setzt man dem kochenden Wasser etwas Soda zu.

Metallene Gefäße sind für die Kosmetikherstellung nicht geeignet, da Metall mit bestimmten Zusätzen chemische Verbindungen eingehen kann. Am praktischsten ist deshalb ein feuerfester Porzellan- oder Glastopf und ein kleiner Holzkochlöffel zum Rühren. Auch über einen schmalen hohen Plastiktopf sollte man verfügen, da viele feste Zusätze im Wasserbad geschmolzen werden und der Plastiktopf den Vorteil hat, im kochenden Wasser zu schwimmen. Für das Abwiegen der oft sehr geringen Mengen oder leichtwiegenden Zutaten eignet sich am besten eine Briefwaage.

Der elektrische Handrührmixer ist ein ideales Gerät, um manche Cremes zu emulgieren, feiner, geschmeidiger und sahniger zu machen. Der hohe Plastiktopf, den man mit dem Gerät zu kaufen bekommt, eignet sich auch sehr gut dazu, die

Fette und Öle im Wasserbad zu schmelzen. Wenn man bereits ein Handrührmixgerät im Haushalt hat, sollte man aus hygienischen Gründen einen zweiten Rühreinsatz für die Kosmetikherstellung besorgen, er kostet nur wenig Geld und garantiert eine wirklich saubere Handhabung. Das mechanische Schlagen mit dem Rührmix bewirkt neben seinem emulgierenden Effekt, daß man gelegentlich auch Luft in die Creme einrührt; es empfiehlt sich deshalb immer, die Creme nach der Fertigstellung mit dem Stil eines sauberen Holzkochlöffels umzurühren, damit die Luft entweichen kann. Auch während des Gebrauchs kann man manche Creme einmal kurz umrühren, wenn man feststellt, daß sich Luftbläschen gebildet haben, was keineswegs ein Anzeichen dafür ist, daß die Creme ranzig wird. Das Handrührmixgerät ist fast ein „Muß" für die Ausstattung der Kosmetik-Küche, zumal einige Rezepte nur mit dem Rührmix hergestellt werden können.

Zutaten. Je frischer die Zutaten sind, die man für die Kosmetika verwendet, desto besser und wirkungsvoller ist das Ergebnis. Es ist unmöglich, eine wirksame Hautcreme auf der Basis von ranzigem Fett oder Öl zu produzieren. Frische Stoffe bleiben auch im fertigen Produkt länger frisch. Versuchen Sie deshalb, eine homöopathische Apotheke zu finden, die Rohstoffe auch selbst produziert und sie in kühlen Räumen lagert. Geben Sie Ihren Wunschzettel in der Apotheke ab und lassen Sie dem Apotheker etwas Zeit, die Mittel frisch aus dem kühlen Lager zu holen. Benutzen Sie ruhig Ihre Nase beim Einkaufen und geben Sie die Mittel zurück, die ranzig riechen.

Als ich damit anfing, meine Kosmetika selbst herzustellen und mit einer langen Wunschliste in die Apotheke ging, wurde ich ziemlich mißtrauisch befragt, für was ich denn eigentlich die Mittel brauche. Ich gestand verlegen meinen Wunsch, verschiedene Hautcremes selbst herstellen zu wollen, worauf der Apotheker meinte, ich solle diesen Versuch lieber seinen geübten Händen überlassen, er verlange für die Herstellung meiner Cremes nach meinen Rezepten einen Stundenlohn von 20,– DM. Aber damit waren meine Einkaufserfahrungen in Apotheken noch nicht erschöpft. Einmal verlangte ein Apotheker für 100 g Lanolin 8,– DM, obwohl nur 4,– DM gerechtfertigt waren; Vaselinöl, behauptete ein anderer Apotheker, gäbe es überhaupt nur in meiner Phantasie. Auch er war, wie so viele andere, der Meinung, es sei doch lächerlich, in einer „aufgeklärten" Zeit wie heute Kosmetika selbst herstellen zu wollen, wo doch die Industrie alles, was man braucht, in Hülle und Fülle anbietet. Obwohl ich mir inzwischen gut vorstellen kann, wie schwierig für viele Apotheken die Beschaffung, Lagerung und Abfüllung von vielen verschiedenen Rohstoffen, die kaum verlangt werden, sein muß, so traurig ist doch die Tatsache, daß es nur noch sehr wenige Apotheker gibt, die Verständnis und Interesse für ihre eigenen Traditionen haben.

Zubereitung. Niemals würde sich eine gute Köchin mit sklavischer Genauigkeit an ein vorgegebenes Kochrezept halten, wenn sie feststellt, daß die Speise zu fest, zu trocken, zu weich oder zu wenig schmackhaft zu werden verspricht. Auch die Kosmetik-Köchin sollte in der Lage sein, manche Rezepte zu variieren, denn bei noch so exakten Maß- und Gewichtsangaben sind die Rohstoffe oft unterschiedlicher Beschaffenheit, die einen Ausgleich nach persönlichem Ermessen bedingen. Die Wirkung und Beschaffenheit eines Produkts wird dadurch keineswegs verändert, auch dann nicht, wenn man nur eine kleine Menge als Probe herstellen möchte und von allen angegebenen Zutaten entsprechend weniger nimmt. Das ist besonders dann ratsam, wenn man die Verträglichkeit einer Creme prüfen will. Es ist nicht nötig, sich zur Prüfung das Gesicht mit der Creme einzureiben, um festzustellen, ob die Creme eine gute Wirkung hat; man kann sie auch an der Innenseite des Unterarms ausprobieren, hier ist die Haut mindestens so empfindlich wie im Gesicht.

Im Rezeptteil dieses Buches wurden nur anerkannt gute und

hautverträgliche Zutaten genannt; es kann aber nicht garantiert werden, daß dieses oder jenes Mittel auch individuell gut vertragen wird. Alle genannten Rezepte wurden von Testpersonen ausprobiert, aber man muß eine Creme, um ihre Wirkung zu ermessen, selbst anwenden. Man kann sie auch ergänzen, indem man sie mit mehr Ölen oder Fetten anreichert. Wenn einmal eine Creme nicht so fest wird, wie sie sein sollte, dann besteht kein Grund sie wegzuwerfen – benutzen Sie die Creme als Lotion, wenn sie gute und frische Zutaten enthält. Es kann auch vorkommen, daß eine Creme nach dem Rühren nicht sahnig und fein geworden ist, obwohl bei der Herstellung kein Fehler unterlaufen ist. Dann kann man versuchen, die Creme im Wasserbad zu erwärmen und nochmals langsam kalt zu schlagen – es lösen sich die kleinen Fettklumpen bei der zweiten Erwärmung vielleicht besser auf und die Creme wird nun geschmeidiger.

Wer Cremes gerne selbst herstellt, möchte auch wissen, warum in den Anweisungen für die Herstellung das Wasserbad oder bestimmte Rührtechniken eine wichtige Rolle spielen. Generell kann man dazu sagen, daß jede Creme einen fettigen, öligen Anteil und eine wäßrige Phase enthält. Beides verbindet sich aber normalerweise nicht miteinander. Man sieht das am besten, wenn man zum Beispiel eine Salatsauce herstellt und einige Zeit stehen läßt. Der Essig setzt sich am Grund ab, und das Öl schwimmt auf der Oberfläche: zwischen Öl und Wasser besteht eine Grenzflächenspannung. Diese kann mit Hilfe eines sogenannten Emulgators herabgesetzt werden, es bildet sich dann eine feine Verteilung von Fett und Wasser, eine sogenannte Emulsion. Man kann dabei zwei Arten unterscheiden: entweder sind die Wasserteilchen von Fett umgeben, dann spricht man von einer Wasser-in-Öl-Emulsion wie beispielsweise bei der Butter. Für die Herstellung dieser Art von Cremes verwendet man gut emulgierende Grundstoffe wie Bienenwachs, Walrat oder Lanolin, außerdem ist es aber notwendig, daß man beim Zufügen des wäßrigen Anteils kräftig und gleichmäßig rührt, bis die Creme erkaltet. Die Emulsion bildet sich hier also vorwiegend auf mechanischem Weg (Rührmix).

Beim zweiten Emulsionstyp verhält es sich umgekehrt, hier werden die Öltröpfchen ganz fein im Wasser suspendiert, es entsteht eine Öl-in-Wasser-Emulsion; die Beschaffenheit der Milch ist hierfür ein Beispiel. Bei dieser Art von leichten, milchigen Cremes bewirkt der Zusatz eines geeigneten Emulgators, daß die Fette ihre Eigenschaft, Wasser abzustoßen, verlieren und sozusagen wasserfreundlich werden. Bei der praktischen Arbeit übernimmt der Emulgator selbst die Aufgabe, die Fetttröpfchen im Wasser zu verteilen; eine starke, mechanische Rührtätigkeit ist nicht erforderlich, ja sogar nicht angebracht, weil sonst nur unerwünschter Schaum entsteht, der eine Trennung des Fettes von der Flüssigkeit bewirken kann. Die so hergestellten Emulsionen durchfeuchten die Haut gut und hinterlassen keinen sichtbaren Fettglanz, sie sind daher besonders für Tagescremes, Schönheitsmilch und Puderunterlagen geeignet.

Aufbewahrung. Die frischen Zutaten aus der Apotheke, insbesondere Fette und Öle, die ranzig werden können, kauft man zweckmäßigerweise gleich in der Menge, in der man sie verwenden will. Schafft man sich einen größeren Vorrat von Rohstoffen an, sollten die Mittel zu Hause kühl gelagert werden, am besten gleich im Kühlschrank. Kräuter, Tinkturen, Duftwässer oder ätherische Öle bewahrt man ebenfalls an einem nicht zu warmen Platz gut verschlossen auf.

Das fertige Schönheitsmittel wird in einen Glas- oder Porzellanbehälter abgefüllt und darin aufbewahrt. Plastiktöpfe sind dazu wenig geeignet, Glas und Porzellan aber hält die Ware länger frisch. Die einmalige Anschaffung einiger schöner Gefäße lohnt sich, da man sie nach entsprechender Reinigung immer wieder verwenden wird.

Lassen Sie auch Ihre Umwelt von den schönen, selbsthergestellten Pflegemitteln profitieren! Ein duftendes Eau de Toilette, eine Creme aus eigener Werkstatt, abgefüllt in eine hübsche Flasche oder einen Cremetopf wird als Geschenk gewiß mehr Freude bereiten, als eine noch so teure, fertig verpackte Geschenkpackung.

Parfümierung und Farbe. Farbe und Duft bestimmen in der Fertigkosmetik den Kaufanreiz für die Verbraucherin. Wie eine Fachzeitschrift berichtet, ist man in der kommerziellen Fertigung von Cremes von den gelblichen Farbtönen abgekommen, weil diese Farben leicht Assoziationen mit ranzigem Fett wecken können. Ein vielgehörter Vorbehalt gegen die hausgemachte Kosmetik richtet sich in der Tat gegen die nicht vorhandene Buntheit und den Mangel an Duft.

Viele meiner besten und wirksamsten Cremes haben eine nichtssagende Farbe, manchmal einen salbenartigen Geruch, der eher an Medizin statt an Frühling erinnert. Da Parfümierung und auch Färbung Reizerscheinungen auf der Haut auslösen können, habe ich auf die Färbung ganz verzichtet und die Parfümierung für manche eigenwillig riechende Cremes auf ein Minimum reduziert. Es sollte der Kosmetik-Köchin selbst überlassen bleiben, ob sie ein wenig mehr oder weniger parfümiert, das hängt ganz von der persönlichen Verträglichkeit ab.

Haltbarmachung. Der wichtigste Gesichtspunkt bei der Herstellung hausgemachter Kosmetika dürfte die Frage nach der Haltbarkeit sein. Wie man gesehen hat, ist die Konservierung eines der größten Probleme der Fertigkosmetik, da die richtige Dosis unter anderem die Verträglichkeit des Mittels bestimmt. Da Fertigprodukte oft monatelang warm gelagert sind, muß eine übermäßige Dosis Konservierungsmittel zugefügt werden.

Um bei den hausgemachten Kosmetika solche Mittel frisch zu halten, die einem schnellen Ranziditätsprozeß unterworfen sind, setzt man schwache Konservierungsmittel – z. B. Benzoe – in sehr geringer Menge zu. Weil man die Wirkung der frischen Zutaten für die Haut ausnützen will, wäre es wenig sinnvoll, die konservierenden Zutaten in so hohem Maße anzusetzen, daß sich die Produkte zwar in einem noch so heißen Badezimmer lange frisch halten würden, die Wirkung auf die Haut dagegen ebenso fraglich wäre, wie bei der Verwendung kommerzieller Kosmetika. Wenn man sich eigene Kosmetika herstellt, kann man das bei Bedarf tun, es besteht kein Anlaß, Mittel monatelang zu lagern, wie das in der Parfümerie der Fall ist. Das Argument der Kosmetikfabrikanten, mit der starken Konservierung auch die völlige Keimfreiheit eines Mittels zu erreichen, ist nach Meinung der Dermatologen nicht stichhaltig. Da viele natürliche Zusätze konservierende und antiseptische Eigenschaften aufweisen, wird bei der eigenen Herstellung auch bei ganz schwacher Konservierung die dermatologisch empfohlene Keimfreiheit erzielt. Man muß wohl nicht ausdrücklich erwähnen, daß die Anwendung von bereits ranzig gewordenen Mitteln niemals zu empfehlen ist. Und noch ein Tip: Bewahren Sie Ihre Cremes im Kühlschrank auf und füllen Sie nur soviel ab, wie Sie etwa in einer Woche aufbrauchen werden.

Maße und Gewichte. Will man Öle, Fette oder flüssige Stoffe messen, wiegt man zuerst eine kleine, leichte Plastikschale auf der Briefwaage, füllt dann die Zutaten ein und zieht das Gewicht der Schale vom Gesamtgewicht ab. Das Abwiegen einzelner Zutaten vereinfacht sich auch mit der Hilfe eines Meßbechers, besonders geeignet sind dafür die gläsernen, markierten Meßflaschen, die man für das Abwiegen von Babynahrung verwendet. Sie haben den Vorteil, daß die geringsten Maßangaben außen aufgezeichnet sind, während im normalen Meßbecher die Aufzeichnung nur im Inneren des Behälters abzulesen ist. In den nachfolgend angeführten Rezepten wurden die exakten Gewichtsangaben der einzelnen Zutaten genannt, bei schwierig abzumessenden Zutaten wurden Maßbeispiele, wie man sie aus der Küche kennt, hinzugefügt. So gibt es beispielsweise manche sehr geringe Gewichte von 0,2 g oder 0,5 g, die keine Feinwaage anzeigt. Hierbei handelt es sich um hochwirksame Zusätze, die nur in Spuren zugefügt werden dürfen und von welchen jedes „Zuviel" eine Creme leicht verderben könnte.

Bei pulvrigen Zutaten zum Beispiel, die mit einer Prise bezeichnet sind, sollte man sich vielleicht einmal die Mühe machen, das Gewicht von 0,2 g oder 0,5 g zu messen, um das Maß der Prise für die Zukunft genau zu kennen. Aus praktischer Erfahrung weiß man, daß die Vorstellungen einer Prise durchaus unterschiedlich sein können. Da die normale Briefwaage ein so geringes Gewicht noch nicht anzeigt, wiegt man am besten einmal 3 g oder 5 g aus und teilt das Pulver in entsprechend viele kleine Häufchen, dann hat man künftig eine genaue optische Vorstellung des richtigen Maßes.

Auch bei zähflüssigen Fetten und Ölen, die schwer abzuwiegen sind, hilft erst die praktische Erfahrung bei der Cremeherstellung, um genau zu wissen, daß beispielsweise 10 g Lanolin etwa ein Kaffeelöffel voll ist. Aber auch hier können die Vorstellungen über das Maß eines Kaffeelöffels differieren, es würde sich also empfehlen, zunächst einmal einen Kaffeelöffel voll Lanolin auf die Waagschale zu streifen und auszuwiegen. Man sieht dann selbst, ob man den „Kaffeelöffel voll" zu reichlich oder zu knapp bemessen hat.

Grenzen des Bedarfs. Ebenso wie wir bei der Ernährung eine Abwechslung zwischen frischen und konservierten Lebensmitteln suchen, sollte das lebendige Organ Haut in erster Linie mit frischen Mitteln ernährt werden. Auch in der Küche finden sich Fertigprodukte, die man zwar selbst herstellen könnte, deren hauseigene Produktion aber so viel Mühe und Arbeit macht, daß man dem fertig angebotenen Produkt den Vorzug gibt. Selbst die perfekteste Köchin würde es nicht für notwendig halten, Senf oder Ketchup selbst zuzubereiten, Orangen oder Zitronen selbst anzubauen.

Man wird auch in der Kosmetik-Küche auf die Herstellung von Schönheitsmitteln verzichten, deren Zubereitung theoretisch zwar möglich wäre, der Aufwand hingegen in keinem Verhältnis zum Bedarf stünde. So könnte man sich Lippenstifte, Nagellacke, Parfüms, Rouge oder Haarshampoo durchaus selbst zubereiten, viel weniger mühsam ist es aber, aus der Vielzahl des Angebots fertiger Produkte das beste Mittel auszusuchen. Der Verbraucherin wird es allerdings dabei nicht erspart bleiben, Produkte verschiedener Firmen auszuprobieren, denn auch Lippenstift und Wimperntusche können schwere Hautreizungen auslösen. Bei diesen Produkten der dekorativen Kosmetik wäre die Auszeichnungspflicht über die Zusammensetzung ganz besonders wichtig, um der Verbraucherin wenigstens die Möglichkeit zu geben, festzustellen, welche Zusätze, Farb- oder Duftstoffe sie nicht verträgt. Denn meist werden Reizwirkungen nur durch bestimmte, aber nicht durch alle Farbstoffe ausgelöst, und wenn auch die Verbraucherin die Ursache des Übels nicht kennt, so könnte ihr doch ein Dermatologe helfen, den unverträglichen Zutaten auf die Spur zu kommen. Aber die Geheimnisse der Zusammensetzung, so beklagen sich die Ärzte, erfahren auch sie vom Hersteller nicht, selbst wenn ein Krankheitsfall anzumelden ist.

PRAKTISCHE EINKAUFSHILFE VON A–Z

Um das Einkaufen der einzelnen Mittel zu erleichtern, um sich über die Wirkung und den Gehalt einzelner Mittel eine Vorstellung zu machen, wurde die nachfolgende Einkaufshilfe zusammengestellt. Bevor man ein Schönheitsmittel herstellt, sollte man sich über die Zusammensetzung und Wirkung der einzelnen Zutaten informieren. Alle der hier genannten Zutaten kann man in Apotheken, Drogerien, Reform- und Kräutergeschäften kaufen. Sollte Ihnen die Beschaffung Schwierigkeiten machen, schreiben Sie an: Natur macht schön, 8191 Eurasburg, Postfach.

Ätherische Öle. Ätherisches Öl oder Parfümöl ist ein flüchtiges, stark riechendes Öl, das hauptsächlich aus Pflanzenteilen, z. B. aus Blüten, Samen und Blättern durch verschiedene Methoden gewonnen wird: durch Pressen, durch Destillation mit Wasser, durch Ausziehen der Blüten mit flüchtigen Lösungsmitteln oder durch Auflösen in Flüssigkeit (Mazeration). Die Öle kann man tropfen- oder grammweise in der Apotheke kaufen. Sie stammen meist aus dem Ausland, Lavendelöl z. B. wird vornehmlich in Jugoslawien und Südfrankreich, Rosenöl in Bulgarien gewonnen.

Alaun. Alaun ist ein farbloses, aus transparenten Kristallen bestehendes Pulver, das in warmem Wasser, nicht jedoch in Alkohol löslich ist. Es wirkt mild desinfizierend und kräftig adstringierend. In stark verdünnter Lösung findet es gute Verwendung in Gesichts- und Rasierwässern. In konzentrierter Form wird es als blutstillendes Mittel in Rasiersteinen verwendet.

Alkohol. Alkohol, aus dem arabischen „al kuhl" – die Augenschminke – stammend, auch Äthylalkohol, Feinsprit oder Weingeist genannt, wird durch die Vergärung verschiedener Zuckerarten gewonnen. Reiner Alkohol mit 96 Volumenprozent wird durch mehrfache Destillation von unangenehm riechenden Fuselölen befreit: es ist eine wasserhelle, rasch verdunstende Flüssigkeit von erfrischendem Geruch. Mit destilliertem Wasser läßt sich der reine Alkohol auf jeden gewünschten Prozentgehalt verdünnen, etwa auf 70, 60 oder 40 Volumenprozent. Reiner Alkohol wird kosmetischen Produkten, besonders Lotionen, gerne zugesetzt, da er eine tonisierende, d. h. die Haut im allgemeinen Sinne kräftigende Eigenschaft besitzt und entfettend und antiseptisch wirkt. Reinen Alkohol bekommt man in der Apotheke zu kaufen, doch da er als Genußmittel mit Sondersteuer belegt ist, ist er recht teuer. Es wird deshalb für die äußere Anwendung (z. B. medizinische

Umschläge, Reinigung von Flecken etc.) der vergällte Alkohol verwendet. Reiner Alkohol wird hierbei durch Zugabe verschiedener Vergällungsmittel für den menschlichen Genuß unbrauchbar gemacht. Dieser preisgünstige, vergällte Alkohol hat einen widerwärtigen Geruch und Geschmack und kommt deshalb für die hausgemachte Kosmetikherstellung nicht in Frage. Genauso abzulehnen ist auch die Verarbeitung von Isopropylalkohol in kosmetischen Produkten. Er wird aus Aceton gewonnen und hat einen unangenehm stechenden Geruch.

Arnikatinktur. Arnikatinktur, die man früher als Antiseptikum verwendete, ist ein alkoholischer Kräuterauszug der Heilpflanze Arnika. Die aromatisch duftende bräunliche Flüssigkeit gibt es fertig in der Apotheke zu kaufen. Arnikatinktur desinfiziert, fördert die Durchblutung, begünstigt jeden Heilprozeß.

Avocadoöl. Avocadoöl wird aus der birnenförmigen Avocadofrucht gewonnen, meist stammt es aus Tahiti. Avocadoöl ist ein dickflüssiges Öl, das nur schwer ranzig wird. Gutes Avocadoöl ist nicht gebleicht, seine Farbnuancen reichen von hellbraun bis grün. Durch seinen hohen Gehalt an Vitamin A, B, D, E, H, K, PP, an Lecithin, Histidin, Phytosterol und Chlorophyll eignet sich das Öl vorzüglich zur Hautpflege. Allergische Reaktionen werden bei der Verwendung von Avocadoöl so gut wie nie beobachtet. Es dringt sehr gut in die Haut ein, und hat sich auch als Linderungsmittel in Heilsalben bewährt. Wegen seines hohen Gehalts an Linol- und Linolsäure ist es besonders bei trockener und schuppiger Haut von großer Wirksamkeit. Durch seinen hohen Gehalt an ungesättigten Fettsäuren besitzt Avocadoöl in begrenztem Maße Filterwirkung für UV-Licht.

Balsam. Balsame nennt man die zähflüssigen, pflanzlichen Gemische von Harzen und ätherischen Ölen. Sie kommen in bestimmten Bäumen vor, aus denen sie entweder durch Einschneiden oder durch Auspressen der Zweigspitzen gewonnen werden.

Benzoesäure. Benzoesäure ist ein weißes, seidenartig glänzendes Pulver, das in warmem Wasser und fetten Ölen löslich ist. Es dient vor allem als Konservierungsmittel und wirkt antiseptisch, fäulniswidrig und gärungshemmend. Als Zugabe in sehr geringen Mengen wirkt es auch juckreizstillend. Benzoesäure ist in geringer Menge als Konservierungsmittel gut geeignet, da es die Haut nicht reizt.

Benzoetinktur. Benzoetinktur ist der alkoholische Auszug des Benzoeharzes, kurz Benzoe genannt. Nach dem Herkunftsland unterteilt man sie in zwei Arten: die Siambenzoe und die Sumatrabenzoe. Die Benzoetinktur bekommt man in der Apotheke als eine bräunliche Flüssigkeit, die einen feinen, vanilleartigen Geruch verströmt und die Eigenschaft hat, Fette zu konservieren. In seltenen Fällen kann sie zu Hautreizungen Anlaß geben.

Bienenhonig. Nicht nur für die Ernährung, auch für die äußere Schönheitspflege verdient der reine Bienenhonig Beachtung. Sein Gehalt an Zucker, organischen Säuren und Enzymen machen ihn bei richtiger Anwendung zu einer Kostbarkeit für die Pflege der Haut. Bienenhonig wird in warmer Milch oder in warmem Wasser – niemals in kochendheißen Flüssigkeiten – gelöst, er verteilt sich vollkommen glatt.

Bienenwachs. Das Bienenwachs wird durch Einschmelzen der entleerten Bienenwaben gewonnen, die während dieses Vorgangs von allen Verunreinigungen befreit werden. Nach der Reinigung ist natürliches Bienenwachs hell- bis bräunlichgelb. Die angenehm nach Honig duftende, feste Wachsmasse wird in der Apotheke in Form von flachen, verschiedengroßen Scheiben verkauft. Bienenwachs wird, wenn es nicht verfälscht wurde, nicht ranzig.

Das Bienenwachs ist ein wertvoller Bestandteil hochwertiger Cremes. Da es sich leicht emulgieren läßt, verleiht es den Cremes einen wunderschönen, seidigen Glanz. Eine übermäßige Zugabe ist jedoch nicht zu empfehlen, da das sich wieder verhärtende Wachs nur schwer auf der Haut verteilt werden kann.

Statt des gelblichen Bienenwachses bekommt man auch weißes Bienenwachs in der Apotheke zu kaufen. Es ist aus dem gelben Bienenwachs gewonnenes, durch Luft- und Sonnenbleiche erhelltes Wachs und hat die gleichen wertvollen kosmetischen Eigenschaften wie das gelbe Bienenwachs.

Bierhefe. – Siehe Hefe.

Bimsstein. Bimsstein ist ein natürliches Mineral aus vulkanischen Gebieten, das in Pulverform und gepreßter Form angeboten wird. Es dient zur Abreibung von verhornten Hautstellen und im begrenzten Maße zur Entfernung unerwünschten Haarwuchses an den Beinen.

Bolus alba. Bolus alba nennt man einen sehr feingeschlemmten, weißen Ton bzw. Tonerde. Man benutzte ihn früher zur Behandlung von Brandwunden, heute dient er wegen seiner aufsaugenden, austrocknenden und entgiftenden Fähigkeit hauptsächlich als Zusatz in Pudern.

Nicht zu verwechseln ist Bolus alba mit dem Bolus rubra, der feingeschlemmten, roten Tonerde.

Borax. Borax ist ein feines weißes Kristallpulver, das sich in kaltem, besser jedoch in warmem Wasser löst. Man gewinnt den Borax hauptsächlich an den Ufern der großen Tinkalseen Tibets. Er wird auch künstlich hergestellt. Den reinen Borax kauft man in der Apotheke.

Ein geringer Zusatz von Borax im Waschwasser vermag sehr hartes kalkhaltiges Wasser weich und hautfreundlich zu machen. In etwas höherer Konzentration ist Borax ein mildes, niemals hautreizendes Entfettungsmittel. Er dient auch als Zusatz von Hautcremes, wo er in erster Linie als schwach emulgierender Bestandteil geschätzt ist. Er bewirkt eine feine Verteilung der flüssigen und fettigen Bestandteile einer Creme, außerdem wirkt Borax mild konservierend.

Cetylalkohol. Cetylalkohol ist eine wachsartige, in glänzend weiße kleine Blättchen geraspelte Masse von schwachem Eigengeruch.

Cetylalkohol ist ein Hauptbestandteil des Walrat: sein Name stammt aus der lateinischen Bezeichnung des Walrat, Cetaceum. Cetylalkohol ist sehr hautfreundlich und ein hervorragender Emulgator. Er bewirkt, daß Fett und Wasser eine feine, homogene Verbindung eingehen; durch ihn können Fette beträchtliche Flüssigkeitsmengen aufnehmen und binden. Da Cetylalkohol in allen fetten Ölen und sonstigen Fettkörpern löslich ist, wird eine Emulsion mit Cetylalkohol stets auf die Weise bereichert, daß man ihn zusammen mit den Fettstoffen schmilzt und in die Fettschmelze die beabsichtigte Menge erwärmter Flüssigkeit einrührt und weiterrührt, bis eine sahnige Creme entsteht. Cetylalkohol hilft, die Fette auf mechanischem Weg zu emulgieren. Ein Zusatz von Cetylalkohol erhöht die Stabilität und Griffigkeit der Emulsionen und verleiht ihnen ein schönes Aussehen. Außerdem wirkt Cetylalkohol günstig auf die Haut, da er leicht resorbiert wird und dem Hautfett nahesteht. Es wurde nachgewiesen, daß Cetylalkohol in den menschlichen Talgdrüsenabsonderungen natürlicherweise enthalten ist.

In den Apotheken wird manchmal statt reinem Cetylalkohol eine Mischung von Cetylalkohol mit Stearylalkohol, der sogenannte Cetyl-Stearyl-Alkohol angeboten. Äußerlich gleichen sich beide Emulgatoren, auch in der Wirkung sind sich beide

Mittel sehr ähnlich. Fügt man einer Creme statt reinem Cetylalkohol die Cetyl-Stearyl-Mischung bei, so sollte dies in einer geringeren Dosis geschehen, als ich sie in meinen Rezepten für reinen Cetylalkohol genannt habe, da sonst die Gefahr besteht, daß die Creme oder Emulsion zu trocken wird.

Destilliertes Wasser. Destilliertes Wasser ist ein mittels Destillation von Unreinheiten und sonstigen Zusatzstoffen befreites Wasser. Man bekommt es in Apotheken und Drogerien zu kaufen. Zur Herstellung von Hautpflegemitteln sollte keimfreies Wasser verwendet werden, da Trinkwasser oft sehr hart ist, Fluß- und Seewasser meist Kalk-, Eisen-, Schwefel- und sonstige anorganische Verbindungen enthält, die kosmetische Mittel negativ beeinflussen können.

Eichenrinde. Die Eichenrinde, die man in Apotheken und Kräuterhäusern zu kaufen bekommt, ist nur von Bäumen geerntet, die keine Borke gebildet haben. Eichenrinde wird durch Abkochung verarbeitet. Sie enthält vor allem Gerbstoffe, Eichengerbsäure und Gallussäure, die Abkochungen wirken adstringierend und werden vor allem Fußbädern zugesetzt.

Eidotter. Der hohe Gehalt an Lezithin und Cholesterin macht den Eidotter zu einem hervorragenden Pflegemittel für Haut und Haare. Man setzt ihn auch Cremes zu, die zu schnellem Verbrauch bestimmt sind, vor allem aber Gesichtsmasken, Haarpackungen etc.

Eukalyptusöl. Das reine ätherische Öl wird durch Destillation aus den Blättern des Eukalyptusbaumes gewonnen. Es kommt vor allem aus den Mittelmeerländern und ist in der Apotheke zu erhalten. Seine Farbe kann farblos bis gelb sein.

Eukalyptustinktur. Diese hellbraune bis grünliche Flüssigkeit, die aus den Blättern des Eukalyptusbaumes gewonnen wird, wirkt vor allem antiseptisch, schmerz- und juckreizstillend und ist wegen ihres erfrischenden Geschmacks ein beliebter Zusatz in Mundpflegemitteln. Eukalyptustinktur bekommt man in Apotheken und Drogerien.

Fango. Fango nennt man den Schlamm aus Ablagerungen von Mineralquellen. Der schwefelhaltige Schlamm wirkt besonders günstig auf fette und unreine Haut. Pulverisiert bekommt man ihn fertig zu kaufen.

Gelatine. Gelatine ist reiner tierischer Leim, der durch Auskochung bestimmter tierischer Produkte gewonnen wird. Gelatine dient vor allem der inneren Schönheitspflege. Man bekommt sie in Lebensmittelgeschäften.

Gerbsäure. Gerbsäure, auch acidum tannicum oder einfach Tannin genannt, ist ein beigefarbenes, feines Pulver, das in Wasser und Alkohol, nicht aber in Fetten löslich ist. Gerbsäure ist der wichtigste Bestandteil der Galläpfel und ist in vielen Heilpflanzen enthalten. Die Gerbsäure hat stark adstringierende Eigenschaften und wirkt leicht antiseptisch. Sie härtet die Haut durch leichte Gerbung ab und wird deshalb vielseitig verwendet.

Glyzerin. Glyzerin ist eine farblose sirupartige Flüssigkeit von süßem Geschmack, die mit Wasser in jedem Verhältnis mischbar ist. Glyzerin ist stark wasserentziehend, trocknet die Haut also aus und kann zu schweren Reizerscheinungen führen. Viele Menschen vertragen auch kleinste Beimengungen nicht. Man spricht sogar von der Zellfeindlichkeit des Glyzerins. Glyzerin kann auch synthetisch hergestellt werden und wird in der industriellen Kosmetikfertigung verwendet.

Hamameliswasser. Hamameliswasser ist ein wäßriger Auszug aus den Blättern und der Rinde des Hamamelisbaumes. Es hat einen erfrischenden Geruch und ist farblos. Hamameliswasser kann man in der Apotheke kaufen, man sollte aber darauf achten, daß man es nicht in zu starker Verdünnung bekommt.

Hamameliswasser eignet sich vor allem für die Pflege der entzündeten, fetten und unreinen Haut, auch der Kopfhaut. Seine schonend adstringierende und tonisierende Wirkung, seine entzündungshemmenden Fähigkeiten machen es zu einem unentbehrlichen kosmetischen Mittel.

Hefe. Hefe wird bei der Bierherstellung gewonnen und besteht aus Millionen von Mikroorganismen. Hochwertige Hefe ist reich an Vitaminen, vor allem aus der B-Gruppe. Hefe wird zur innerlichen Einnahme bei unreiner Haut empfohlen, aber auch äußerlich (Packungen) mit gutem Erfolg verwendet. Mit sogenannten Hefekuren konnten auch bei der Aknebehandlung gute Erfolge erzielt werden. Für diese Anwendung kann man frische Bäckerhefe oder Trockenhefe verwenden. Sehr wertvoll für die innerliche und äußerliche Körperpflege ist auch Bierhefe, die man fertig verpackt in Pulverform im Reformhaus bekommt. Sie ist gereinigt und von allen Bitterstoffen befreit.

Henna. Die feingepulverten Blätter des Hennastrauchs, das Hennapulver, kommt vor allem aus Asien, Australien und Afrika und wird seit erdenklichen Zeiten zum Färben der Haare verwendet. Das Pulver sollte von gelblichgrüner Farbe sein. Mit Henna lassen sich, je nach der natürlichen Farbe und Beschaffenheit des Haares, alle Nuancen von Rot ins Haar zaubern. Bei natürlich hellblondem oder gebleichtem Haar wirkt es naturgemäß am stärksten und ist nur mit Vorsicht zu gebrauchen, da es karottenrote Töne hervorbringen kann. Es ist auch möglich, daß es mit chemischen Mitteln gefärbtes und präpariertes Haar ungleichmäßig tönt. Die Hennafärbung hat gegenüber chemischen Haarfärbemitteln den großen Vorteil, den Haaren einen wundervollen Seidenglanz und große Weichheit zu verleihen, außerdem ist Henna völlig unschädlich.

Kakaobutter. Kakaobutter wird durch hydraulisches Pressen als Nebenerzeugnis bei der Herstellung des Kakaos gewonnen. Kakaobutter ist gelb, bröselig, fühlt sich talgartig an und duftet sehr angenehm. Sie wird nur schwer ranzig, da sie Spuren von Ameisensäure enthält. Kakaobutter eignet sich sehr gut für die Cremeherstellung, vor allem als Grundsubstanz, da sie von der Haut reizlos vertragen wird. Im Kontakt mit der warmen Haut schmilzt sie, und deswegen eignet sie sich auch gut als Zusatz reinigender Cremes. Sie wird auch gerne zusammen mit Lanolin verarbeitet, da sie die Klebrigkeit des Lanolins reduziert, umgekehrt fördert das Lanolin die Resorption der Kakaobutter. Man kann Kakaobutter in der Apotheke in einer dunkelbraunen Glasflasche kaufen, worin sie auch an einem kühlen Platz aufbewahrt werden sollte, da sie bei hellem Tageslicht ausbleicht, als Zeichen dafür, daß sie ranzig zu werden beginnt.

Kamillenblüte. Man unterscheidet zwei verschiedene Arten der Kamillenblüte, die sogenannte echte Kamille (Feldkamille) und die römische Kamille. Beide Arten enthalten das wirksame ätherische Öl, das Kamillenöl, das sich vor allem durch seine entzündungshemmenden Eigenschaften auszeichnet. Zur Haarpflege sind beide Kamillenblütenarten geeignet, die römische Kamille ist aber nicht als Blondierungsmittel zu verwenden.

Kamillenextrakt. Kamillenextrakt ist ein Auszug aus Kamillenblüten, von bräunlicher Farbe und spezifisch süßem Kamillenduft. Er enthält die Wirkstoffe der Kamille in konzentrierter Form. Kamillenextrakt wird vor allem wegen seiner heilkräftigen und entzündungshemmenden Wirkung geschätzt. Die Wirkstoffe der Kamille bringen bei Entzündungen, Vereiterungen und Ekzemen Linderung und Heilung. Kamillenextrakt kann man fertig in der Apotheke kaufen.

Kampfer. Kampfer ist ein grobkörniges, kristallartig aussehendes Pulver. Es wird aus allen Teilen des Kampferbaums gewonnen – aus älteren Bäumen in fester Form, aus jüngeren dagegen fast nur als Kampferöl, das anschließend in Kampfer umgewandelt wird. Kampferbäume finden sich hauptsächlich in Japan und Borneo. Kampfer löst sich kaum in Wasser auf, jedoch sehr gut in fetten Ölen und Alkohol. Seine kosmetische Verwendung beruht vor allem auf seiner durchblutungsfördernden, juckreizstillenden, entzündungshemmenden und keimtötenden Wirkung. Er hat sich daher als geringer Zusatz in Cremes, Heilsalben und Lotionen bestens bewährt. Erwähnenswert ist auch seine Verwendung bei der Parfümherstellung. Kampfer aus der Apotheke muß trocken gelagert werden, bei Feuchtigkeitszutritt verklumpt er.

Kampferspiritus. Kampferspiritus ist der in Alkohol gelöste Kampfer; die Mischung besteht meist aus 70 g Alkohol, 20 g Wasser und 10 g Kampfer. Kampferspiritus ist ein kräftig wirkendes Antiseptikum. Da es sehr intensiv wirkt, darf es nur ganz gezielt zum Einsatz gebracht werden, z. B. bei Pickeln.

Kaolin. Kaolin besteht aus feinster geschlemmter Tonerde. Das feine weiße Pulver dient als indifferenter Zusatz in Pudern und Pasten und vermag ölige und wäßrige Stoffe aufzunehmen.

Klettenwurzelöl. Klettenwurzelöl ist der ölige Auszug der Klettenwurzel. Das Öl enthält Gerbsäure, ätherisches Öl und Inulin. Da es pflegende und wachstumsfördernde Eigenschaften besitzt, wird es gerne zur Haarpflege verwendet.

Kräuter. Die hautverschönenden Wirkungen der Heilkräuter sind der Menschheit seit langem bekannt und auch in der modernen Kosmetik nehmen die hautwirksamen und heilenden Eigenschaften der Kräuter eine besondere Stellung ein. Sie sind bei der Zusammenstellung von Schönheitsmitteln gar nicht wegzudenken. Eine kleine Übersicht der wichtigsten Inhaltsstoffe mag dies verdeutlichen: da sind zunächst die gerbstoff-

haltigen Heilkräuter zu nennen, die antiseptische und kontra-
hierende Eigenschaften haben. Weiterhin hüllen die in den
Pflanzen enthaltenen Schleimstoffe die Haut ein und wirken
dadurch heilend, beruhigend und glättend. Kieselsäurehaltige
Pflanzen festigen das Bindegewebe und sorgen für eine vermehrte Durchblutung. Einen wichtigen Faktor stellen auch die
in fast allen Heilpflanzen enthaltenen ätherischen Öle dar. Sie
ziehen durch ihren Wohlgeruch eine Belebung und Anregung
des gesamten Organismus nach sich. Andere Wirkstoffe, wie
Saponine, Schwefel und Glykoside wirken sekretionsfördernd,
reinigend und antiseptisch. All diesen einzelnen Bestandteilen
ist jedoch die Pflanze in ihrer Gesamtwirkung noch weit
überlegen, denn sie enthält noch Begleitstoffe, die die Heilwirkungen zusammenwirken lassen. Die Kräuterwirkstoffe kann
man auf verschiedene Weise nutzbar machen. Man kann einen
Kräuteraufguß, eine Abkochung oder einen Kräuterauszug
herstellen. Beim Kräuteraufguß überbrüht man die getrockneten oder frischen Kräuter mit kochendheißem Wasser und läßt
sie, wie beim Teekochen, eine Weile ziehen, bevor man sie
weiterverarbeitet. Bei der Abkochung, die vor allem für Badezusätze angewendet wird, werden die Kräuter auf kleiner
Flamme gekocht, etwa 15–20 Minuten lang, die abgeseihte
Flüssigkeit wird dann entsprechend weiterverarbeitet.

Mazerieren nennt man den Auszug mit kaltem Wasser oder
kaltem, auch warmem Öl. Dazu legt man die zerkleinerten
Kräuter in Wasser oder in Öl ein, verschließt das Gefäß (Glas
oder Porzellan) gut und läßt die Mischung entsprechend lange
durchziehen, wobei sich die wasser- und öllöslichen Substanzen
der Pflanzen langsam lösen. Mazeriert man in Öl, nimmt es
auch den Duft und die Farbe der jeweiligen Pflanzen an.

Intensivere Kräuterauszüge stellen die sogenannten Kräuter-
tinkturen dar. Wie zum Beispiel bei der eigenen Herstellung
von Eau de Toilette werden die Pflanzenteile mit Alkohol und
einem geringeren Teil destilliertem Wasser (oder Orangenblü-
ten- und Rosenwasser) übergossen und einige Zeit zum Auszie-

hen an einen kühlen Platz gestellt. Hierbei lösen sich vor allem die alkohollöslichen Wirkstoffe.

Man kann die Pflanzen und Kräuter in frischem oder getrocknetem Zustand verwenden. Dabei sollte man allerdings bedenken, daß frische Pflanzen wesentlich intensivere Wirkungen haben. Stellt man Auszüge her, muß man außerdem stets mit einer grünen Färbung rechnen, da die frischen Pflanzen eine beträchtliche Menge von Chlorophyll enthalten. Sammelt man die Pflanzen selbst, sollte man ein wirklich guter Pflanzenkenner sein. Man muß genau wissen, welche Pflanzenteile wichtige Wirkstoffe enthalten, um welche Jahreszeit und bei welchem Wetter sie gepflückt werden müssen. Fachmännisch gezupfte und richtig getrocknete Heilkräuter kauft man am besten in speziellen Kräuterhäusern oder in guten Apotheken. Die dort angebotenen Kräuter sind außerdem in handelsübliche kleine Teile zerlegt.

Einzelne Kräuter siehe Seite 141.

Lanolin. Lanolin wird aus dem sorgfältig gereinigten Fett der Schafwolle gewonnen. Durch seine hervorragenden hautpflegenden Eigenschaften ist es einer der bedeutendsten kosmetischen Grundstoffe.

Lanolin ist eine hellgelbe, manchmal gelblichweiße salbenartige Creme von schwachem, typischen Eigengeruch. Das Fett enthält wertvolle biologische Aufbaustoffe. Es eignet sich sehr gut als Zugabe bei der Herstellung von Cremes und Emulsionen, da es in der Lage ist, größere Mengen von Wasser fest zu binden, wodurch es rasch von der Haut resorbiert werden kann. Durch die Zugabe von fetten Ölen und Kakaobutter verliert das Lanolin die in reinem Zustand vorhandene leichte Klebrigkeit.

Beim Einkauf in der Apotheke ist auf frische Ware Wert zu legen, zu Hause sollte man das Lanolin kühl aufbewahren, am besten im Kühlschrank.

Latschenkiefernöl. Das Öl wird durch Destillation aus den Nadeln und Sprößlingen der Latschenkiefern gewonnen. Es hat einen starken, balsamischen Duft und ist farblos. Das reine Öl ist, auch in größerer Menge gekauft, im Vergleich zu den recht teuren ätherischen Parfümölen, die tropfenweise gekauft werden, sehr preiswert.

Lavendelöl. Lavendelöl wird vor allem in Südfrankreich, Jugoslawien, Italien und Spanien durch Destillation aus den Blüten des Lavendel gewonnen. In den Ursprungsländern kann man es vergleichsweise billig erstehen. In der Apotheke kauft man es grammweise.

Lebertran. Lebertran ist ein helles, nach Tran riechendes Öl, das aus der Leber verschiedener Meeresfische gewonnen wird. Es ist äußerst vitaminreich, vor allem an Vitamin A und D, und enthält außerdem noch viele wichtige Fettsäuren, Cholesterin, Jod, Phosphor, Schwefel und Eisen. In emulgierter Form wirkt es heilend auf Wunden, Hautunreinheiten, rauhe und rissige Haut. Es wird auch gegen Haarausfall verwendet.

In Form von Gelatinekapseln innerlich eingenommen wirkt es günstig auf die Haut und auf das Gesamtbefinden.

Leinsamen. Leinsamen, der hellbraune, glänzende Samen des Flachses, quillt in Wasser oder Milch. Äußerlich angewendet eignet er sich vor allem für Waschungen und Packungen zur Behandlung der unreinen Haut. Innerlich genommen wirkt er entgiftend auf die Verdauungsorgane und verhindert Stuhlträgheit. Leinsamen kann man fein geschrotet in Apotheken und Kräuterhäusern kaufen.

Lezithin. Lezithin zählt man zur Gruppe der Phosphatide. Man findet sie in den menschlichen Zellkernen sowie in der Nervensubstanz. Für die hausgemachte Kosmetik kommt hauptsächlich das im Eidotter enthaltene tierische Lezithin zum Einsatz.

Mandelkleie. Die Mandelkleie wird bei der Mandelölgewinnung aus Preßrückständen hergestellt und in Pulverform angeboten. Man erhält sie auch kombiniert mit Seesand. Beide Formen werden hauptsächlich für Waschungen und Packungen verwendet. Bei sehr unreiner und fetter Haut zieht man gewöhnlich die Seesand-Mischung vor. Mandelkleie wirkt heilend, glättend und erfrischend.

Mandelöl. Das Mandelöl wird aus den reifen Samen der süßen Mandeln durch kalte Pressung gewonnen. Das hochwertige, klare, fast geruchlose Öl wird nur in den besten kosmetischen Präparaten verarbeitet, da es relativ teuer ist. Es besteht zu 90% aus Triolein und 10% aus Linolsäureglycerid. Leider wird es häufig verfälscht.

Süßes Mandelöl ist ungemein hautfreundlich, es wirkt glättend und pflegend und wird von jeder Haut gut vertragen.

Meersalz. – Siehe Salz.

Melissenöl. Das Melissenöl wird aus den Blättern der Melisse gewonnen. Wegen seiner erfrischenden und belebenden Wirkung ist es vielseitig verwendbar. Man kauft es in der Apotheke grammweise.

Menthol. Menthol ist ein farbloses, nadelförmig kristallines Pulver von erfrischendem Geruch. Es ist in Wasser nicht löslich, dagegen sehr leicht in Alkohol. Wegen seiner kühlenden Wirkung auf der Haut und seinem angenehmen Pfefferminzgeruch wird es sehr gerne in Mundwässern und Lotionen verarbeitet. Menthol besitzt außerdem eine kräftig antiseptische und juckreizstillende Wirkung. Es sollte stets sehr sparsam verwendet werden.

Milchsäure. Milchsäure ist eine sirupartige farblose Flüssigkeit, die bei der Milchsäuregärung entsteht. Milchsäure besitzt eine mild hornlösende Fähigkeit und greift die Haut nicht an. Sie wird deshalb für desodorierende Waschungen, auch für Fußbäder verwendet. In sehr starker Verdünnung hilft sie, den biologischen Säuremantel der Haut zu erhalten.

Myrrhetinktur. Myrrhetinktur ist der fertig in der Apotheke zu beziehende Auszug der Myrrhe, eines an der Luft erhärteten Harzes des Myrrhebaumes. Die balsamisch duftende, farblose Flüssigkeit verfärbt klares Wasser milchig. Sie wirkt vor allem desinfizierend und entzündungshemmend, deshalb wird sie mit Vorliebe für die Mundpflege verarbeitet, z. B. in Mundwässern. Entzündetes Zahnfleisch wird mit unverdünnter Myrrhetinktur bepinselt.

Olivenöl. Olivenöl wird aus den reifen Früchten des Olivenbaumes gewonnen. Die Art der Gewinnung spielt für die spätere Qualität des Öls eine wichtige Rolle. Zur Verarbeitung in kosmetischen Produkten eignet sich am besten das Olivenöl der ersten kalten Pressung, das sogenannte Jungfernöl. Minderwertig ist das heiß gepreßte, aus den Kernen gewonnene Öl. Das hochwertige Olivenöl enthält etwa 0,5% freie Fettsäuren, ca. 72% Triolein und 28% feste Glyceride. Man bekommt es in der Apotheke zu kaufen. Der einzige Nachteil des Olivenöls besteht darin, daß es leicht ranzig wird, deshalb sollte man schon in der Apotheke auf frische Ware achten. Zu Hause kühl lagern!

Orangenblütenwasser. Orangenblütenwasser wird bei der Destillation der Orangenblüten gewonnen und wird wegen seines feinen, anregenden Duftes und seiner hautfreundlichen Eigenschaften anstelle reinen Wassers vielseitig verwendet. Man kauft es in der Apotheke. Besonders preisgünstig kauft man Orangenblütenwasser in Frankreich (Eau de fleurs d'Oranges).

Paraffin und Paraffinöl. Beide Stoffe werden aus den hochsiedenden Anteilen des Erdöls und des Braunkohlenteers gewonnen. Sie werden von der Haut nicht resorbiert und besitzen daher keinen biologischen Wert, auch geben sie zu häufigen Hautreizungen Anlaß. Beide Rohstoffe werden in manchen kommerziellen Kosmetikprodukten verarbeitet.

Pfefferminzöl. Das Pfefferminzöl ist eine farblose ölige Flüssigkeit von angenehm erfrischendem Geruch, die bei der Wasserdampfdestillation des Pfefferminzkrautes gewonnen wird. Wegen seines belebenden Geschmacks und seiner antiseptischen Wirkung wird es vielseitig verarbeitet, insbesondere in Puder, Mundwässern etc.

Rosenöl. Rosenöl wird durch Wasserdampfdestillation der frischen Rosenblätter gewonnen. Haupterzeugungsland ist Bulgarien, auch Südfrankreich. Da die Ausbeute sehr gering ist, ist das Rosenöl recht kostspielig. Man kauft es in der Apotheke nur tropfenweise oder läßt die Tropfen in das fertige Produkt einträufeln. Da es sehr intensiv duftet, genügt eine minimale Zugabe von 1–2 Tropfen.

Rosenwasser. Das Rosenwasser fällt als Nebenprodukt bei der Herstellung des Rosenöls ab. Wegen seines belebenden Rosenduftes und der hautverschönernden Wirkung wird es feinsten Cremes und Lotionen anstelle von Wasser zugesetzt.

Rosmarinöl. Rosmarinöl wird durch Wasserdampfdestillation aus den Blättern und frischen Blüten des Rosmarins gewonnen. Es ist ein aromatisch riechendes Öl, das belebend wirkt und antiseptische Eigenschaften besitzt. Man kauft es in der Apotheke grammweise.

Salz. Zur Verarbeitung in der Kosmetik-Küche empfiehlt sich die Verwendung von biologischem Salz, das man im Reformhaus kaufen kann. Meersalz, das man vor allem für Bäder verwendet, besteht zwar zum überwiegenden Teil aus Kochsalz, enthält daneben aber noch Magnesium und Jod.

Sesamöl. Sesamöl wird durch Kaltpressung des in Ostindien heimischen Sesamstrauchs gewonnen. Das blaßgelbe, völlig geruchlose Öl wird als Zusatz für Sonnenöle verwendet. Da es schnell ranzig werden kann, ist beim Einkauf auf frische Ware zu achten. Kühl lagern!

Stearinsäure. Stearinsäure ist ein weißes, fettig anzufühlendes kristallines Pulver von schwachem talgartigem Geruch. Das Ausgangsmaterial zur Herstellung von Stearinsäure ist Talg, Knochenfett und Palmöl. Das sorgfältige Abpressen der Ölsäure ist wichtig für die Hautverträglichkeit der Stearinsäure. Deshalb verwendet man bei der Herstellung kosmetischer Präparate nur die sogenannte dreifach gepreßte Stearinsäure, die man in der Apotheke kaufen kann. Die mit Stearinsäure hergestellten Produkte sollten nicht mit Metallgefäßen in Berührung kommen, da sie in der Lage sind, chemische Verbindungen einzugehen, die zum Verderb des Produkts führen könnten.

Talkum. Talkum, auch Federweiß genannt, ist ein mineralisches Produkt. Das blütenweiße, sehr feine Pulver wird vor allem für die Herstellung von Wund- und Körperpuder verwendet. Es wirkt entzündungshemmend und austrocknend, es ist sehr weich im Griff und überzieht beim Auftragen die Haut mit einer anhaftenden, feinen Schicht.

Tannin. – Siehe Gerbsäure.

Titanoxyd. Titanoxyd wird wegen seiner guten abdeckenden Fähigkeiten gerne für Puder und Schminken verwendet. Es ist ein weißes, sehr feines Pulver, das austrocknend und entzündungshemmend wirkt. Es ist relativ teuer, entfaltet seine guten Eigenschaften aber schon durch den Zusatz geringer Mengen.

Ton. – Siehe Bolus alba.

Triäthanolamin. Triäthanolamin ist eine farblose sirupartige Flüssigkeit. Zusammen mit Stearinsäure bildet sie eine ideale Emulsionsgrundlage für Öl-in-Wasser-Cremes, Schönheitsmilch etc. Bei der Herstellung einer Emulsion wird das Triäthanolamin stets unter die Flüssigkeit gemischt und erst dann unter die mit Stearinsäure versehene Fettschmelze gerührt. Da Triäthanolamin etwas schwerer ist als Wasser, hat es die Neigung, sich am Boden der Flüssigkeit abzusetzen, deshalb muß man es vor dem Verarbeiten gut verrühren. Triäthanolamin reizt die Haut nicht. Achten sie beim Einkauf in der Apotheke darauf, daß man Ihnen wirklich Triäthanolamin einpackt, damit keine Verwechslungsgefahr mit dem höchst giftigen Triäthylen entstehen kann.

Tween 80. Tween 80 ist eine klare, ölige Flüssigkeit, die als Emulgator bei der Herstellung von Cremes dient. In der Apotheke wird Tween 80 für die Herstellung medizinischer Salben verwendet, da es die Haut nicht reizen kann. Eine Zugabe von einigen Tropfen genügt, um die verwendeten Fette hydrophil, d. h. wasseraufnahmefähig zu machen. Es entstehen sehr feine, sahnige Cremes.

Vaseline. Vaseline ist eine halbfeste, durchscheinende, zähe Masse, die vollkommen geruchlos ist. Vaseline wird bei der Erdölgewinnung durch Destillation erzeugt. Es wird von der Haut nicht aufgenommen, da es ein mineralisches Fett ist. In medizinischen Salben wird es vielfach verwendet, da es als indifferente Salbengrundlage dienen kann, in die man mit Hilfe geeigneter Emulgatoren Medikamente einarbeitet. Da Vaseline nicht in die Haut eindringt, kann man es für die hausgemachte

Kosmetik nur ganz gezielt verwenden, und zwar bei der Herstellung von Präparaten mit Oberflächenwirkung, z. B. Reinigungscremes oder Schminken. Für pflegende Präparate ist Vaseline nicht geeignet, denn es würde in einer Creme verarbeitet auf der Haut stehenbleiben und könnte leicht die Poren verstopfen.

Vaselinöl. Vaselinöl ist ein klares, dickflüssiges Mineralöl. Es ist kein pflegendes Öl und sollte deshalb nur in Reinigungspräparaten verarbeitet werden.

Walrat. Walrat, auch Cetaceum oder Spermacet genannt, ist eine in den Schädelhöhlen des Pottwals vorkommende Flüssigkeit. In der Apotheke erhält man es allerdings nicht flüssig, sondern in gepreßter Form als grobkristallines weißes Pulver von schwachem Eigengeruch. Es wird auch als fester, hell transparenter Klumpen oder geraspelt angeboten. Walrat wird kaum ranzig und ist ein wichtiger Bestandteil hochwertiger Cremes. Von der Haut wird es reizlos vertragen, unter anderem enthält es auch Cetylalkohol und geringe Mengen Cholesterin. Walrat verleiht den Cremes ein sahniges Aussehen und gute Griffigkeit.

Wasserstoffsuperoxyd. Wasserstoffsuperoxyd ist eine klare Flüssigkeit und gilt als eines der stärksten Oxydationsmittel. Es ist mit großer Vorsicht zu gebrauchen, weil es die Substanz des Haares angreift und brüchig macht. Man setzt es in stark verdünnter Lösung zum Bleichen und zur langsamen und dauerhaften Entfernung unerwünschten Haarwuchses ein.

Weizenkeimöl. Weizenkeimöl ist ein dünnflüssiges, goldgelbes, angenehm nach Getreide duftendes Öl. Es wird aus den Keimen der Weizenkörner durch Kaltpressung oder Extraktion gewonnen. Lagert man es kühl, trocken und gut verschlossen, kann es kaum ranzig werden.

Das hochwertige Weizenkeimöl, das man in Reformhäusern, Drogerien und Apotheken fertig verpackt kaufen kann, enthält hochwertiges Pflanzenlezithin und größere Mengen ungesättigter Fettsäuren, Vitamin E und die Vorstufe des Vitamin A, das Karotin. Weizenkeimöl läßt sich vielseitig verarbeiten, sei es in Cremes oder Hautfunktionsölen oder in der reinen Anwendung. Es wirkt vor allem glättend auf die Haut, auch gegen Hautkrankheiten hat es sich vorzüglich bewährt.

Zinköl. Zinköl besteht aus reinem Olivenöl und Zinkoxyd. Es läßt sich gut verstreichen, wirkt heilend und wird vor allem medizinisch zum Einsatz gebracht.

Zinkoxyd. Das weiße Pulver wirkt entzündungshemmend und adstringierend, es wird hauptsächlich Puder zugesetzt und ist der wirksame Bestandteil der Zinksalbe.

Zinksalbe. Bei der Herstellung der Zinksalbe wird einer indifferenten Salbengrundlage das weiße, pulvrige Zinkoxyd zugesetzt, das entzündungshemmend und adstringierend wirkt. Zinksalbe wird vor allem als Heilsalbe gegen Hautkrankheiten verwendet.

4

REZEPTE FÜR CREMES
UND EMULSIONEN

CREMES, DIE SIE IMMER BRAUCHEN KÖNNEN:

CREME SIMON
Zutaten:
10 g Lanolin (1 Kaffeelöffel)
 7 g weißes Wachs
 7 g Walrat
40 g süßes Mandelöl
40 g Rosenwasser
 0,5 g Borax (1 Prise)
2 Tropfen Rosenöl (bei Bedarf)

Herstellung: Die ersten vier Zutaten werden im hohen Plastiktopf im Wasserbad geschmolzen, bis sich alles gut verflüssigt hat. Inzwischen wird das Rosenwasser erwärmt und der Borax darin aufgelöst. Unter stetigem Rühren mit dem Rührmix wird nun das Wasser in das geschmolzene Fett langsam eingerührt. Weiterrühren, bis die Creme erkaltet. Will man die Creme parfümieren, träufelt man das Rosenöl kurz vor dem Erkalten ein.

Wirkung: Die Creme Simon ist eine feine, gutverstreichbare Creme und eignet sich zur Pflege jeder Haut. Sie sollte sparsam aufgetragen werden, sie pflegt und glättet die Haut.

93

ERDBEER-CREME

Zutaten:

6 g Bienenwachs
6 g Walrat
40 g süßes Mandelöl
20 g Erdbeersaft
0,2 g Borax (kleine Prise)

Herstellung: Weißes Wachs und Walrat im hohen Plastiktopf auf dem Wasserbad schmelzen, Mandelöl zugeben und weiterwärmen, bis eine homogene Vermischung der Fettstoffe zustande gekommen ist. Reinen Erdbeersaft herstellen oder klaren Erdbeersaft aus dem Reformhaus verwenden. Es darf im Saft kein Fruchtfleisch enthalten sein, deshalb eventuell durch Filterpapier abseihen. Den Erdbeersaft erwärmen und Borax darin auflösen. Nun die Flüssigkeit unter stetigem Rühren mit dem Handrührmix den geschmolzenen Zutaten beifügen und geduldig weiterrühren, bis die Creme erkaltet. Einige Zeit stehenlassen, nochmals kurz mit dem Holzlöffel durchrühren und in einen Cremetopf abfüllen.

Wirkung: Die Erdbeercreme sollte nur dann angewendet werden, wenn man auf Erdbeeren keine allergischen Reaktionen bekommt. Sie ist eine wundervoll duftende Creme, die sehr pflegend und regenerierend wirkt. Auch als erfrischende Cremepackung ist die Erdbeercreme vorzüglich geeignet.

HAMAMELIS-CREME

Zutaten:

5 g Bienenwachs
7 g Walrat
5 g Lanolin (1/2 Kaffeelöffel)

45 g süßes Mandelöl
30 g Hamameliswasser
 0,5 g Borax (1 Prise)

Herstellung: Die ersten vier Zutaten im hohen Plastiktopf auf dem Wasserbad schmelzen. Inzwischen das Hamameliswasser erwärmen und den Borax darin auflösen. Wenn die Fette vollständig geschmolzen sind, mit dem Handrührmix die Flüssigkeit langsam einrühren und so lange weiterrühren, bis die Creme erkaltet. Einige Zeit stehenlassen und nochmals mit einem Holzlöffel durchrühren, in den Cremetopf abfüllen.

Wirkung: Es entsteht eine weiche, geschmeidige Creme, die sich leicht auftragen läßt. Sie wirkt sehr pflegend und gleichzeitig mild entzündungshemmend.

NEUTRALE HAUT-SAHNE
Zutaten:
 5 g Bienenwachs
 5 g Stearinsäure
 2 g Cetylalkohol
 5 g Lanolin ($^1/_2$ Kaffeelöffel)
 20 g Weizenkeimöl
 15 g süßes Mandelöl
 50 g destilliertes Wasser
 2 g Triäthanolamin (knapper Kaffeelöffel)
 0,2 g Benzoesäure (kleine Prise)

Herstellung: Die ersten vier festen Zutaten zusammen mit der Prise Benzoesäure auf dem Wasserbad schmelzen, Weizenkeimöl und süßes Mandelöl zufügen und weiterschmelzen, bis eine klare Fettschmelze entsteht. Das Triäthanolamin dem kalten, destillierten Wasser zufügen und gut vermischen. Die

Flüssigkeit nun mit einem sauberen Holzlöffel portionsweise in die Fette einrühren. Vor jeder Flüssigkeitszugabe Creme glattrühren. Die entstehende dicke Sahne wird nun in einen Cremetopf umgefüllt.

Anwendung und Wirkung: Man bewahrt die Sahne am besten im Kühlschrank auf. Vor jedem Gebrauch wird ein Kaffeelöffel voll Sahne in eine kleine Schale abgefüllt und mit frischem Saft verdünnt. Verwendet man beispielsweise frischgepreßten Karottensaft rührt man einen halben bis ganzen Kaffeelöffel voll Saft unter die kleine Portion Sahne und reibt damit Gesicht und Hals ein. Die Herstellungsart der Sahne mag zwar etwas umständlich klingen – in Wirklichkeit ist es halb so schlimm – das gute Resultat einer Behandlung mit frischen Säften wird Sie schnell wieder versöhnen.

Die Kur mit frischem Karottensaft ist besonders zu empfehlen, wenn die Haut nach dem Sonnenbaden zu trocken geworden ist, auch enthält frischer Karottensaft reichlich Vitamine, die der trockenen, strapazierten Haut guttun. Statt Karottensaft kann man die Sahne auch mit frischen Gemüsesäften verdünnen. Auch destilliertes Wasser, Orangenblütenwasser oder Rosenwasser kommen zum Verdünnen in Frage. Sie machen aus der neutralen Sahne eine leichte, erfrischende Feuchtigkeitslotion.

WENN IHRE HAUT TROCKEN IST:

ORANGENBLÜTEN-SAHNE
Zutaten:
10 g Walrat
10 g weißes Wachs
15 g Lanolin (1½ Kaffeelöffel)
40 g süßes Mandelöl
30 g Orangenblütenwasser
3 Tropfen Benzoetinktur

Herstellung: Die ersten vier Zutaten in einem hohen Plastiktopf auf dem Wasserbad schmelzen und inzwischen das Orangenblütenwasser erwärmen. Anschließend fügt man die warme Flüssigkeit unter stetigem Rühren mit dem Handrührmixgerät portionsweise der Fettschmelze bei. Ohne zu unterbrechen nun weiterschlagen, bis die Creme erkaltet; kurz vor dem Erkalten Benzoe zur Konservierung unterrühren. Einige Zeit stehenlassen, mit einem sauberen Holzlöffel nochmals kurz umrühren und in Cremetopf umfüllen.

Wirkung: Die Orangenblüten-Sahne verströmt einen feinen, sehr angenehmen Duft. Sie ist leicht verstreichbar und wird von der Haut gut resorbiert. Sie wird von jeder Haut gut vertragen und macht sie weich und geschmeidig. Für die trockene Haut ist sie besonders zu empfehlen.

AVOCADO-CREME
Zutaten:
  2 g Walrat
  5 g Bienenwachs
  3 g Cetylalkohol
  10 g Lanolin (1 Kaffeelöffel)
  35 g Avocadoöl
  40 g destilliertes Wasser
  0,5 g Borax (1 Prise)

Herstellung: Die ersten vier festen Fettkörper auf dem Wasserbad im Plastiktopf schmelzen. Das Öl zufügen und solange weiterwärmen, bis eine klare Fettschmelze entsteht. Das destillierte Wasser erwärmen und den Borax darin auflösen. Nun die Flüssigkeit portionsweise unter stetigem, kräftigem Rühren mit dem Rührmix in die geschmolzenen Zutaten einarbeiten. Weiterschlagen, bis die Creme erkaltet. Kurz stehenlassen, mit dem Holzlöffel nochmals umrühren und in Cremetopf abfüllen.

Wirkung: Die Avocado-Creme ist eine wunderbare Nacht-creme für die strapazierte, müde und alternde Haut; sie ist auch sehr gut zur Pflege der trockenen, spröden Haut geeignet. Das vitaminreiche Avocadoöl dringt in dieser emulgierten Form leicht in die Haut ein und wirkt beruhigend und glättend.

FEUCHTIGKEITS-MILCH

Zutaten:

15 g Lanolin (1 1/2 Kaffeelöffel)

 5 g Kakaobutter

 5 g Stearinsäure

50 g destilliertes Wasser

 2 g Triäthanolamin (knapper Kaffeelöffel)

 0,5 g Borax (1 Prise)

20 Tropfen Kamillentinktur

Herstellung: Die ersten drei Zutaten auf dem Wasserbad schmelzen. Den Borax in einem Eßlöffel heißem Wasser auflösen und zusammen mit dem Triäthanolamin dem kalten, destillierten Wasser zufügen und alles gut verrühren. Nun rührt man mit einem vollkommen sauberen Holzkochlöffel portions-weise die Flüssigkeit unter die Fette. Wichtig ist bei dieser Rührart vor allem, daß man nicht zuviel Flüssigkeit auf einmal unterrührt, da sonst kleine Klümpchen entstehen, die man nicht mehr entfernen kann. Zuletzt gibt man noch die 20 Tropfen Kamillentinktur hinzu.

Wirkung: Diese Milch eignet sich als Tagesschutz und Puder-unterlage für die trockene Haut. Das hautpflegende Lanolin ist in feinster Verteilung enthalten, und die Zugabe von Kamillen-wirkstoffen hat einen beruhigenden Einfluß auf die Haut. Die Milch durchfeuchtet sehr gut, man sollte sie täglich mehrmals auftragen, wenn man sich in trockener Luft aufhält.

WENN IHRE HAUT FETT UND UNREIN IST:

KAMPFER-SAHNE
Zutaten:
 7 g Walrat
 5 g weißes Wachs
20 g süßes Mandelöl
 1 g Kampfer (ein paar Körner)
20 g destilliertes Wasser
 0,5 g Borax (1 Prise)

Herstellung: Man schmilzt im Plastiktopf auf dem Wasserbad zunächst Walrat, weißes Wachs und die Kampferkörner, dann gibt man das Mandelöl zu und erwärmt so lange weiter, bis eine klare Fettschmelze entstanden ist. Nun erwärmt man das destillierte Wasser und löst den Borax darin auf. Anschließend rührt man portionsweise mit dem Rührmix die Flüssigkeit unter die geschmolzenen Fette. Weiterrühren, bis alles erkaltet ist, und in Cremetopf umfüllen.

Wirkung: Die sahnige Creme eignet sich besonders zur täglichen Pflege der fetten, unreinen Haut. Der Zusatz von Kampfer vor allem hat eine durchblutungsfördernde und entzündungshemmende Wirkung. Die Sahne wird in dünner Schicht aufgetragen und der Überschuß mit einem Tüchlein entfernt. Bald sollte sich eine sichtbare Klärung der Haut zeigen und die Hautunreinheiten allmählich abklingen.

THYMIAN-CREME
Zutaten:
 7 g Bienenwachs
 4 g Walrat
 2 g Cetylalkohol

25 g süßes Mandelöl
15 g Weizenkeimöl
30 g Thymianaufguß
 0,5 g Borax (1 Prise)

Herstellung: Die ersten drei festen Zusätze auf dem Wasserbad im hohen Plastiktopf schmelzen. Die Öle hinzufügen und so lange weiterschmelzen lassen, bis eine klare Fettmasse entsteht. In der Zwischenzeit überbrüht man eine Handvoll getrockneten Thymian mit einer Tasse kochendheißem, destilliertem Wasser. Einige Minuten ziehen lassen, und die Flüssigkeit durch Kaffeefilterpapier klar abseihen. Nun löst man im heißen Thymianaufguß den Borax auf. Anschließend rührt man die warme Flüssigkeit mit dem Rührmix unter die geschmolzenen Fette und schlägt weiter, bis alles erkaltet ist. Einige Zeit stehenlassen, mit dem Holzlöffel nochmals durchrühren und in den Cremetopf umfüllen.

Wirkung: Die herrlich sahnige Creme duftet erfrischend nach Thymian, der wegen seiner antiseptischen Eigenschaften bekannt ist. Der Zusatz von Cetylalkohol bewirkt eine besonders gute Vermischung der einzelnen Zutaten, die Creme kann deshalb sehr dünn und fein auf die Haut verteilt werden. Sie ist geeignet für fette, unreine Haut.

GURKEN-MILCH
Zutaten:
10 g Stearinsäure
 5 g Lanolin
 3 g Cetylalkohol
25 g süßes Mandelöl
70 g destilliertes Wasser
 3 g Triäthanolamin (1 Kaffeelöffel)
 0,5 g Borax (1 Prise)
50 g gefilterter Gurkensaft

Herstellung: Bevor man mit dem Abwiegen der Zutaten beginnt, raspelt man eine große Gurke mit Schale in kleine Stücke und läßt sie etwa eine Stunde lang stehen, damit sie Saft ziehen kann. Man sollte nur eine ungespritzte Gurke aus dem Reformhaus verarbeiten.

Die Stearinsäure wird mit dem Cetylalkohol und Lanolin auf dem Wasserbad im Plastiktopf zerschmolzen. Süßes Mandelöl zufügen und weiterwärmen, bis alles flüssig geworden ist.

Nun löst man Borax in einem Eßlöffel kochendheißem, destilliertem Wasser auf und fügt diese Lösung zusammen mit dem Kaffeelöffel Triäthanolamin dem kalten, destillierten Wasser bei. Alles gut vermischen. Mit einem sauberen Holzkochlöffel rührt man nun in kleinen Portionen die Flüssigkeit langsam unter das Fettgemisch. Ist alles gut verrührt, verteilt man die Milch in zwei Cremetöpfe. Einen stellt man für spätere Verwendung in den Kühlschrank, in die zweite Hälfte rührt man langsam den gefilterten, klaren Gurkensaft ein. Die angegebene Menge von 50 g Gurkensaft reicht für eine Portion, wobei man die Dicke der Milch durch entsprechende Flüssigkeitszugabe selbst bestimmen kann.

Wirkung: Die etwas mühsame Herstellung für die Gurkenmilch lohnt sich, sie ist eine ideale Tagespflege für die fette Haut, denn sie hinterläßt nach dem Auftragen keinen sichtbaren Fettfilm auf der Haut. Der in der Gurke enthaltene Schwefel wirkt heilend und klärend, außerdem wird die Haut von dieser Milch sehr gut durchfeuchtet.

HAUT-BALSAM

Zutaten:

15 g Zinksalbe

5 g Lanolin (1/2 Kaffeelöffel)

2 g Cetylalkohol

10 g Weizenkeimöl

15 g Rosenwasser
0,2 g Benzoesäure (kleine Prise)

Herstellung: Die Zinksalbe, die man schon fertig in der Apotheke kaufen kann, wird mit dem Lanolin und dem Cetylalkohol zusammen mit der Prise Benzoesäure im hohen Plastiktopf auf dem Wasserbad geschmolzen; dann fügt man das Weizenkeimöl zu und erwärmt kurz weiter, bis eine homogene Fettschmelze entstanden ist. Nun das Rosenwasser erwärmen und mit dem Rührmix in die geschmolzenen Fette einrühren. Weiterschlagen, bis die Creme erkaltet. Einige Zeit stehenlassen, mit dem Holzlöffel durchrühren und in Cremetopf füllen.

Wirkung: Das in der Zinksalbe enthaltene Zinkoxyd wirkt stark entzündungshemmend. Die Creme ist auch wegen ihrer sonstigen hautpflegenden Zusätze zur Behandlung der strapazierten und unreinen Haut zu empfehlen, sie sollte jedoch sparsam aufgetragen werden. Auch bei trockener Haut wirkt sie sehr wohltuend, wenn die Haut partiell zu Unreinheiten neigt.

ZITRONEN-CREME
Zutaten:
  7 g weißes Wachs
  9 g Walrat
15 g Olivenöl
25 g süßes Mandelöl
20 g gefilterten Zitronensaft
  0,2 g Benzoesäure (kleine Prise)

Herstellung: Die ersten vier Fettbestandteile zusammen mit der Prise Benzoesäure auf dem Wasserbad im hochrandigen Plastiktopf schmelzen. Inzwischen frischen Zitronensaft von 1 bis 2 Zitronen auspressen und durch ein Kaffeefilterpapier abseihen. Zitronensaft erwärmen und unter kräftigem Rühren mit dem Rührmix unter die vollständig geschmolzenen Fette geben. Weiterrühren, bis die Creme erkaltet. Einige Zeit stehenlassen und nochmals mit einem sauberen Holzlöffel umrühren, in Cremetopf abfüllen.

Wirkung: Die Zitronen-Creme ist eine herrlich duftende, erfrischende Creme, die sich besonders zur Behandlung von fleckiger, zu fetten Schüppchen neigender Haut empfiehlt. Sie hellt den Teint auf, macht die Haut frisch und klar.

DAS PFLEGT DIE MÜDE HAUT:

MELISSEN-CREME
Zutaten:
   5 g Bienenwachs
   7 g Walrat
   3 g Kakaobutter
   5 g Lanolin (1/2 Kaffeelöffel)
  30 g Weizenkeimöl
  45 g destilliertes Wasser
   0,2 g Benzoesäure (kleine Prise)
   3 Tropfen Melissenöl

Herstellung: Die ersten vier festen Zutaten einschließlich des Lanolins und der Prise Benzoesäure im hohen Plastiktopf im Wasserbad schmelzen. Das Weizenkeimöl zugeben und gerade noch soviel erwärmen, daß alles gut geschmolzen ist. Inzwischen das destillierte Wasser erwärmen und unter kräftigem Rühren mit dem Rührmix unter die Fettschmelze geben. Weiterschlagen, bis die Creme fast erkaltet ist. Melissenöl zufügen und kurz rühren, bis die Creme endgültig erkaltet. Einige Zeit stehenlassen, nochmals kurz mit dem Holzlöffel durchrühren und in den Cremetopf abfüllen.

Wirkung: Die Creme ist speziell zur Behandlung der schlaffen und ermüdeten Haut geeignet. Sie enthält wertvolle Fette in hautverträglicher, emulgierter Form, sie führt der Haut daher die benötigte Feuchtigkeit in angenehmster Weise zu. Das Weizenkeimöl enthält Hautvitamine und essentielle Fettsäuren, welche die Haut geschmeidig und zart machen. Das beigefügte Melissenöl wirkt belebend und tonisierend.

VELVET-CREME
Zutaten:

   4 g Bienenwachs
   4 g Kakaobutter
   3 g Cetyl-Stearylalkohol
   5 g Lanolin (½ Kaffeelöffel)
 25 g Weizenkeimöl
   2 g Tween 80 (½ Kaffeelöffel)
 70 g Orangenblütenwasser
   0,2 g Benzoesäure (kleine Prise)

Herstellung: Man schmilzt die ersten vier festen Zutaten zusammen mit der Prise Benzoesäure im Wasserbad und fügt anschließend das Weizenkeimöl hinzu. Man wärmt so lange weiter, bis eine flüssige Fettschmelze entstanden ist. Dieser untermischt man das Tween 80. Inzwischen hat man das Orangenblütenwasser erwärmt und rührt nun die Flüssigkeit sehr langsam, portionsweise, mit dem Holzlöffel unter das Fettgemisch. Jede Flüssigkeitszugabe muß erst sorgsam einge-rührt werden, bevor man die nächste Portion Flüssigkeit zugibt.

   Diese Art der Herstellung verlangt etwas Geschick, da – ähnlich wie bei der Herstellung einer Majonnaise – durch zu rasche Flüssigkeitszugabe die Creme gerinnen kann. Deshalb sei hier noch eine andere Art der Fertigung angeführt, die stets gleichmäßige Ergebnisse liefert. Man braucht dazu allerdings ein spezielles Thermometer, das bis zu 70 Grad Temperatur anzeigen kann. Man bekommt diese langen Thermometer leider nur in Laborzubehörgeschäften oder unter der angegebenen Versandadresse.

Bei der zweiten Art der Herstellung werden die ersten sechs Zutaten zusammen mit der Benzoesäure auf dem Wasserbad geschmolzen und auf eine Temperatur von 70 Grad erwärmt. Beim Ablesen der Temperatur darauf achten, daß das Thermometerende zwar ganz im Fett untertaucht, den Boden des Topfes aber nicht berührt. Nebenher erwärmt man das Orangenblütenwasser, ebenfalls auf 70 Grad. Auf die portionsweise Flüssigkeitszugabe kann man jetzt verzichten: man gießt die erwärmte Flüssigkeit unter Rühren in einem Strahl in das geschmolzene Fett. Es entsteht nun eine vollkommen flüssige Mischung, die sich durch geduldiges Rühren beim Abkühlen langsam verdickt.

Wirkung: Die goldgelbe, sahnige Creme ist hervorragend als Tagescreme zur Pflege der empfindlichen, trockenen und alternden Haut geeignet. Der hohe Anteil von Wasser bewirkt eine sehr gute Durchfeuchtung der Haut.

FÜR SPEZIELLE ZWECKE:

FOND DE TEINT

Zutaten:
 5 g Stearinsäure
 1 g Cetylalkohol
 2 g Lanolin ($1/4$ Kaffeelöffel)
20 g süßes Mandelöl
35 g destilliertes Wasser
 2 g Triäthanolamin (knapper Kaffeelöffel)
 0,2 g Benzoesäure (kleine Prise)
 2 g Talkum
2–4 g Titanoxyd
1–3 g roter Ton, je nach Farbgebung

Herstellung: Man schmilzt die ersten vier Zutaten zusammen mit der Prise Benzoesäure auf dem Wasserbad, dann mischt man das Triäthanolamin unter das kalte destillierte Wasser. Man rührt nun mit einem einwandfrei sauberen Holzlöffel portionsweise die Flüssigkeit unter das Fettgemisch. Vor jeder neuen Flüssigkeitszugabe die sich eindickende Masse zunächst glattrühren. Nun mischt man Talkum und Titanoxyd miteinander und färbt die Mischung mit rotem Ton an, entsprechend dem gewünschten Farbton. Diese Pudermischung siebt man anschließend mit einem feinen Sieb unter die bereitstehende Creme. Ist die entstandene Pudercreme zu hell, so fügt man noch etwas roten Ton, ist sie zu dunkel, etwas Titanoxyd zu.

Anwendung und Wirkung: Vor dem Auftragen des Fond de Teint sollte man die Haut mit einer Feuchtigkeitsmilch einreiben. Der Fond de Teint wird anschließend mit den Fingerspitzen sorgfältig in sehr dünner Schicht gleichmäßig über Gesicht und Hals verteilt. Die verarbeiteten Stoffe sind hautfreundlich und gut verträglich, der Fond de Teint sollte von jenen Frauen ausprobiert werden, die auf fertige Make-up-Cremes mit Hautreizungen reagieren.

SPORT-CREME
Zutaten:
  5 g Lanolin ($^1/_2$ Kaffeelöffel)
  3 g Cetylalkohol
35 g Vaseline
  6 g Olivenöl
40 g destilliertes Wasser
3 Tropfen Lavendelöl (bei Bedarf)

Herstellung: Die ersten vier Zutaten auf dem Wasserbad zum Schmelzen bringen. Inzwischen das destillierte Wasser erwärmen und portionsweise unter kräftigem Rühren mit dem Handrührmix unter die vollständig geschmolzenen Fette mischen. Weiterschlagen, bis die Creme erkaltet, kurz vorher Lavendelöl zufügen, wenn man parfümieren will. In Cremetopf umfüllen.

Wirkung: Diese glatte Creme ist gut als Schutzcreme gegen Wind und Kälte geeignet, sie sollte in dünner Schicht auf die zu schützenden Hautpartien aufgetragen werden. Als Sonnenschutzcreme ist sie jedoch nicht zu empfehlen. Da sie völlig frei von Reizstoffen ist, wird sie auch von zarter Kinderhaut gut vertragen, in diesem Fall sollte man aber auf die Parfümierung verzichten.

HEILSALBE
Zutaten:
  7 g Walrat
  9 g Bienenwachs
  3 g Kampfer
20 g Olivenöl
10 g Lebertran
20 g destilliertes Wasser
  0,2 g Benzoesäure (kleine Prise)

Herstellung: Walrat, Bienenwachs und Kampfer zusammen mit der Prise Benzoesäure auf dem Wasserbad schmelzen, anschließend Lebertran und Olivenöl zufügen und weiterwärmen, bis sich alles verflüssigt hat. Destilliertes Wasser erwärmen und die Flüssigkeit mit dem Rührmix in die geschmolzenen Fette einrühren. Weiterrühren, bis die Salbe erkaltet, in Cremetopf abfüllen.
Wirkung: Die Heilsalbe ist hervorragend geeignet, um kleine Verletzungen und Entzündungen zu heilen. Sie wirkt auch gut gegen Insektenstiche und kleine Verbrennungen. Da man sie nicht laufend benutzt, bewahrt man sie am besten an einem kühlen Platz auf.

5

HAUTREINIGUNGSMITTEL

REINIGUNGSCREME

Zutaten:
15 g Walrat
 7 g Kakaobutter
30 g Vaselinöl
20 g destilliertes Wasser

Herstellung: Man schmilzt die ersten drei Zutaten auf dem Wasserbad im Plastiktopf. Nun erwärmt man das destillierte Wasser. Nach vollständigem Schmelzen der festen Zutaten rührt man mit dem Rührmix das gut erwärmte destillierte Wasser unter die Fettmischung. Gleichmäßig bis zum Erkalten der Creme weiterrühren.

Anwendung und Wirkung: Die angenehm nach Kakaobutter duftende Creme wird mit den Fingerspitzen über Gesicht und Hals verteilt. Durch den Kontakt mit der warmen Haut schmilzt die Creme leicht und kann anschließend mit einem weichen Papiertuch entfernt werden. Anschließend sollte man jedoch die Haut mit einem erfrischenden Gesichtswasser nachreinigen. Die Reinigungscreme wird von jeder Haut vertragen, mit Ausnahme der fetten, unreinen Haut.

REINIGUNGSMILCH

Zutaten:

10 g Kakaobutter
10 g Cetylalkohol
30 g Nivea Babyöl
 2 g Tween 80 (¹/₂ Kaffeelöffel)
90 g Orangenblütenwasser

Herstellung: Die ersten drei Zutaten werden im hohen Plastiktopf auf dem Wasserbad geschmolzen; vom Wasserbad nehmen, Tween 80 hinzufügen. Inzwischen hat man gesondert das
Orangenblütenwasser leicht erwärmt und rührt nun mit einem
sauberen Holzkochlöffel die Flüssigkeit sehr langsam, aber
stetig unter das geschmolzene Fettgemisch. Ähnlich wie bei der
Herstellung einer Mayonnaise dickt sich die Mischung beim
Rühren langsam ein, man muß deshalb vor jeder neuen
Flüssigkeitszugabe glattrühren. Die Menge des Orangenblütenwassers wurde hier mit einem Richtwert von 90 g angegeben.
Man kann jedoch selbst die gewünschte Konsistenz der Milch
bestimmen: je nachdem, wieviel der Flüssigkeit zugegeben
wird, kann man sie mehr oder weniger dünnflüssig zubereiten.
Diese Art der Herstellung verlangt etwas Geschick, da – ähnlich
wie bei der Herstellung einer Mayonnaise – durch zu rasche
Flüssigkeitszugabe die Creme gerinnen kann. Deshalb sei hier
noch eine andere Art der Fertigung genannt, die stets gleichmäßige Ergebnisse liefert. Man braucht dazu allerdings ein spezie-
les Thermometer, das 70 Grad Temperatur anzeigen kann. Man
bekommt diese langen Thermometer leider nur in Laborzubehörgeschäften oder unter der angegebenen Versandadresse.

Bei der zweiten Art der Herstellung werden die ersten vier
Zutaten auf dem Wasserbad geschmolzen und auf eine Temperatur von 70 Grad erwärmt. Beim Ablesen der Temperatur
darauf achten, daß das Thermometerende zwar ganz im Fett
untertaucht, den Boden des Topfes aber nicht berührt. Neben-

her erwärmt man das Orangenblütenwasser, ebenfalls auf 70 Grad. Auf die portionsweise Flüssigkeitzugabe kann man jetzt verzichten: man gießt die erwärmte Flüssigkeit unter Rühren in einem Strahl in das geschmolzene Fett. Es entsteht nun eine vollkommen flüssige Mischung, die sich durch geduldiges Rühren beim Abkühlen langsam verdickt.

Anwendung und Wirkung: Man verteilt die Milch reichlich mit beiden Händen über Gesicht und Hals und wäscht sie anschließend mit lauwarmem Wasser ab. Die Reinigungsmilch reinigt schonend und gründlich, sie wird von jeder Haut gut vertragen.

HAMAMELIS-REINIGUNGSCREME

Zutaten:
  6 g weißes Wachs
  8 g Walrat
30 g Nivea Babyöl
25 g Hamameliswasser
  0,5 g Borax (1 Prise)

Herstellung: Man schmilzt die ersten drei Zutaten auf dem Wasserbad. Inzwischen erwärmt man das Hamameliswasser und löst die Prise Borax darin auf. Mit dem Handrührmix wird nun die warme Flüssigkeit unter das vollständig geschmolzene Fettgemisch gerührt. Wichtig ist, daß man bis zum Erkalten der Creme stetig weiterrührt, damit sich die Flüssigkeit nicht von den Fetten trennt. Sollte sich die Flüssigkeit doch einmal abgesondert haben, so erwärmt man die Mischung nochmals auf dem Wasserbad und rührt sie anschließend glatt.

Anwendung und Wirkung: Diese Reinigungscreme ist besonders für die fette Haut geeignet. Man verteilt sie mit den Fingerspitzen über Gesicht und Hals und nimmt sie mit einem weichen Papiertuch ab. Die eventuell verbleibenden Cremereste müssen anschließend mit einem geeigneten Gesichtswasser entfernt werden.

ROSMARIN-REINIGUNGSCREME

Zutaten:
  5 g weißes Wachs
  2 g Walrat
  5 g Cetylalkohol
  5 g Kakaobutter
30 g Nivea Babyöl
15 g Rosmarinwasser
  0,2 g Borax (kleine Prise)
2 Tropfen Rosmarinöl (bei Bedarf)

Herstellung: Man schmilzt die ersten fünf Zutaten im Wasserbad. Währenddessen überbrüht man einen guten Eßlöffel voll getrocknetem Rosmarin mit einer halben Tasse kochendem Wasser, läßt ihn einige Minuten durchziehen und vermischt 15 g des heißen, gefilterten Rosmarinabsuds mit dem Borax. Sobald die Fette vollständig geschmolzen sind, rührt man die noch warme Flüssigkeit mit dem Rührmix portionsweise darunter. Man rührt bis zum Erkalten sorgfältig weiter. Will man parfümieren, fügt man das Rosmarinöl zu, sobald die Creme erkaltet.

Anwendung und Wirkung: Die Reinigungscreme ist sehr sahnig und leicht verstreichbar. Man trägt sie sparsam mit den Fingerspitzen auf Gesicht und Hals auf und entfernt sie anschließend mit einem weichen Papiertuch. Sie ist auch für fette, unreine Haut geeignet, bedarf aber immer einer Nachreinigung mit einem entsprechenden Gesichtswasser.

ARNIKA-REINIGUNGSSAHNE

Zutaten:

10 g Stearinsäure

1 g weißes Wachs

2 g Walrat

5 g Cetylalkohol

30 g Nivea Babyöl

60 g destilliertes Wasser

3 g Triäthanolamin (1 Kaffeelöffel)

20 Tropfen Arnikatinktur

Herstellung: Die ersten fünf Zutaten im Wasserbad schmelzen. Das Triäthanolamin dem kalten destillierten Wasser zufügen und mit einem sauberen Holzlöffel die Flüssigkeit portionsweise unter die Fettschmelze rühren. Vor jeder neuen Flüssigkeitszugabe die Creme glattrühren, damit sich keine Klümpchen bilden können. Zuletzt Arnikatinktur zufügen.

Anwendung und Wirkung: Die Sahne wird mit den Händen über Gesicht und Hals verteilt und mit zart kreisenden Bewegungen eingerieben, um den Schmutz zu lösen. Anschließend wird alles mit einem weichen Papiertuch abgenommen und die Haut danach mit lauwarmem Wasser nochmals nachgespült. Die Reinigungssahne kann von fetter, unreiner Haut, auch von der Mischhaut, gut vertragen werden.

HEILKLEIE-REINIGUNG

Zutaten:

1 Tasse feingeschroteter Leinsamen

1 Tasse Weizenkleie

Herstellung: Der Leinsamen und die Weizenkleie werden durch kräftiges Schütteln eng miteinander vermischt.

Anwendung und Wirkung: Zunächst werden Gesicht und Hals mit lauwarmem Wasser befeuchtet. Dann mischt man etwa einen Teelöffel der Kleiemischung mit heißem Wasser in der Hand zu einem Brei und reibt damit das Gesicht und den Hals mit kreisförmigen Bewegungen sanft ab. Anschließend alles gründlich mit lauwarmem Wasser abspülen. Das Haar sollte man bei dieser Waschung sorgfältig zurückbinden, damit keine Kleiereste im Haaransatz hängenbleiben.

Die Waschung stellt ein hervorragendes Mittel zur Reinigung der fetten, unreinen Haut dar. Durch die leichte Massage werden die Unreinheiten sanft abgerieben und die Haut gut durchblutet, was der Abheilung sehr förderlich ist. Die in der Kleie enthaltenen Schleimstoffe bewirken, daß sich die Haut nach der Waschung zart und seidenweich anfühlt. Verstopfte Poren werden durch die Waschung freigemacht, und damit wird die Ausscheidungsfunktion der Talgdrüsen erleichtert. Bei starken Hautunreinheiten kann man die Haut täglich mit Heilkleie waschen, sonst sollte man sie nur zweimal wöchentlich anwenden. Auch für die partielle Anwendung bei der Mischhaut ist diese Waschung sehr günstig.

KAMILLENMILCH-REINIGUNG

Zutaten:
 5 g Walrat
10 g Kakaobutter
 8 g Cetylalkohol
30 g Nivea Babyöl
 2 g Tween 80 (½ Kaffeelöffel)
90 g destilliertes Wasser
20 Tropfen Kamillentinktur

Herstellung: Man schmilzt zunächst die festen Zutaten, Walrat, Kakaobutter und Cetylalkohol auf dem Wasserbad, dann gibt man das Babyöl dazu und erwärmt so lange weiter, bis keine ungeschmolzenen Teile mehr vorhanden sind. Dem Fettgemisch nun Tween 80 zufügen. Inzwischen hat man das destillierte Wasser erwärmt und die Kamillentinktur zugefügt. Nun rührt man mit einem sauberen Holzlöffel die Flüssigkeit sehr langsam portionsweise unter das Fettgemisch. Vor jeder neuen Flüssigkeitszugabe gut glattrühren!

Diese Art der Herstellung verlangt etwas Geschick, da – ähnlich wie bei der Herstellung einer Mayonnaise – durch zu rasche Flüssigkeitszugabe die Creme gerinnen kann. Deshalb sei hier noch eine Art der Fertigung genannt, die stets gleichmäßige Ergebnisse liefert. Man braucht dazu allerdings ein spezielles Thermometer, das 70 Grad Temperatur anzeigen kann. Man bekommt diese langen Thermometer leider nur in Laborzubehörgeschäften oder unter der angegebenen Versandadresse.

Bei der zweiten Art der Herstellung werden die ersten fünf Zutaten auf dem Wasserbad geschmolzen und auf eine Temperatur von 70 Grad erwärmt. Beim Ablesen der Temperatur darauf achten, daß das Thermometerende zwar ganz im Fett untertaucht, den Boden des Topfes aber nicht berührt. Nebenher erwärmt man das destillierte Wasser, dem man die Kamillentinktur unterrührt hat, ebenfalls auf 70 Grad. Auf die portionsweise Flüssigkeitszugabe kann man jetzt verzichten: man gießt die erwärmte Flüssigkeit unter Rühren in einem Strahl in das geschmolzene Fett. Es entsteht nun eine vollkommen flüssige Mischung, die sich durch geduldiges und regelmäßiges Rühren beim Abkühlen langsam verdickt und die gewünschte Konsistenz erhält.

Anwendung und Wirkung: Die Milch wird mit den Händen reichlich über Gesicht und Hals verteilt und anschließend mit viel lauwarmem Wasser, mit leicht massierenden Bewegungen, abgewaschen. Auch Augen-Make-up läßt sich mit dieser Emulsion gut entfernen. Die Milch reinigt sehr schonend und gründlich, sie ist daher besonders für die empfindliche, trokkene und alternde Haut geeignet.

WEIZENKLEIE-WASCHUNG

Zutaten:
1 Beutel stabilisierte Weizenkleie aus dem Reformhaus
1 kleine Flasche Kamillentinktur.

Anwendung und Wirkung: Man füllt ein halbes Waschbecken mit lauwarmem Wasser, gibt eine Handvoll stabilisierte Weizenkleie hinein und träufelt etwa 20–30 Tropfen Kamillentinktur dazu. Mit der weichen Mischung wäscht man das Gesicht mit leicht kreisenden Bewegungen ab und spült anschließend mit klarem, lauwarmem Wasser nach. Die Waschung eignet sich sehr gut zur Reinigung der trockenen, spröden Haut und kann beliebig oft angewendet werden.

6

GESICHTSWÄSSER
UND LOTIONEN

Gesichtswässer und Lotionen reinigen, erfrischen, beleben, stimulieren und heilen die Haut. Neben solchen Gesichtswässern, die man für einen längeren Gebrauch herstellt, lassen sich in der Küche vielerlei frische Mittel finden, die man zu schnellem Gebrauch als Gesichtswasser anwenden kann: frischer Karottensaft, Buttermilch, frischer Gurkensaft, Tomatensaft, Erdbeersaft, frische süße Sahne, Petersilien und Pfefferminztee sind ideale Mittel, um die Haut zu erfrischen und zu beleben. Während alle Milchprodukte ein gutes Tonikum für die trockene Haut sind, helfen Tomate, Erdbeere und Gurke gegen die fette, unreine Haut. Auch manche leichten Duftwässer, die man zur Cremeherstellung braucht, sind als erfrischende Gesichtswässer geeignet: Rosenwasser, Orangenblütenwasser, oder Hamameliswasser.

Bei der Herstellung von Gesichtswasser, das zu längerem Gebrauch bestimmt ist, spielen vor allem die Kräuter eine wichtige Rolle. Man nützt ihre vielseitigen, guten Eigenschaften für die Schönheitspflege, indem man verschiedene Kräuter sorgfältig aufeinander abstimmt und mit entsprechenden wäßrigen Zusätzen ergänzt. Wenn Sie keine Kräuterhandlung oder keine Apotheke finden, die alle gewünschten Kräuter führen, pflanzen Sie sich Ihre Lieblingskräuter selbst an und verarbeiten Sie die getrockneten Kräuter. Verwenden Sie Kräuter, die Ihrer Haut guttun, auch zum Würzen der Speisen – die innere und äußere Behandlung der Haut wird die besten Ergebnisse bringen.

GURKENWASSER

Zutaten:
40 g Gurkensaft
40 g Hamameliswasser
20 g Rosenwasser

Herstellung: Man hobelt eine ungespritzte, sauber gewaschene Gurke in feine Stücke und filtert nach ca. einer Stunde den inzwischen gezogenen Gurkensaft ab. Gurkensaft mit Hamamelis- und Rosenwasser vermischen, abfüllen in Glasflasche.

Wirkung: Die Gurke ist als gutes altes Hausmittel zur Pflege und Verfeinerung der Haut seit langem bekannt. Die hautfreundliche Wirkung des Gurkensaftes beruht vor allem auf seinem Gehalt an Schwefel, Vitamin A und C, Schleimstoffe und Enzyme. Das hier vorgeschlagene Rezept ist zu raschem Verbrauch bestimmt; die Lotion ist einfach herzustellen und ist trotzdem ein hochwirksames Schönheitswasser. Es wirkt vor allem hautglättend und erfrischend, leicht adstringierend und entzündungshemmend.

ENGLISCHES HONIGWASSER

Zutaten:
 3 g Bienenhonig (¹/₂ Kaffeelöffel)
50 g Rosenwasser
50 g Orangenblütenwasser
25 g reinen Alkohol
 3 Tropfen Melissenöl

Herstellung: Man vermischt Rosenwasser, Orangenblütenwasser und Alkohol miteinander und löst in der Flüssigkeit den Bienenhonig auf. Anschließend rührt man das Melissenöl ein.

Wirkung: Dieses milde, aromatische Gesichtswasser ist besonders zur Belebung der zarten, leicht ermüdeten Haut zu empfehlen. Es ist hervorragend für die Behandlung der trockenen Altershaut, besonders als Nachreinigung.

MANDELMILCH

Zutaten:
  50 g geschälte Mandeln
100 g Rosenwasser
100 g Orangenblütenwasser

Herstellung: Fertig geschälte Mandeln bekommt man zwar in jedem Lebensmittelgeschäft, besser wird die Mandelmilch jedoch, wenn man sich die Mühe macht, die Mandeln frisch zu schälen. Man wirft dazu die Mandeln in siedendes Wasser, wodurch sich die Schalen lösen, und schält sie anschließend sauber ab. Nun werden die Mandeln fein zerrieben und unter Zugabe einer kleinen Menge des erwärmten Gemischs von Orangenblüten- und Rosenwasser zu einer dicken Paste verrührt. Anschließend gibt man vorsichtig und portionsweise den Rest des warmen, aromatischen Wassers zu und rührt vor jeder neuen Flüssigkeitszugabe glatt, bis schließlich eine homogene, milchig aussehende Flüssigkeit entsteht. Diese wird nun durch ein feines Leinentuch passiert.

Wirkung: Die Mandelmilch ist reich an pflegenden Fetten und Eiweiß, sie bildet einen schützenden, seidigen Film auf der Haut. Die pflegenden Fette dringen, bedingt durch ihre feine

Verteilung im Blütenwassergemisch, tief in die Haut ein und machen sie zart und seidenweich. Für die trockene Haut ist die Mandelmilch ein ideales Pflegemittel.

MILLE-FLEURS-WASSER

Zutaten:
50 g Rosenwasser
50 g Orangenblütenwasser
25 g Hamameliswasser
10 Tropfen Benzoetinktur

Herstellung: Mischen Sie Rosen-, Orangenblüten- und Hamameliswasser gut miteinander und fügen Sie unter kräftigem Rühren die Benzoetinktur hinzu.

Wirkung: Mille-Fleurs-Wasser ist ein besonders mildes Gesichtswasser für die empfindliche und trockene Haut. Es erfrischt und ist zur Nachreinigung gut geeignet. Es verströmt einen feinen blumigen Duft.

KRÄUTERLOTION FÜR EMPFINDLICHE HAUT

Zutaten:
2 Handvoll Kamille
1 Handvoll Huflattich
1 Handvoll Stiefmütterchen
1 Handvoll Salbei
50 g Alkohol 70%
20 Tropfen Kamillentinktur
Destilliertes Wasser

Herstellung: Die getrockneten Kräuter werden in einer Glas- oder Porzellanschüssel vermischt, der Alkohol darübergegossen und mit so viel destilliertem Wasser durchtränkt, bis alles mit Flüssigkeit bedeckt ist. Mit einem Leinentuch oder einer Folie wird die Schüssel bedeckt und etwa zwei Tage an einem kühlen Platz stehenlassen. Nach dieser Zeit haben die getrockneten Pflanzen einen erheblichen Teil der Flüssigkeit aufgesaugt, man gießt deshalb erneut mit destilliertem Wasser auf, bis die Kräuter wieder mit Flüssigkeit bedeckt sind. Mischung erneut bedeckt an einen kühlen Platz stellen und nach weiteren drei bis vier Tagen durch einen Papierfilter abseihen; der abgeseihten Flüssigkeit die Kamillentinktur zufügen.

Wirkung: Bei dieser Lotion stehen die heilenden, krampflösenden Wirkstoffe der Kamille im Vordergrund. Die Lotion wirkt wunderbar beruhigend und erfrischend auf die trockene, empfindliche Haut. Durch die sehr niedrige Alkoholkonzentration wird eine Irritation der empfindlichen Haut ausgeschaltet, ohne die erfrischende Reinigungswirkung zu schmälern.

FRÜHLINGS-GESICHTSWASSER

Zutaten:
1 Handvoll getr. Huflattich
4 Eßlöffel Orangenblütenwasser
4 Eßlöffel Rosenwasser
4 Eßlöffel Hamameliswasser
4 Eßlöffel reinen Alkohol
4 Eßlöffel frischen Gurkensaft
Saft einer halben Zitrone

Herstellung: Man übergießt den Huflattich mit Orangenblüten-, Rosen-, Hamameliswasser und Alkohol und läßt die

Mischung über Nacht an einem kühlen Ort abgedeckt durchziehen. Dann seiht man die Flüssigkeit durch einen Papierfilter
ab und fügt ihr den frisch gepreßten Zitronen- und Gurkensaft
gefiltert hinzu. Nochmals alles durchfiltern, in Flasche abfüllen
und gut durchschütteln.

Wirkung: Daß dieses Gesichtswasser insbesondere für die Haut
mit fetter Tendenz geeignet ist, beruht auf den fein aufeinander
abgestimmten Wirkstoffen: so wirkt der Huflattich wie auch
der Gurkensaft antiseptisch. Der Huflattich ist im Pflanzen-
reich die Schwefeldroge schlechthin. Auch die im Hamameliswasser anzutreffenden Gerbstoffe wie auch die aufhellende
Säure der Zitrone sind eine Wohltat für die zu Unreinheiten
neigende, fette Haut.

JUNGFERN-MILCH

Zutaten:
125 g Rosenwasser
  5 g Benzoetinktur
 10 Tropfen Myrrhentinktur

Herstellung: Die Benzoetinktur wird in eine Glas- oder Porzel-
lanschale gegeben; mit einem nichtmetallenen Löffel das Rosenwasser langsam unterrühren. Dann gibt man unter Rühren die
Myrrhentinktur dazu und filtert anschließend die Flüssigkeit
durch einen Papierfilter in eine Glasflasche ab.

Wirkung: Es entsteht eine angenehm duftende, milchige
Lotion, die desinfizierend und entzündungshemmend wirkt.
Sie ist daher hervorragend für die jugendliche, zu entzündlichen
Prozessen neigende Haut geeignet. Wegen ihrer guten Reini-

gungswirkung kann sie aber auch zur Nachreinigung der fetten Haut verwendet werden. Sie schließt die Poren und macht die Haut samtig weich.

KAMPFER-LOTION

Zutaten:
100 g Hamameliswasser
 20 g reinen Alkohol
  2 g Milchsäure (kleine Prise)
  1,5 g Kampfer (ein paar Körnchen)
  2 Tropfen Lavendelöl (bei Bedarf)

Herstellung: Lösen Sie zunächst den Kampfer im Alkohol auf; geben Sie die Milchsäure in das Hamameliswasser. Nun schütten Sie die beiden Flüssigkeiten zusammen in eine Flasche und schütteln alles gut durch. Wenn der Kampfergeruch störend wirkt, kann man mit Lavendelöl parfümieren.

Wirkung: Diese Lotion ist besonders zur Pflege der unreinen, zu entzündlichen Pickeln neigenden Haut gedacht. Der Kampfer wirkt entzündungshemmend und fördert die Durchblutung. Die Auflösung von fettigen und verhornten Hautpickeln und Schuppen wird durch den Alkohol und Milchsäurezusatz in milder Weise unterstützt. Die gute adstringierende Wirkung des Hamameliswassers rundet den wirkungsvollen Gehalt dieser Lotion ab.

KRÄUTERLOTION FÜR AKNE-HAUT

Zutaten:
1 Handvoll Ehrenpreis
1 Handvoll Huflattich
1 Handvoll Kamillenblüten
2 Eßlöffel Queckenwurzeln
70 g reinen Alkohol
1 Messerspitze Kampfer
3 g Milchsäure
Destilliertes Wasser

Herstellung: Die ersten vier getrockneten Zutaten, die man in der Kräuterhandlung kaufen kann, werden in einer Glas- oder Porzellanschüssel gut miteinander vermischt. Alkohol und destilliertes Wasser darübergießen, bis alles gut durchtränkt ist. Die Schüssel mit einer Alufolie oder einem Leinentuch fest abdecken, so daß der Inhalt vor Verunreinigung geschützt ist; an einen kühlen Platz stellen. Nach einigen Tagen nachsehen, ob die Mischung noch gut durchnäßt ist und eventuell mit destilliertem Wasser nochmals aufgießen. Nach etwa 8–10 Tagen preßt man die Mischung durch ein sauberes Leinentuch und anschließend durch ein Kaffeefilterpapier. Nun löst man die kleine Messerspitze Kampfer in einem Kaffeelöffel Alkohol und fügt ihn der Kräutermischung bei.

Wirkung: Die fein abgestimmte Kräutermischung enthält ein weitgestreutes Spektrum an Wirkstoffen: Gerbstoffe wirken kontrahierend und antiseptisch; Kieselsäure fördert die vermehrte Durchblutung des Gewebes, Schwefel wirkt ebenfalls antiseptisch und klärend, die enthaltenen Schleimstoffe dienen als Schutzstoffe bei entzündungsbereiter Epidermis. Diese vielfältigen Heilwirkungen der Kräuter werden durch die Zugabe von Kampfer unterstützt. Die Lotion hat eine schöne goldbraune Farbe und einen feinen, würzigen Geruch.

KRÄUTERWASSER FÜR FETTE HAUT

Zutaten:
1 Handvoll Zinnkraut
1 Handvoll Huflattich
1 Handvoll Kamille
1 Handvoll Rosmarin
1 Handvoll Melissenblätter
60 g reinen Alkohol
1 Messerspitze Menthol
Destilliertes Wasser

Herstellung: Die getrockneten Kräuter werden in eine Glas-
oder Porzellanschüssel gefüllt und gut miteinander vermischt.
Die angegebene Menge Alkohol darübergießen und so viel
destilliertes Wasser nachgießen, bis alles durchtränkt ist. Die
Schüssel mit Haushaltsfolie oder Leinentuch gut verschließen
und ein paar Tage an einem kühlen Platz durchziehen lassen.
Nach dieser Zeit nachsehen, ob zuviel Flüssigkeit aufgesogen ist
und eventuell mit destilliertem Wasser nachgießen. Nach ca.
8–10 Tagen preßt man die Flüssigkeit durch ein sauberes
Leinentuch und seiht sie anschließend durch Kaffeefilterpapier.
Ein paar Körnchen Menthol – eine sehr kleine Messerspitze voll
– wird nun in einem Kaffeelöffel Alkohol gelöst und unter die
goldbraune Flüssigkeit gemischt.

Wirkung: Diese besonders für die fette Haut abgestimmte
Kräutermischung regt die Funktion der Hautzellen an und
verbessert die Hautatmung. Das Kräuterwasser klärt die Haut,
wirkt sehr erfrischend und belebend und riecht angenehm nach
Pfefferminze, ein Duft, den ihm das Menthol verleiht.

KRÄUTERWASSER FÜR GROSSPORIGE HAUT

Zutaten:
 1 Handvoll Melissenblätter
 1 Handvoll Salbei
 2 Eßlöffel Weidenrinde
 1 Eßlöffel Tormentillwurzel
50 g reinen Alkohol
50 g Hamameliswasser
 1 kleine Messerspitze Alaun
Destilliertes Wasser

Herstellung: Die ersten vier getrockneten Zutaten, die man in der Kräuterhandlung kaufen kann, in eine Glas- oder Porzellanschüssel geben und gut vermengen. Den Alkohol und das Hamameliswasser darübergießen und so viel destilliertes Wasser nachfüllen, bis alles gut mit Flüssigkeit bedeckt ist. Die Mischung mit Folie oder Leinentuch bedecken und an einen kühlen Platz stellen, nach einigen Tagen mit destilliertem Wasser nochmals aufgießen. Nach ca. 5–7 Tagen die Mischung durch ein sauberes Leinentuch pressen und anschließend durch Kaffeefilterpapier seihen. Die kleine Messerspitze Alaun in etwas angewärmtem, destilliertem Wasser auflösen und unter die Flüssigkeit mischen.

Wirkung: Diese Kräuterlotion enthält in reichlicher Menge adstringierende Wirkstoffe, die bei der Behandlung der großporigen, fetten Haut wichtig sind. Der Zusatz von Alaun ist dafür besonders wirksam. Die goldrot schimmernde Lotion verströmt einen sehr erfrischenden, balsamischen Duft.

UNGARN-WASSER

Zutaten:
100 g Rosmarin
  1 Zitrone
  1 Orange
  1 Handvoll Pfefferminze
150 g Rosenwasser
  50 g reinen Alkohol
Destilliertes Wasser

Herstellung: Man schält von einer ungespritzten Zitrone und Orange ganz dünn die äußerste Schale ab. Nun füllt man eine Glas- oder Porzellanschüssel mit dem getrockneten Rosmarin und der Pfefferminze und mischt die zerkleinerten Schalen darunter. Man übergießt die Mischung mit Alkohol und füllt mit soviel destilliertem Wasser auf, bis alles reichlich mit Flüssigkeit bedeckt ist. Nun bindet man die Schüssel mit einer Haushaltsfolie ringsherum gut ab, damit kein Schmutz eindringen kann. Zum Durchziehen stellt man die Schüssel an einen kühlen Platz und prüft nach zwei bis drei Tagen, ob die Kräutermischung noch genügend mit Flüssigkeit bedeckt ist – eventuell mit destilliertem Wasser aufgießen.

Nach etwa zehn Tagen preßt man das Gemisch durch ein sauberes Leinentuch und filtert anschließend durch Kaffeefilterpapier.

Wirkung: Diese goldbraune, aromatisch nach Rosmarin duftende Kräuterlotion verdankt ihren Namen einer ungarischen Königin, die sich damit bis ins hohe Alter ihr jugendliches Aussehen bewahrt haben soll. Für fette Haut ist diese Lotion besonders geeignet: sie wirkt durchblutungsfördernd, tonisierend und glättend.

ZITRONEN-LOTION

Zutaten:
70 g gefilterten Zitronensaft
 1 g Milchsäure
70 g Petersilienwasser
30 g reinen Alkohol

Herstellung: Ein Sträußchen Petersilie läßt man über Nacht in der angegebenen Menge von 70 g destilliertem Wasser durchziehen. Petersilie vorher gut waschen! Am nächsten Tag filtert man die Flüssigkeit ab, löst darin die Milchsäure und fügt den gefilterten Zitronensaft und den Alkohol zu.

Wirkung: Diese Lotion sorgt für eine hautschonende Aufhellung des Teints, sie macht die Haut frisch und klar und wirkt leicht porenverengend. Sie ist besonders zur Pflege der fetten, leicht schuppenden Haut geeignet.

ORANGEN-TONIKUM

Zutaten:
Schale von ca. 2–3 ungespritzten Orangen
1 große Tasse Obstessig

Herstellung: Aus den frischen Orangenschalen das weiße, pelzige Futter herauslösen, die gelbe Oberhaut in kleine Stücke schneiden und in ein weitbauchiges Glasgefäß, am besten in ein Einmachglas, füllen. Die Schalen werden nun mit Obstessig übergossen, bis alles bedeckt ist. Diese Mischung läßt man etwa zwei Wochen bedeckt durchziehen, kühl und dunkel gelagert. Danach filtert man die Flüssigkeit durch Kaffeefilterpapier in eine geeignete Flasche ab.

Wirkung: Die Essenz darf nur verdünnt angewendet werden, man rechnet zur Verdünnung nochmals die gleiche Menge destilliertes Wasser zum Aufgießen. Das Orangen-Tonikum ist ein stimulierendes Mittel gegen schlaffe und großporige Haut. Das adstringierende Öl der Orangenschale wirkt sehr pflegend auf die Gesichtshaut.

Obwohl die hier genannten Rezepte für Gesichtswässer und Lotionen mehr im Hinblick auf die weibliche Schönheitspflege zusammengestellt wurden, können sie selbstverständlich auch von Männern benutzt werden – schließlich sind Hautprobleme nicht ausschließlich für das weibliche Geschlecht reserviert! Damit aber auch die männliche Schönheit nicht zu kurz kommt, hier noch ein Rezept für ein Rasierwasser:

RASIERWASSER

Zutaten:
25 g Orangenblütenwasser
25 g Rosenwasser
25 g Hamameliswasser
30 g Alkohol 96%
 0,2 g Menthol
 1 g Alaun (kleine Prise)

Herstellung: Lösen Sie 0,2 g Menthol, das sind nur ein paar Körnchen, im Alkohol auf. Das Rosen-, Hamamelis- und Orangenblütenwasser vermischen, einen Eßlöffel davon erwärmen und das Alaun darin auflösen. Sämtliche Mischungen nun zusammengießen und gut durchschütteln, in eine Glasflasche abfüllen.

Wirkung: Dieses Rasierwasser hilft, die nach dem Rasiervorgang irritierte Haut zu beruhigen, da es adstringierende und entzündungshemmende Zusätze enthält. Es wirkt sehr erfrischend und hat einen sehr angenehmen, leicht herben Duft.

Ist nach Ihrer Meinung das Rasierwasser zu wenig parfümiert, setzen Sie ein paar Tropfen eines herben Parfüms zu, zum Beispiel Calèche von Hermès.

7

KOMPRESSEN,
GESICHTSDAMPFBÄDER,
PACKUNGEN
UND GESICHTSMASKEN

DIE KOMPRESSE

Kompressen sind ein hervorragendes Mittel, um müde, welke, schlecht durchblutete und trockene Haut zu erfrischen. Heiße und warme Kompressen erweichen die Hornschicht der Haut, sie fördern die Durchblutung und reinigen die Poren. Die bei der Kompresse verwendeten Kräuterzusätze können reinigend, belebend, durchblutend, adstringierend und antiseptisch wirken, das hängt von der richtigen Auswahl der Zutaten ab. Wenn man nach einem langen Arbeitstag am Abend noch frisch aussehen möchte, hilft eine Kompresse um die Haut zu erfrischen, ihr ein glattes rosiges Aussehen zu verleihen. Je nach Beschaffenheit der Haut setzt man nicht nur den Kräuterzusatz, sondern auch den Hitze- oder Kältegrad der Kompresse fest.

Anwendung: Bereiten Sie den gewünschten Kräuteraufguß, indem Sie zwei Handvoll der gewählten Kräuter mit etwa zwei Liter kochend heißem Wasser übergießen. Lassen Sie die Kräuter etwa 10 Minuten ziehen und seihen Sie die Flüssigkeit in eine Schüssel ab. Stellen Sie eine zweite Schüssel mit kaltem Wasser bereit. Verwenden Sie zwei saubere Tücher, tauchen Sie eines davon in das heiße Kräuterwasser, drücken Sie es aus und legen es, so heiß Sie es vertragen können, auf das gut gereinigte Gesicht auf. Legen Sie sich dazu entspannt hin, die Beine hochgelagert, denn ein wesentlicher Faktor der guten Wirkung ist der absolute Ruhezustand des Körpers und der Gesichts-muskulatur. Versuchen Sie sich auch geistig zu entspannen, verlangsamen Sie die Atmung, das fällt unter der Kompresse nicht schwer. Verschieben Sie das Hauptgewicht der Atmung in den Bauch, legen Sie die Hände auf das Zwerchfell und fühlen Sie der Atmung nach, das beruhigt und entspannt.

Nach einer Einwirkungszeit von etwa 5 bis 10 Minuten nehmen Sie jetzt das kalte Tuch aus dem Wasser und legen es etwa drei bis fünf Minuten auf das Gesicht. Die ganze Prozedur wiederholt man etwa dreimal, bis man alle Müdigkeit aus dem Gesicht vertrieben hat. Mit ein paar Tricks kann man nachhel-fen, das kalte Wasser kalt und das warme Wasser warm zu halten. Geben Sie in das kalte Wasser eine Handvoll Eiswürfel und stellen Sie den Kräuteraufguß auf einen Rechaud oder auf eine Wärmeplatte. Wenn Sie die Kompressen häufig anwenden, empfiehlt es sich, die immer wieder verwendeten Tücher mit einem Schlitz für die Nase zu versehen.

Die Reizwirkungen der Wechselkompresse sind nicht für jede Haut ratsam. Hat man unter geplatzten Äderchen zu leiden, sollte man allzu heißes oder kaltes Wasser meiden und nur eine lauwarme Kräuterkompresse auflegen. Auch bei trockener Haut ist Vorsicht am Platze, man legt am besten die Kompresse nur kalt oder feuchtwarm auf, das führt der Haut die notwendige Feuchtigkeit zu, ohne sie zu strapazieren. Besonders gute Erfolge erzielt man mit der heiß/kalten Wech-selkompresse bei fetter, unreiner und schlaffer Haut. Man sollte sie dann aber nicht öfter als einmal in der Woche anwenden.

Der Hitze- und Kältegrad der Kompresse richtet sich nach der Hautbeschaffenheit. Im allgemeinen läßt sich für die Anwendung folgende Faustregel aufstellen:

Normale Haut: feuchtwarme oder heiß/kalte Wechselkom-presse
Trockene Haut: feuchtwarme oder kühle Kompresse
Fette und unreine Haut: heiß/kalte Wechselkompresse

Mischhaut: partielle Anwendung oder feuchtwarme Kompresse

Alternde Haut: feuchtwarme, kühle, nur gelegentlich heiß/kalte Wechselkompresse

Die ausschließlich kalte Kompresse wendet man nur zur Erfrischung an, die ausschließlich heiße Kompresse, der keine kalte Auflage mehr folgt, ist zur Vorbereitung der nachfolgenden kosmetischen Behandlung gut geeignet. Nach ihrer Anwendung lassen sich die erweiterten Poren mit Lotionen betupfen, Mitesser befreien, Gesichtsmasken und Massagen anwenden.

Die heiße Kompresse wirkt nicht allein für das Gesicht wahre Wunder, nach einem alten japanischen Hausrezept lockert sie auch die Spannung im Nacken, unter der besonders Leute zu leiden haben, die den ganzen Tag sitzend verbringen. Für die Nackenkompresse wringt man das Handtuch in möglichst heißem Kräuterwasser aus und legt es mehrmals, so heiß man es verträgt, auf den Nacken.

DAS GESICHTSDAMPFBAD

Trotz der täglichen Reinigung braucht die Haut eine gelegentliche Generalreinigung, besonders dann, wenn man in stark schmutzender Umgebung lebt und die Haut Ruß, Staub und Abgasen ausgesetzt ist. Die tägliche normale Reinigung des Gesichts reicht unter diesen Bedingungen nicht aus, um die Poren gründlich zu säubern und alle abgestorbenen Hornzellen zu entfernen. Das Gesichtsdampfbad regt die Durchblutung der Haut an, und der zugefügte Kräuterzusatz kann mit Hilfe des warmen Dampfes die gewünschte Wirkung noch verstärken. Was die Haut während eines Dampfbads alles herausschwitzt, wird man feststellen, wenn man mit einer Papierserviette das dampfnasse Gesicht abtupft.

Anwendung: Man überbrüht eine Handvoll Kräuter oder Blüten mit einem Liter kochendem Wasser; die Pflanzen sollen nicht gekocht werden, da sie auf diese Weise wertvolle Wirkstoffe verlieren. Man beugt das Gesicht tief über den dampfenden Topf und breitet wie ein Zelt ein Frotteehandtuch über Kopf und Schüssel aus, damit kein Dampf entweichen kann. Unter dieser Sauna schwitzt man die angegebene Zeit und tupft anschließend das Gesicht mit einer Papierserviette ab. Je nach der Beschaffenheit der Haut bestimmt man den Hitzegrad und die Zeitdauer für das Dampfbad:

Normale Haut: etwa fünf Minuten – heiß
Trockene Haut: nur gelegentlich zwei bis drei Minuten – feuchtwarm
Fette und unreine Haut: etwa acht bis zehn Minuten – heiß
Mischhaut: etwa drei bis fünf Minuten – feuchtwarm
Alternde Haut: je nach Beschaffenheit feuchtwarm bis heiß, mit entsprechender Zeitdauer.

Nach dem Dampfbad muß das Gesicht erfrischt werden. Bei unempfindlicher Haut spritzt man das Gesicht mit eiskaltem Wasser ab, bei trockener Haut oder Mischhaut nimmt man nur lauwarmes Wasser oder Milch. Nach dem Dampfbad ist die Haut gut vorbereitet für eine leichte Gesichtsmassage oder die nachfolgende Behandlung mit einer Gesichtsmaske.

Das Schwitzen ist eines der besten Schönheitsmittel um eine frische, rosige und gut durchblutete Haut zu bekommen – es ist auch eine wirksame vorbeugende Maßnahme gegen das frühzeitige Altern, da die kräftige Durchblutung dazu beiträgt, die Gewebe zu festigen und die Muskulatur zu stärken. Nehmen Sie deshalb auch andere Gelegenheiten wahr, die Haut zum Schwitzen zu bringen – beim Spazierengehen, beim Sport, überm Kochtopf oder im Badezimmer.

KRÄUTERZUSÄTZE FÜR KOMPRESSEN UND GESICHTSDAMPFBÄDER

Die Wirkung der Heilkräuter spielt seit Menschengedenken eine große Rolle in der Kosmetik. Voraussetzung für ihre Anwendung ist, daß man über die Inhaltsstoffe der Pflanzen und über ihre spezielle Wirkung Bescheid weiß. Hier seien einige der für die Kosmetik wichtigsten Kräuter angeführt. Man erhält sie getrocknet in Kräuterhandlungen, in Apotheken oder im Reformhaus.

ALANT

Die Alantwurzel wird im Herbst geerntet. Man teilt sie der Länge nach und läßt sie im Schatten trocknen. Sie enthält Inulin, ätherisches Öl, Alantsäure, Kampfer, Azulen und Wachs.
Wirkung: Die feingeschnittene Wurzel wird abgekocht und der abgeseihte Sud zu Umschlägen oder Kompressen gegen unreine Haut verwendet.

ARNIKA

Die Arnikablüten und das blühende Arnikakraut enthalten Arnicin, ätherisches Öl, Gerbsäure, Harze, Fettsäuren, Inulin, Gallussäure, Ameisensäure und Wachs.
Wirkung: Arnika ist in erster Linie ein heilsames Wundkraut; man nutzt seine Wirkung und setzt dem Gesichtsdampfbad eine schwache Handvoll Arnika zu, wenn man unter sehr unreiner Haut zu leiden hat.

BORETSCH

Die schmackhaften Boretschblätter werden im frühen Sommer gesammelt und im Schatten getrocknet. Sie enthalten pflanzliche Schleimstoffe, etwas ätherisches Öl und Gerbstoff. Die Bezeichnung Boretsch stammt aus der lateinischen

Bezeichnung „Borago", dieser Name wurde dem arabischen „abo-rag" entlehnt, das heißt: „Vater des Schweißes."

Wirkung: Bei innerlicher wie bei äußerlicher Anwendung wirken die Boretschblätter stark schweißtreibend; als Aufguß oder Kompresse günstig für welke, müde und schlecht durchblutete Haut.

BRUNNENKRESSE

Das frische Kraut der Kresse enthält Mineralstoffe, Eisen und Jod. Frischer Kressesaft ist ein schönheitsförderndes Mittel, sowohl bei innerer wie auch bei äußerer Anwendung.

Wirkung: Feuchtwarme Kompressen reinigen und klären die Haut, vertreiben Mitesser und verstopfte Poren. In der Volksheilkunde verwendet man auch das frisch zerstoßene Kraut, um Sommersprossen zu bleichen.

FENCHEL

Die heilkräftige Wirkung des Fenchel liegt in den Wurzeln, die ätherische Öle, fette Öle und Eiweißsubstanzen enthalten.

Wirkung: Die heilende Wirkung des Fenchel ist uns besonders als Hustenmittel bekannt. Der Zusatz von Fenchel im Dampfbad hilft aber nicht nur, verstopfte Atemwege zu reinigen, er wirkt durch seinen hohen Ölgehalt wunderbar glättend und schonend bei trockener und spröder Haut.

HAMAMELIS

Der Hamamelis oder „Zaubernuß-Hexen-Hasel-Strauch" kann die Höhe eines Baumes bis zu sieben Metern erreichen und blüht gelb vom Herbst bis zum Winter. In den Blättern, in der Rinde und den Zweigen finden sich, besonders im Spätherbst, wirksame Inhaltsstoffe, vor allem Gerbstoffe, Wachs, Fett, Harz und ein intensiv duftendes ätherisches Öl.

Wirkung: Hamamelis ist eines der bestbewährten Schönheitsmittel, das sich vielseitig einsetzen läßt. Die Blätter im Dampfbad oder der Sud als Kompresse haben hochaktive adstringierende Eigenschaften, ohne die Haut zu strapazieren. Hamamelis wirkt durchblutend und entzündungshemmend und wird auch von der empfindlichen Haut gut vertragen.

HUFLATTICH

Blüten und Blätter des Huflattich enthalten pflanzlichen Schleim, Gerbstoff, ätherisches Öl, Kalium, Natrium, Kalzium, Magnesium, salpetersaure Salze und Schwefel. Die alten Naturheilkundigen und auch Pfarrer Kneipp waren voll des Lobes über die heilenden Fähigkeiten des Huflattich.
Wirkung: Der Schwefelgehalt des Huflattich ist besonders gut geeignet, die unschönen Merkmale der fetten Haut zu bekämpfen. Huflattich wirkt gegen Hautunreinheit und bringt Entzündungen schnell zum Abklingen. So führt auch die regelmäßige Anwendung eines Gesichtsdampfbads mit Huflattich zu einer eindeutigen Verbesserung der übermäßigen Talgdrüsenaktivität.

JOHANNISKRAUT

In der Volksheilkunde gilt das Johanniskraut als eine der wertvollsten Heilpflanzen. Die Blüten und das blühende Kraut sind reich an Bitterstoffen, Gerbstoff, Kohlehydraten, Harz, Eiweiß, verschiedenen Säuren und Stearin.
Wirkung: Die heilenden Kräfte des Johanniskrauts wirken in Dampfbädern und Kompressen reinigend, klärend, erfrischend und belebend und werden von der fetten, unreinen Haut ebensogut vertragen wie von der leicht entzündeten Mischhaut.

KAMILLE

In der Natur wächst die Kamille gern in der Nähe des Getreides und wird deshalb vom Landwirt als Unkraut im Feld nicht gern gesehen. Für die Schönheit und Gesundheit ist die Pflanze unendlich wertvoll. Wenn man die Kamille selbst sammeln will, muß man auf das Wetter achten, denn nur bei strahlender Sonne entwickelt die Pflanze ihren intensivsten

Gehalt. Die Kamillenblüte ist reich an schönheitsfördernden Wirkstoffen: ätherisches Öl, Harz, Gummi, Wachs, Fett, organische Säuren und das kostbare Kamillenöl sind in ihr enthalten.

Wirkung: Für Dampfbäder, Kompressen und Umschläge ist ein Zusatz von Kamillenblüten wunderbar geeignet, er wird von jeder Haut vertragen und wirkt günstig bei trockener und spröder Haut. Kamille klärt, reinigt, beruhigt und wirkt entzündungshemmend. Als Kräuterkompresse verwendet, mischt man drei Anteile Kamille mit je einem Anteil Lindenblüten, Rosmarin und Salbei, gibt die Kräutermischung in einen Mullsack und legt ihn kurz in kochendheißes Wasser. Dann breitet man ein Mulltuch übers Gesicht und legt die Sackkompresse darauf, so heiß, wie man es vertragen kann. Durch erneutes Eintauchen ins Wasser erwärmt man die Auflage ein zweites Mal. Wirkt erfrischend und belebend für jede Haut.

LINDENBLÜTE

Die Heilkraft der Lindenblüte steht seit altersher in hohem Ansehen, auch in Mythos und Sage spielt sie eine bedeutende Rolle. Ihre Blüten enthalten vor allem schweißtreibende Glykoside, Gummi, pflanzlichen Schleim, ätherisches Öl, Zucker, Kohlenwasserstoff und Vitamin C.

Wirkung: Die schweißtreibende Kraft der Lindenblüten läßt sich innerlich wie äußerlich ausnutzen. Die Lindenblüte entschlackt die Haut und reinigt sie gründlich von schädlichen Giftstoffen. Auch eine Mischung von je einer Handvoll Lindenblüten und Kamillenblüten sind als reinigende und heilende Zusätze für jede Haut geeignet.

MELISSE

Die Melisse, auch Zitronenmelisse genannt, strömt den Duft ihres ätherischen Öls, das Oleum Melissae, verschwenderisch aus. An heißen Tagen ist der süßliche, zitronenähnliche Geruch von weitem wahrnehmbar. Die Blätter und blühenden Sprossen der Melisse enthalten vor allem Mineralsalze, Gerbstoff und ein flüchtiges ätherisches Öl. Am bekanntesten wurde die gute Wirkung der Melisse durch den „Melissengeist", der vom Orden der barfüßigen Karmeliter 1611 in Paris als geheimes Wundermittel gegen alle Arten von Leiden angewendet wurde. *Wirkung:* In einem mittelalterlichen Kräuterbuch heißt es über die Melisse, „sie stärket und schärfet das Gesichte". Tatsächlich wirkt die Melisse als Kräuterzusatz erfrischend und entkrampfend bei müder, alternder Haut. Auch bei Migräne hat sich das Melissendampfbad gut bewährt.

PETERSILIE

Daß die gute alte Küchenpetersilie einen guten Ruf als Heilpflanze genießt, möchte man kaum glauben. Sie ist ein treuer Wächter über unsere Gesundheit, sie hilft, schweres Essen leichter verdaulich zu machen, denn sie verfügt über blähungstreibende, krampfstillende und gärungswidrige Fähigkeiten. Die Petersilie enthält vor allem ätherisches Öl mit dem darin enthaltenen Petersilienkampfer Apiol, daneben Öl und eine Reihe von Mineralstoffen. Auch die Petersilienwurzel ist reich an guten Wirkstoffen, und man sollte sie beim Kochen nicht achtlos in den Abfalleimer werfen.
Wirkung: Frische oder getrocknete Petersilie im Dampfbad oder als Kompresse wirkt durchblutungsfördernd, entzündungshemmend und beruhigend, besonders bei nervöser, überreizter Haut.

PFEFFERMINZE

Die Heilwirkung der Pfefferminze wird vor allem durch das Pfefferminzöl ausgelöst, das die Pflanze in hohem Maße enthält, aber auch durch Menthol, Gerb- und Bitterstoffe. Pfefferminzgeruch wird für viele kosmetische Mittel künstlich hergestellt, ist aber ein wertloses Ersatzmittel.
Wirkung: Abgesehen von seiner hervorragenden Wirkung bei der innerlichen Anwendung wirkt der Zusatz von Pfefferminze

in der kosmetischen Verwendung belebend und adstringierend, besonders bei fetter, unreiner und großporiger Haut. Auch bei beginnenden Erkältungen hilft das Pfefferminzdampfbad, die verstopften Atemwege zu reinigen.

ROSE

Die einfache Gartenrose ist ein altbewährtes Schönheitsmittel, denn die Blätter, die man in der Vollblüte sammeln sollte, enthalten ätherische Öle, Fett, Gerbstoff, Zucker, Zitronen- und Apfelsäure. In der Volksheilkunde steht die gute Wirkung der Rosenblätter in hohem Ansehen, und auch in der Homöopathie wendet man die Essenz der Rosenblätter als Herz- und Nervenstärkungsmittel an.

Wirkung: Der Zusatz von Rosenblättern für die äußerliche Anwendung von Gesichtsdampfbädern und Kompressen wird von jeder Haut vertragen. Man gibt zwei Handvoll Blätter in etwa 1 1/2 Liter kochendheißes Wasser, läßt etwa 10 Minuten ziehen und wärmt nochmals auf, ohne die Blätter zum Kochen zu bringen. Die Wirkung auf die Haut ist glättend und beruhigend.

ROSMARIN

Die durchblutungsfördernde Kraft des Rosmarin macht ihn zu einem vielseitig verwendbaren Schönheitsmittel. In der Antike war der Rosmarin der griechischen Göttin Aphrodite, der Göttin der Liebe und der Schönheit, geweiht; man schmückte nicht nur die Statuen der Götter mit einem Kranz aus Rosmarinblüten, auch den Kindern und Jungvermählten schenkte man Rosmarinzweige, um sie an die glücklichsten Augenblicke des Lebens zu erinnern.

Wirkung: Rosmarin wirkt durchblutungsfördernd, er macht die müde, abgespannte Haut munter, zart und weich. Seine Wirkung ist leicht gefäßerweiternd. Früher war man der Meinung, daß er als Wirkstoff gegen großporige und fette Haut ungeeignet sei, inzwischen hat man aber festgestellt, daß die leicht gefäßerweiternde Wirkung gerade bei der fetten, zu übermäßiger Talgabsonderung neigenden Haut gute Wirkung hat, da der Abfluß der Sekretion erleichtert wird. Wendet man den Rosmarin bei fetter Haut an, sollte man nach dem Gesichtsdampfbad kaltes Wasser oder ein adstringierendes Gesichtswasser gebrauchen.

SALBEI

Vom echten Salbei sammelt man nur die Blätter von der Blüte, die im Schatten getrocknet werden müssen. Der Geruch der Blätter sagt schon viel über ihre Wirkung aus: sie riechen balsamisch, würzig, stark nach Kampfer. Salbei enthält verschiedene ätherische Öle, Kampfer, Gerbstoff, Stärke und Eiweiß.
Wirkung: Der Salbei ist wie geschaffen für die Behandlung der fetten, unreinen Haut. Er reinigt, adstringiert, er führt den überflüssigen Talg schonend aus der Haut und hilft, entzündete Hautstellen zu heilen. Gemischt mit Zinnkraut und Kamille läßt er sich auch als erfrischende Kräuterkompresse auflegen. (Anwendung siehe unter Kamille.)

SCHAFGARBE

Achillea milleflium nennt man lateinisch die Schafgarbe. Achilles gebrauchte ihren Saft, um seine Verletzungen zu heilen. Das blühende Kraut enthält vor allem ätherisches Öl und Azulen; das Öl der Schafgarbe hat eine keim- und entzündungshemmende Wirkung. Auch das in der Schafgarbe vorzufindende Harz, Inulin, Eiweiß, Phosphat, Vitamin A und Chlorophyll spricht für seine guten Fähigkeiten bei innerer und äußerer Anwendung.
Wirkung: Die frisch verarbeitete Schafgarbe wirkt gut bei fetter und unreiner Haut. Die Pflanze ist jedoch insofern mit Vorsicht zu gebrauchen, da sie allergische Reaktionen auslösen kann. Bei großer Empfindlichkeit und Neigung zu Allergien und Hautrötungen sollte man deshalb die Schafgarbe meiden.

THYMIAN

Das Thymiankraut ist eine hocharomatische Pflanze, die ein hochwertiges ätherisches Öl, das Thymol, ferner Borneol, Gerbstoffe, Glykoside und Harze enthält. Der Gehalt des Thymianöls hängt vom Standort der Pflanze und vom Klima ab. Auch wenn man das Thymol inzwischen chemisch herstellen kann, so wird doch das natürliche Produkt dem künstlichen immer vorzuziehen sein.

Wirkung: Thymian ist eine stark antiseptisch wirkende Pflanze und ist gut gegen alle Entzündungen und Unreinheiten der Haut. Es öffnet und reinigt die Poren und reguliert die Tätigkeit der Talgdrüsen. Ein alter Rat aus dem Mittelalter besagt: „Wer ein unreines Gesicht hat, gebe viel Thymian in die Speisen." Auch für partielle Auflagen bei unreinen Hautstellen eignet sich Thymian vorzüglich.

WEISSDORN

Die schneeweißen Blüten des Weißdornstrauchs, der gern mit dem Schlehdorn verwechselt wird, sammelt man von Mai bis Mitte Juni und läßt sie an der Luft trocknen. Die Blüten und Früchte enthalten ätherisches Öl, Kalium, Natrium und phosphorsaure Salze.

Wirkung: Als „Schlafmütze" bezeichnet der Volksmund die Weißdornblüte, denn als Tee getrunken wirkt sie beruhigend und nervenstärkend. Und auch bei äußerlicher Anwendung helfen die kleinen weißen Blüten, trockene und nervöse Haut zu besänftigen.

ZINNKRAUT

Im Zinnkraut findet man hauptsächlich Kieselsäure, organische Säuren, Kalk- und Natriumsalze, Eisen, Magnesium, Aluminium- und Kaliumchlorid. Die guten Heilwirkungen der blütenlosen Pflanze waren schon im Altertum bekannt, man setzte sie vor allem für Kieselsäuretherapien ein. Sogar neuere Forschungsergebnisse berechtigen zu der Annahme, daß das

Zinnkraut bei innerer Einnahme durch Teeaufbrühung Geschwüre heilen hilft.

Wirkung: Das Zinnkraut hat eine zusammenziehende und porenverengende Wirkung. Bei Hautflechten, Ekzemen, unreinen Poren und Mitessern tut es gute Dienste.

PACKUNGEN UND MASKEN

Der Unterschied zwischen einer Packung und einer Maske besteht darin, daß die Packung aus einer luftdurchlässigen Auflage besteht, während die Maske die Haut nach dem Trocknen der Auflage völlig luftundurchlässig abschließen soll. Die Packung bleibt auf der Haut porös und muß nicht unbedingt naß abgenommen werden; die Maske muß nach einer entsprechenden Einwirkungszeit mit Wasser oder einer nassen Kompresse entfernt werden. Den feinen Unterschied zwischen der Bezeichnung Packung und Maske gebraucht man nur in der deutschen Sprache; im Englischen versteht man unter „Pack" sowohl Maske wie Packung, und auch im Französischen umfaßt der Begriff „Masque" beide Arten der Auflage.

Maske und Packung haben unterschiedliche Wirkungen auf die Haut. Die Packung hat eine pflegende Wirkung, sie erfrischt, belebt, ist entzündungshemmend, adstringierend oder porenerweiternd, je nach der Auswahl, die man für die Auflage trifft. Die Maske dagegen wirkt durch ihre verfestigende Fähigkeit stark durchblutend, straffend, aber auch nährend und beruhigend. Die Maske sollte man nicht so häufig anwenden wie die Packung, am besten nur für besondere Gelegenheiten, denn meist ist ihre Wirkung nicht von allzu langer Dauer. Nach einer Gesichtsmaske ist zwar die Haut sehr schön durchblutet, die Falten sind geglättet und die Haut wirkt rosig und gekräftigt; dauerhaft anhaltend ist die Wirkung jedoch nur, wenn die Maske auch nährende und aufbauende Stoffe enthält.

Anwendung: Vor jeder Behandlung mit einer Maske oder Packung muß die Haut gründlich gereinigt werden; besonders aufnahmefähig wird sie, wenn man vor der Anwendung eine warme Kompresse auflegt.

Man bereitet alles vor, was man braucht: die fertig zubereitete Auflage, eine Spachtel oder einen Pinsel zum Auftragen der breiigen Masse, mit Augenlotion getränkte Wattebäusche oder feuchtwarme Kamillenteebeutel, eine elastische Binde oder ein Handtuch, um das Haar zurückzubinden, eine Schüssel mit warmem Wasser oder warmem Kräuterabsud sowie ein Kompressentuch zum Abwaschen.

Einzelne Regionen des Gesichts werden beim Auftragen der Maske immer frei gelassen: die Augen und ihre unmittelbare Umgebung, die Augenbrauen und der vordere Teil des Halses, die Haut über der Schilddrüse. Das Auftragen der breiigen Auflagen beginnt am Kinn, über die äußeren Wangenpartien hinauf bis zur Stirn, bis diese vollständig bedeckt ist. Von der Nase ausgehend streicht man die Auflage, mit ein wenig Abstand, unter den Augen entlang über die Wangen auf. Die Haut unter den Augenbrauen bleibt frei. Zum Schluß bestreicht man die Nase, zuerst den Nasenrücken und dann die Seiten. Der Hals wird immer von unten nach oben eingestrichen. Die Auflage wirkt besonders intensiv, wenn man sich ruhig hinlegt, die Beine hochgelagert und während der Einwirkungszeit entspannt liegenbleibt. Danach nimmt man die Auflage ohne Reiben und Zerren mit Wasser oder Kräuterabsud ab. Bei erstarrten Masken legt man ein feuchtes Kompressentuch auf, bis die Maske auf der Haut langsam erweicht.

Nach der Behandlung spült man mit lauwarmem und am Schluß mit kühlem oder kaltem Wasser, je nach Hautverträglichkeit, nach und verwendet zur anschließenden Pflege ein erfrischendes Gesichtswasser, Fett- oder Feuchtigkeitscreme.

CREME-PACKUNG

Frische Nährcremes eignen sich gut als verbandartige, dicke Auflage. Man trägt sie fingerdick auf und läßt sie mindestens 30 Minuten einwirken. Bei fetter, unreiner und entzündeter Haut eignet sich auch eine Cremeauflage aus reiner Zinksalbe. Die Cremepackung wird ohne Wasser mit einem Zellstofftuch abgenommen.

Wirkung: Die Cremepackung hat einen glättenden und nährenden Effekt; nach ihrer Anwendung wirkt die Haut gesättigt und gut durchblutet.

ERDBEER-PACKUNG

Man zerdrückt einige frische, gut gewaschene Erdbeeren mit der Gabel und rührt sie mit etwas süßer Sahne und einem Teelöffel reinen Bienenhonig zu einer Paste, die man auf Gesicht und Hals etwa 20 Minuten einwirken läßt. Erdbeeren sind ein bewährtes Schönheitsmittel, ihr hoher Schwefelgehalt wirkt sich sehr günstig auf den Teint aus. Man kann auch mit frischen, zerteilten Erdbeeren das Gesicht abreiben und den Saft eine Weile einwirken lassen.

Wirkung: Vorsicht bei allergisch reagierender Haut! Für normale, trockene und Mischhaut wirkt die Erdbeerpackung nährend und beruhigend.

HAFERMEHL-MASKE

Man vermischt ein paar Löffel ungebleichtes Hafermehl aus dem Reformhaus mit frischer Sahne, bis eine streichfähige Paste entsteht. Will man die Maske heiß ansetzen, nimmt man heiße Milch und fügt der Paste ein paar Tropfen Zitronensaft zu. Einwirkungszeit 20 Minuten. Mit feuchtwarmer Kompresse abnehmen.

Wirkung: Die kalt angesetzte Hafermehlmaske mit Sahne wirkt erfrischend und reinigend, sie ist auch für die trockene,

empfindliche Haut geeignet. Die heiß aufgetragene Maske wirkt
reinigend aber auch zugleich durchblutungsfördernd, besonders
bei unreiner Haut.

HONIG-GELEE-STRAFFUNGSMASKE

3,5 g Gelatine werden mit 10 g Rosenwasser (Apotheke)
übergossen und zum Quellen gebracht, dann werden weitere
20 g Rosenwasser dazugegeben und das Ganze im Wasserbad
erwärmt, bis die Mischung sich verflüssigt. In einem zweiten
Wasserbad erhitzt man 20 g destilliertes Wasser zusammen mit
10 g Bienenhonig, anschließend rührt man die beiden Mischungen zusammen. Sobald die Mischung geliert, wird sie dünn auf
Gesicht und Hals gestrichen, nach 30 Minuten mit heißem
Wasser abnehmen, anschließend kalt nachspülen.
Wirkung: Die Herstellung der Spannmaske ist etwas umständlich, die angegebenen Mengen sind deshalb für mehrmaligen
Gebrauch gedacht. Die Mischung sollte kühl gelagert werden;
vor Gebrauch im Wasserbad leicht erwärmen. Die Maske ist gut
verträglich für jede Haut.

KRÄUTER-PACKUNG

Zwei bis drei Eßlöffeln Quark setzt man eine Handvoll
frischgehackter Petersilie zu. Den Brei auftragen und nach einer
Einwirkungszeit von 30 Minuten warm abwaschen. Damit die
Auflage nicht abrutscht, legt man eine feine Mullkompresse
darüber.
Wirkung: Erfrischend und beruhigend; für nervöse, strapazierte (Großstadt-)Haut gut geeignet.

MANDELMEHL-REINIGUNGSMASKE

Man verrührt etwas Mandelmehl mit warmer Milch zu einem
dicken Brei und trägt ihn auf Gesicht und Hals auf. Nach etwa
15 Minuten mit warmem und zum Schluß mit kaltem Wasser
abspülen.
Wirkung: Reinigend und glättend, für jede Haut geeignet.

PFIRSICH-PACKUNG

Man zerquetscht einen reifen Pfirsich mit der Gabel und
verteilt den Brei über Gesicht und Hals. Mit feuchter Kompresse abdecken und nach 20 Minuten lauwarm abwaschen.
Wirkung: Erfrischt und glättet, gut für jede Haut.

SALAT-PACKUNG

Große, gut gewaschene Salatblätter vom grünen Salat in
Olivenöl tauchen, abtropfen lassen und mit etwas Zitronensaft
beträufeln. Aufs Gesicht legen, fest andrücken und eine feuchte
Kompresse darüberbreiten. Nach 25 Minuten abnehmen.
Wirkung: Sehr erfrischend und beruhigend, für jede Haut
geeignet.

SCHWEDISCHE SCHÖNHEITSPACKUNG

3 Eßlöffel Quark werden mit süßer Sahne und einem Eßlöffel
Bienenhonig zu einer festen Creme verrührt, die man auf
Gesicht und Hals streicht. Der Honig soll nicht erwärmt
werden.
Wirkung: Reinigend und glättend; wird von jeder Haut gut
vertragen.

WEIZENMEHL-MASKE

Man verrührt etwas ungebleichtes Weizenmehl mit warmer
Milch und angewärmtem Honig zu einem dicken Brei. Statt
Milch kann man auch einen warmen Kräuterabsud aus Kamille
oder Lindenblüten zugeben, wobei sich der Zusatz von Honig
erübrigt. Den warmen Brei dick auftragen und nach 15 Minuten
mit warmer Milch oder Kräuterwasser abwaschen.
Wirkung: Reinigend und glättend, für die Mischhaut gut
geeignet.

ZITRONEN-REINIGUNGSPACKUNG

Man teilt eine ungespritzte Zitrone in zwei Hälften, drückt
eine Hälfte aus und füllt sie mit einem Eigelb. Einige Stunden

stehenlassen. Das Eigelb nimmt ätherische Öle aus der Zitronenschale auf. Wenn man die Packung aufträgt, setzt man dem Eigelb noch einige Tropfen Zitronensaft zu. Nach 20 Minuten Einwirkungszeit warm abwaschen und kalt nachspülen.
Wirkung: Reinigend, adstringierend und glättend.

Für trockene, empfindliche Haut

AVOCADO-PACKUNG

Eine reife, weiche Avocadofrucht wird der Länge nach geteilt und das Fruchtfleisch einer Hälfte mit einem halben Eigelb zu einer streichfähigen Paste verrührt und mit ein paar Tropfen Zitronensaft vermischt. Auf Gesicht und Hals auftragen, 20 Minuten einwirken lassen, warm abwaschen.
Wirkung: Nährend und belebend für trockene, spröde und empfindliche Haut.

BANANEN-PACKUNG

Eine Banane wird mit der Gabel zerdrückt und mit Sahne oder Quark zu einem festen Brei verrührt. Den Brei auf die Haut auftragen und nach etwa 15 Minuten mit lauwarmem Wasser abnehmen.
Wirkung: Glättet und belebt trockene, empfindliche Haut.

EIGELB-MASKE

Ein Eigelb und ein Teelöffel Bienenhonig werden mit ein paar Tropfen frischem Olivenöl verquirlt. Mit dem Pinsel auftragen und nach etwa 20 Minuten Einwirkungszeit mit warmem Wasser abspülen.
Wirkung: Nährend und glättend, für empfindliche und trockene Haut geeignet.

EIGELB-REINIGUNGSMASKE

Ein Eigelb wird mit ein paar Tropfen süßem Mandelöl und mit ein paar Tropfen Zitronensaft verrührt. Gesicht und Hals

damit bestreichen und 5 bis 10 Minuten einziehen lassen; mit lauwarmem Wasser abnehmen.
Wirkung: Reinigend und erfrischend bei empfindlicher Haut.

HAFERFLOCKEN-PACKUNG

Zwei Eßlöffel feinste Haferflocken mit warmer Milch oder Sahne zu einem Brei verrühren und etwas quellen lassen. Auf Gesicht und Hals auftragen, nach etwa 20 Minuten mit lauwarmer Milch abwaschen.
Wirkung: Glättend und nährend, für normale, trockene und empfindliche Haut geeignet.

HIMBEER-PACKUNG

Man zerdrückt eine Handvoll frischer Himbeeren mit der Gabel und verrührt sie mit etwas süßem Rahm und einem Teelöffel Bienenhonig zu einer streichfähigen Paste, die man auf Gesicht und Hals aufträgt. Mit feuchter Kompresse abdecken und nach 20 Minuten warm abwaschen.
Wirkung: Nährend und glättend, bei trockener, empfindlicher Haut.

KAROTTEN-PACKUNG

Man vermischt ein Eigelb mit etwas frischem Karottensaft und einigen Tropfen Olivenöl zu einer Paste. Über Gesicht und Hals verteilen, nach 30 Minuten warm abwaschen.
Wirkung: Nährend bei trockener Haut.

MAYONNAISE-PACKUNG

Man verrührt einige Tropfen Zitronensaft mit einem halben Eigelb und schlägt so lange frisches Olivenöl dazu, bis eine dickliche Creme entsteht. Auf Gesicht und Hals streichen, etwa eine halbe Stunde einwirken lassen und anschließend mit warmem Wasser abwaschen.
Wirkung: Nährend und glättend bei trockener, spröder und abgespannter Haut.

ÖL-PACKUNG

Die Ölpackung wird nicht direkt auf die Haut aufgetragen; man tränkt ein gesichtsgroßes Stück Watte, in das man Löcher für Mund und Nase geformt hat, mit angewärmtem, frischen Olivenöl, Mandelöl, Weizenkeimöl oder Avocadoöl. Man läßt den Belag mindestens 25 Minuten auf die Haut einwirken und tupft anschließend das überschüssige Öl mit einer Papierserviette ab.

Wirkung: Das warme Öl ist ein vorzügliches Mittel, um trockene, spröde und nervöse Haut zu beruhigen und zu glätten.

PASTA POPPAENANA

Das klassische Rezept dieser Mehlpackung besteht aus einem dicken warmen Brei aus Weizenmehl und warmer Milch. Um die Auflage warmzuhalten, legt man nach der Anwendung eine feuchtwarme Kompresse über das Gesicht. Nach 20 Minuten mit warmer Milch abwaschen.

Wirkung: Glättend und nährend; für trockene, empfindliche und Mischhaut geeignet.

QUARK-HONIG-PACKUNG

Zwei Eßlöffel Quark werden mit einem Eßlöffel erwärmtem Bienenhonig verrührt. Ist die Haut sehr trocken, gibt man noch ein paar Tropfen süßes Mandelöl dazu. Nach einer Einwirkungszeit von 30 Minuten lauwarm abwaschen.

Wirkung: Erfrischend und glättend bei trockener und spröder Haut.

SÜSSE SAHNE-PACKUNG

Zwei Eßlöffel Quark werden mit süßer Sahne und einem halben Eidotter zu einer Paste verrührt. 15 Minuten einwirken lassen.

Wirkung: Belebend und reinigend, glättend und nährend für die trockene und überempfindliche Haut.

Für fette, unreine und problematische Haut

EIWEISS-MASKE

Eiweiß wirkt stark spannend und porenverengend, man sollte es deshalb nur dann anwenden, wenn man zu einem bestimmten Anlaß schnell die müde und abgespannte Haut munter machen möchte. Man kann das Eiweiß entweder direkt auf die Haut auftragen oder das zu Schnee geschlagene Eiweiß auflegen, wobei man noch einige Tropfen Zitronensaft untermischt. Nach etwa 10 Minuten Einwirkungszeit mit lauwarmem Zitronenwasser abwaschen.

Wirkung: Glättend und belebend, für fette, schlecht durchblutete und alternde Haut geeignet.

GURKEN-PACKUNG

Man verteilt die dünn aufgeschnittenen Gurkenscheiben auf Gesicht und Hals und legt eine feuchte Kompresse darüber, damit die Scheiben nicht verrutschen können und feucht bleiben. Etwa 20 Minuten einwirken lassen.

Wirkung: Adstringierend und erfrischend, gut gegen große Poren bei unreiner und fetter Haut.

HEFE-KUR

Bei unreiner Haut wendet man die Hefe-Kur sowohl innerlich wie äußerlich an: täglich zweimal, am besten morgens und abends, schluckt man ein haselnußgroßes Stück frische Backhefe und legt zweimal wöchentlich eine Hefe-Gesichtspackung auf. Die Packung bereitet man zu, indem man die Backhefe mit lauwarmer Milch zu einem streichfähigen Brei verrührt, der mit dem Pinsel auf Gesicht und Hals aufgetragen wird. Sobald die Masse erstarrt ist, mit lauwarmem Wasser abwaschen. Die Hefe-Kur sollte man etwa vier bis sechs Wochen durchführen, am besten im Frühjahr und Herbst.

Wirkung: Reinigend und glättend bei unreiner Haut.

HEILERDE-MASKE

Als Grundlage für einen Brei ist die Heilerde gut geeignet mit verschiedenen Flüssigkeiten vermischt zu werden, wodurch sich jeweils unterschiedliche Wirkungen erzielen lassen. Heilerde, nur mit warmem Wasser zu einem Brei verrührt, spannt und strafft die großporige, fahle und fette Haut und ist auch für Auflagen an unreinen Hautpartien des Rückens und der Oberarme geeignet. Einwirkungszeit: Bis die Auflage fest wird.

Will man die stark spannende und straffende Wirkung der Heilerde abmildern, setzt man dem Brei, je nach Bedarf, süße Sahne, Eigelb, süßes Mandelöl oder einen warmen Kräuterabsud bei, z. B. Kamillentee oder Salbeitee bei unreiner Haut. Auch frischgepreßter Gurken- oder Karottensaft kommen in Frage.

Wirkung: Heilend, straffend, porenverengend. Für die fette Haut oder zur partiellen Anwendung bei unreinen Hautstellen geeignet.

HOLLYWOOD-MASKE

Zwei Eßlöffel Hafermehl werden mit einem Eiweiß vermischt und mit dem Schneebesen geschlagen. Die Paste läßt man 20 Minuten auf die Haut einwirken, bis sie trocken ist, und reibt sie dann vorsichtig mit einem trockenen Tuch ab. Anschließend das Gesicht mit heißem und zuletzt mit kaltem Wasser abspülen.

Wirkung: Straffend, reinigend und durchblutend bei fetter Haut.

HONIG-EIWEISS-MASKE

Ein Eiweiß zu Schnee schlagen, drei Eßlöffel Bienenhonig zugeben und mit ungebleichtem Weizenmehl zu einem Brei rühren. Auf Gesicht und Hals auftragen und 30 Minuten einwirken lassen. Mit heißem und am Schluß mit kaltem Wasser abspülen.

Wirkung: Klärend und straffend, für fette Haut geeignet.

KLEIE-MASKE

Wegen ihres hohen Vitamingehalts und ihrer entzündungs-hemmenden Wirkung ist die Kleie ein ausgezeichnetes Misch-mittel zur Herstellung einer Maske.

Man vermischt die feingemahlene Weizenkleie warm oder kalt zu einem Brei, indem man entweder warme Milch, Honig, süße Sahne oder ein Eigelb verwendet. Einwirkungszeit etwa 30 Minuten.

Wirkung: Entzündungshemmend, nährend und erfrischend. Gut für unreine Mischhaut, wird auch von trockener Haut gut vertragen.

LEINSAMEN-MASKE

Zwei bis drei Eßlöffel feingeschroteter Leinsamen mit etwas kochendheißem Wasser oder heißer Milch zu einem Brei rühren und, so heiß es die Haut verträgt, auf Gesicht und Hals auftragen. Darüber gibt man eine heiße Kompresse, um den Brei und die Hitze festzuhalten. Mindestens 20 Minuten einwirken lassen, mit heißem Wasser abwaschen und kalt nachspülen.

Wirkung: Reinigt und öffnet die Poren; nährend und heilend, bei fetter und unreiner Haut zu empfehlen.

SAUERKRAUT-PACKUNG

Eine Handvoll rohes Sauerkraut auf Gesicht und Hals verteilen, eine feuchte Kompresse darüber legen, damit nichts verrutschen kann. Nach 20 Minuten abnehmen.

Wirkung: Erfrischt, wirkt adstringierend bei großen Poren.

Für müde und strapazierte Haut

BOHNEN-PACKUNG

Eine Tasse weiße Bohnen weich kochen und durch ein Sieb drücken. Dem Brei fügt man einen Eßlöffel Weizenkeimöl oder

159

süßes Mandelöl, den Saft einer $1/4$ Zitrone und einen Eßlöffel Bienenhonig bei. Warm auftragen und nach 15 Minuten mit heißem Wasser abwaschen, anschließend kalt nachspülen.

Wirkung: Straffend und glättend, für alternde Haut gut geeignet.

HONIGBREI-MASKE

Zwei Eßlöffel Bienenhonig werden mit zwei Eßlöffel Gerstenmehl und einem Eiweiß vermischt und mit dem Pinsel auf Gesicht und Hals aufgetragen. Um die Paste streichfähig zu machen, wird der Bienenhonig leicht erwärmt. Warm auftragen, 30 Minuten einziehen lassen, mit heißem Wasser abwaschen und kalt nachspülen.

Wirkung: Nährend und straffend. Als Straffungsmaske gegen Falten gut geeignet, sollte aber nicht zu häufig angewendet werden.

KARTOFFELBREI-PACKUNG

Aus Amerika stammt dieses gute Rezept, zu dem man nicht mehr als eine große frisch ausgedrückte heiße Pellkartoffel, etwas frische Milch und ein Eigelb braucht. Man vermischt alles zu einem dicken Brei, erhitzt ihn im Wasserbad und trägt ihn so heiß, wie man es verträgt, auf Gesicht und Hals auf. Auf die Packung wird eine heiße Kompresse gelegt, das hält die Packung feucht und erhöht die Wirkung. Nach 20 Minuten mit heißem Wasser abwaschen und kalt nachspülen.

Wirkung: Belebt und erfrischt müde Haut, macht spröde Haut geschmeidig.

PARAFFIN-MASKE

Mit Hilfe eines flachen Pinsels bestreicht man das Gesicht mit etwa 40 g geschmolzenem Paraffin, bis man einen dicken Überzug erreicht hat. Dann läßt man die Masse erstarren und schält sie nach einer halben Stunde von der Haut ab.

Wirkung: Die Anwendung der Paraffinmaske ist generell nicht zu empfehlen; sie wird sehr häufig schlecht vertragen und kann zu Hautreizungen führen.

QUARK-PACKUNG

Zwei bis drei Eßlöffel Quark vermischt man mit dem Saft einer ganzen Zitrone und einem Eßlöffel Milch. Die Auflage auf Gesicht und Hals auftragen, eine halbe Stunde abgedeckt einwirken lassen, kalt abspülen.

Wirkung: Als Kur sollte man die Packung zwei- bis dreimal wöchentlich anwenden; wirkt durchblutend und belebend bei alternder Haut.

TONERDE-MASKE

Die Tonerde-Maske bewirkt eine gründliche, straffende Spannung der Haut. Sie kann jedoch, unsachgemäß angewandt, die Haut auch austrocknen, die Poren erweitern und Hautreizungen bewirken. Ihre Anwendung gehört in die Hand einer erfahrenen Kosmetikerin.

8

DAS BAD

Die Pflege der Haut beginnt mit Wasser und die richtige Anwendung von Wasser spielt in der Körperpflege eine wichtige Rolle. Wannenbäder, Duschen, Waschungen, Auflagen, Wickel, Dämpfe, Güsse, Wechsel- und Sitzbäder werden einerseits zur Reinigung und Schönheitspflege, andererseits als therapeutische Maßnahme bei bestimmten gesundheitlichen Störungen angewandt. Das klingt alles mehr nach Gesundheit als nach Badevergnügen, in Wirklichkeit aber bedeutet das Wasser für den Menschen viel mehr. Die überraschendste Erklärung darüber gab der englische Zoologieprofessor Sir Alister Hardy ab. Er ist der Meinung, die Urahnen der Menschen seien von den Bäumen tropischer Urwälder herabgestiegen, um sich für die nächsten zehn Millionen Jahre im Wasser zu tummeln. Und diese „wassersüchtige" Phase der Menschheit sei auch der Grund dafür, weshalb der Mensch im Gegensatz zum Tier statt des schützenden Haarkleides ein im Wasser gut isolierendes Fettpolster unter der Haut entwickelt habe. Und damit würde auch die unter allen Landlebewesen so hervorragende Schwimmkunst des Menschen und seine stromlinienförmige Gestalt verständlich.

Welchen Umständen wir auch unsere Stromlinienform verdanken, lieben wir die Badewanne nicht nur, weil uns das Wasser reinigt. Es ist etwas Beruhigendes und Wohltuendes, in einer Wanne mit warmem Wasser zu liegen, besonders dann, wenn das Badewasser durch einen duftenden Badezusatz bereichert ist. Zum Schrecken aller Dermatologen soll es sogar Leute geben, die stundenlang in der Badewanne lesen oder auf Badewannentabletts Patiencen legen. Für das seelische Wohlbefinden mag das zwar recht erbaulich sein, für die Haut ist es aber schlecht, denn das lange Baden entzieht ihr zuviel Fett und macht sie trocken und spröde. 15 bis 20 Minuten ist für ein warmes Wannenbad genug, meinen die Ärzte.

Abgesehen von der Frage der Reinigung ist der kosmetische und therapeutische Wert von warmen Wannenbädern der Menschheit seit langem bekannt. Die heilsame Wirkung des Wassers hat vor allem der Wörishofener Pfarrer Kneipp erkannt. Er schrieb darüber: „Das Wasser weckt, wenn es im Frühling und Sommer zur Erde niederfällt, überall neues Leben und Gedeihen, regt in der Pflanzenwelt alle Organe zum Leben, zu erhöhter Tätigkeit an. Es erfrischt und belebt auch die Körperteile, welche alle zivilisierten Menschen täglich zu reinigen gewohnt sind. Sollte dies nicht ein Fingerzeig für den Menschen sein, daß das Wasser ebenso geeignet sein dürfte, die krankhaften Stoffe aus dem Körper auszuleiten, auszuwaschen, den Körper in seiner Gesamtheit zu erfrischen, zu beleben und zu stärken, den gesunden wie den kranken?"

Zu Kneipps Zeiten war das Wannenbad noch eine richtige Zeremonie, die höchstens einmal in der Woche stattfand. Zuerst mußte das Wasser in großen Zubern auf dem Feuer erhitzt werden, dann mußte man es in den Baderaum schleppen und wenn das Wasser während des Badens in der Holzwanne abkühlte, mußte eilig heißes Wasser nachgegossen werden. Um dem Badewasser einen angenehmen Duft und einen besonderen Zusatz für die Schönheitspflege zu geben, benutzten manche exzentrischen Damen der Vergangenheit wunderliche Badezusätze, die man heute wohl kaum noch ausprobieren kann. Sie badeten in frisch gemolkener Milch, zermatschten Erdbeeren, Himbeeren und Gurken, Wäschestärke, in kleingehacktem Gemüse und Spinatwasser. Obwohl ich mir vorstellen kann, daß kleingehacktes Gemüse in der Badewanne viel weniger unangenehm ist als ein waschaktives Schaumbad aus der Massenfertigung der Kosmetikindustrie, gibt es aus der Vergangenheit auch viele, leicht anzuwendende Mittel für das Bad, deren kosmetischer Wert ganz unbestritten ist.

Bevor man den Zusatz für ein Wannenbad bereitet, sollte man wissen, ob man einen erfreulichen Duft in der Wanne haben will oder ob bestimmte Ziele mit dem Bad verbunden sein sollen. Will man nur ein Reinigungsbad nehmen oder braucht man einen Zusatz, um munter oder müde zu werden? Will man etwas gegen die fette, die trockene oder unreine Haut unternehmen oder soll das Bad nur der allgemeinen Regeneration dienen?

Welche Art des Badens man wählt, hängt vom Zweck des Bades und von der Empfindlichkeit des Badenden ab. Im Land der heißen Wannenbäder, in Japan, bezeichnet man ein Bad mit einer Wassertemperatur von 42–45 Grad als heiß, einer Temperatur, die uns viel zu heiß erscheint. Als heißes Bad gilt in unseren Breitengraden ein Bad von 37–39 Grad, aber trotzdem bestehen ärztlicherseits keine Einwände gegen heißere Bäder für alle, die es gut vertragen. Bei großer Wärme nimmt die Haut mehr Blut auf, wodurch an der Hautoberfläche auch mehr Wärme abgestrahlt werden kann. Auch die Schweißdrüsen treten in Funktion und sondern vermehrt Giftstoffe ab. Erst kürzlich fanden japanische Mediziner heraus, daß zahlreiche Gifte – insbesondere das gefürchtete Blei aus den Auspuffgasen, oder auch das gefährliche Quecksilber – am wirksamsten mit dem Schweiß ausgeschieden werden. Durch diese Fähigkeit zu entgiften, übertrifft die Haut sogar die Funktion der Nieren, denn sie kann bis zu 50% der Nierenfunktion ersetzen und manche Gifte aus dem Körper schwemmen, wenn die Nieren mit ihrer Arbeit nicht nachkommen.

BADEZUSÄTZE

Reinigende Bäder

Das warme Wasser selbst besitzt bereits die Fähigkeit zu reinigen, das allein reicht aber nicht aus, um alle fetten und klebrigen Bestandteile von der Haut zu lösen. Man verwendet deshalb ein Lösungsmittel; das einfachste und beste ist immer noch die Seife. Man darf aber die Seife und das meist harte Wasser nicht als ausreichende Pflegemittel für die Haut betrachten. Es empfiehlt sich deshalb, beim Reinigungsbad dem Wasser eine Handvoll Borax zuzufügen, um es weich zu machen. Je härter das Wasser ist, desto mehr Borax setzt man zu. Borax wirkt auch leicht entfettend und reinigend.

Fertige Schaumbäder, Kräuterduschen oder Cremeschaumbäder sind ebenfalls zum Reinigen der stark verschmutzten Haut zu empfehlen. Hautpflegend sind sie zwar nicht, da sie waschaktive Stoffe enthalten, welche die Haut austrocknen. Man kann Schaumbäder gelegentlich verwenden, wenn man eine stark verschmutzte und zudem noch fette Haut hat. Bei trockener, empfindlicher oder alternder Haut sind sie generell ungeeignet.

Aus England stammt ein altes Hausrezept für das Reinigungsbad, das zu empfehlen ist, wenn man gründlich sauber werden will. Ein Stück Badeseife wird in die trockene Badewanne unter den Wasserhahn gelegt, dann läßt man das heiße Wasser langsam und stetig auf die Seife laufen. Die Seife bleibt auf ihrem Platz liegen, und ist die Wanne voll eingelaufen, hat man ein fein duftendes, gut reinigendes Seifenbad.

Milchbäder

Die Verwendung von Milch und Buttermilch im Badewasser ist ein herrliches Mittel, um die Körperhaut zu glätten. Im

Milchbad wird die Haut samtig weich und zart. Man benutzt keine Seife, um die Wirkung der Milch nicht zu beeinträchtigen.

BUTTERMILCHBAD

Zum Buttermilchbad braucht man nicht mehr als drei Liter Buttermilch auf eine volle Wanne Wasser. Man schüttet die Milch ins heiße Wasser, sie macht das Wasser weich und duftend. Das Bad darin wirkt sehr erfrischend, es hilft die Körperhaut regenerieren.

BUTTERMILCH-ÖL-KUR

Dieses Baderezept stammt von der Schauspielerin Nadja Tiller: Vor dem Baden massiert sie den ganzen Körper mit Olivenöl ein, insbesondere die Fußgelenke und die Ellbogen. Dann gießt sie drei Liter Buttermilch ins heiße Badewasser und steigt hinein. Die Verbindung von Öl, Buttermilch und warmem Wasser ist eine ideale Pflege der trockenen Haut.

HONIGMILCH-BAD

Dieses Bad ist ein wahres Luxusbad, nicht ganz billig. Das Rezept stammt aus Frankreich, es wurde von jenen Damen erfunden, die sich eine Haut wie Milch und Honig bewahren wollten. Tatsächlich bekommt man durch das Milchbad mit Honig eine weiche, zarte Haut und glänzende Schultern.

Für eine Badewanne rechnet man etwa einen Liter Milch und eine Kaffeetasse voll Bienenhonig. Die Milch wird leicht erwärmt und der Bienenhonig darin aufgelöst. Sobald der Honig völlig aufgelöst ist, schüttet man die Mischung ins Badewasser. Wer besonders trockene Haut hat, kann die angegebenen Mengen auch verdoppeln. Der Honig löst sich in der Milch und im heißen Badewasser vollkommen auf, keine Sorge also, daß ein klebriger Honigfilm auf der Haut zurückbleiben könnte.

HONIGMILCH-BAD À LA NINON DE L'ENCLOS

Das Rezept der französischen Marquise stammt aus dem 17. Jahrhundert. Man erzählte sich von der Dame, sie sei mit siebzig Jahren noch so schön gewesen, daß ein Jüngling in Leidenschaft für sie entflammt sei. Sie selbst soll ihr blühendes Aussehen ihren Honigmilch-Bädern verdankt haben, die sie zur Entschlackung der Haut mit Salz anreicherte.

Für das Bad braucht man ein Pfund Kochsalz, einen Liter Milch und eine Tasse voll Bienenhonig. Man schüttet das Salz in die trockene Badewanne und läßt heißes Wasser darauflaufen, damit es sich auflösen kann. Inzwischen hat man die Milch erwärmt und den Honig darin aufgelöst. Die Honigmilch wird nun ebenfalls ins heiße Wasser geschüttet.

Salz, Milch und Honig sind auch heute noch vorzügliche Mittel, um die Haut zu pflegen. Das Bad wirkt sehr erfrischend, aber man kann es trotzdem vor dem Schlafengehen nehmen. Bei sehr trockener Haut sollte man die Menge des Salzes reduzieren und stattdessen die Menge der Milch erhöhen.

MILCH-KLEIE-BAD

Für dieses Bad benötigt man drei Liter Milch und 250 g Weizenkleie, die man im Reformhaus kaufen kann. Die Milch wird in einem entsprechend großen Topf erwärmt und die Weizenkleie in die warme Milch eingerührt. Nun läßt man alles auf kleiner Flamme zum Kochen bringen und rührt ab und zu um. Nach 15 Minuten Kochzeit wird die Kleiemilch ins Badewasser abgeseiht; den Kleiebrei drückt man gut aus. Das Milch-Kleie-Bad wirkt sehr gut bei trockener, unreiner Haut. Es entschlackt, erfrischt und belebt, es macht die Haut weich und rein.

MILCHPULVERBAD

Wer keine frische Milch im Haus hat, kann auch Milchpulver ins Badewasser geben. Man löst zweckmäßigerweise das Milchpulver nach Vorschrift auf, um damit etwa 2–3 Liter Milch zu gewinnen. Die Milch wird ins heiße Badewasser geschüttet, anschließend eine Handvoll Borax zugegeben. Es entsteht ein einfaches, erfrischendes Milchreinigungsbad, das sich gut für die allgemeine Körperpflege eignet.

Mehlbäder

Auf die hautverschönende Wirkung von Mehl schwören viele Baderezepte, insbesondere auf die Verwendung von Weizen- und Hafermehl. Das Mehlbad wirkt stärkend und hilft kleine Hautunreinheiten beseitigen. Auch zur Pflege der trockenen, zu Schuppenabsonderungen neigenden Haut ist es gut geeignet. Nach dem Mehlbad fühlt sich die Haut gesättigt, weich und zart an.

Früher bereitete man das Mehlbad, indem man Mehl mit Wasser zu einem dünnen Teig rührte und diesen dem Badewasser zufügte. Diese Art der Zubereitung läßt sich heute wegen der Abflußrohre nicht durchführen. Man füllt 300–500 g Weizen- oder Hafermehl – am besten unbehandeltes Mehl aus dem Reformhaus – in einen nicht zu dichten Leinensack, oder in einen alten Perlonstrumpf, der mit einer Schnur zugebunden wird. Der Sack sollte nicht zu prall gefüllt sein, damit man ihn noch leicht durchdrücken kann. Man legt ihn in die trockene Badewanne und läßt das Wasser einlaufen, bis die Badewanne voll ist. Unter Wasser drückt man nun den Mehlsack mehrmals kräftig aus und hängt ihn anschließend mit der Schnur so an den Wasserhahn, daß er ins heiße Wasser hängen kann. Während des Badens nochmals ausdrücken.

Mehl wird auch zu Abreibungen verwendet, wenn die Haut sehr fett und unrein ist. Man stellt sich dazu in die trockene Badewanne oder in ein Duschbecken und massiert mit eingemehlten, trockenen Händen den Körper gründlich ab so wie mit einem normalen Körperpuder. Anschließend wird geduscht oder gebadet.

Saure Bäder

Die sogenannten sauren Bäder sind ideale Badezusätze für die
Behandlung der fetten, unreinen Körperhaut. Sie wirken
adstringierend, erfrischend und reinigend, sie desinfizieren und
entfetten auf schonende Weise.

ESSIG-BAD

Ein halber Liter Obstessig im Badewasser ist für jede fette,
unreine Haut eine gute Erfrischung und Belebung. Man verwendet dazu nur reinen Obstessig, den in einem biologischen
Gärverfahren gewonnenen Apfelessig, den man in jedem
Reformhaus kaufen kann. Auch vor dem Duschen kann man
diesen Essig anwenden. Pro Liter Wasser rechnet man etwa
6 Eßlöffel Obstessig. Mit der verdünnten Mischung reibt man
sich kräftig ab, bevor man unter die Dusche geht, das erfrischt
und belebt den Kreislauf.

ESSIG-ZITRONEN-BAD

2–3 Zitronen gut waschen und mit der Schale in kleine Stücke
schneiden. Die kleingeschnittenen Zitronen mit einem halben
Liter Obstessig übergießen und bedeckt in einer Porzellanschüssel etwa zwei Stunden gut durchziehen lassen. Anschließend wird die Flüssigkeit ins heiße Badewasser abgeseiht. Die
Zitronenstückchen füllt man nun in einen dünnen Leinensack,
bindet ihn zu und läßt das Zitronensäckchen ins Badewasser
baumeln. Das Bad ist sehr erfrischend, es reinigt und klärt die
Haut und verengt große Poren.

ZITRONEN-BAD

6–8 Zitronen werden gut gewaschen und mit der Schale in
Scheiben geschnitten. In eine Porzellanschüssel geben und mit
kochendheißem Wasser übergießen, bis alles bedeckt ist. Einige
Stunden zugedeckt stehenlassen, dann die Flüssigkeit ins heiße
Badewasser abseihen. Zitronenscheiben in ein Leinensäckchen
füllen, zubinden und ins Badewasser hängen.

Das fein duftende Zitronenbad ist sehr erfrischend, es adstringiert die fette und klärt die unreine Haut. Wer das Bad noch verfeinern möchte, kann mit den Zitronenscheiben eine Handvoll frischer oder getrockneter Zitronenmelisse ins Leinensäckchen füllen. Das gibt dem Bad einen angenehmen Duft.

Salzbäder

Die Salzbäder bezeichnet man manchmal auch als Schlankheitsbäder, als Aufmunterungsbäder oder als Stärkungsbäder. Richtig sind diese Bezeichnungen alle, denn je nach der Menge des verwendeten Salzes kann man unterschiedliche Ziele erreichen.

Will man das Salzbad als Schlankheitsbad verwenden, schüttet man 3 Pfund Kochsalz in die trockene Badewanne und läßt heißes Wasser einlaufen. Dieses Bad kann recht anstrengend sein, und es sollte nicht angewendet werden, wenn man ein schwaches Herz hat. Auch wenn man ganz gesund ist, sollte man das Salzbad nur gelegentlich nehmen. Nach dem Bad wickelt man sich sofort in eine warme Decke und legt sich zum Schwitzen ins Bett. Die Gewichtsabnahme wird durch das Schwitzen erzielt. Salz trocknet die Haut leicht aus, man sollte deshalb nach der Schwitzkur eine Körpermassage mit Körperlotion vornehmen.

Ein Salzbad mit einem Zusatz von 250–500 g Salz im Badewasser wirkt anregend, stärkend und kräftigend. Auch hier empfiehlt es sich, das Salzbad nicht zu häufig zu nehmen und sich nach dem Baden mit einem fett- oder ölhaltigen Mittel einzureiben. Nach dem Salzbad sollte man sich immer etwas hinlegen.

Kräuter- und Blütenbäder

Die gute Wirkung der Heilkräuter spielt seit alters her eine wichtige Rolle in der Badekultur. Auch in neuerer Zeit haben die Kräuterzusätze nicht an Bedeutung verloren, zumal man inzwischen auch wissenschaftlich nachweisen kann, daß bestimmte Substanzen der Pflanzen von der Haut resorbiert werden, in die Blut- und Lymphbahnen gelangen und damit ihre spezifische Wirkung entfalten. Die pflanzlichen Wirkstoffe durchdringen zum großen Teil die natürliche Hautbarriere, werden in den Zellstoffwechsel integriert und in den Kreislauf eingeschleust. Die Ausscheidung dieser Stoffe erfolgt durch den Urin, den Schweiß und den Atem.

Pharmakologisch schätzt man auch den Wert der ätherischen Öle als wirksamen Heilstoff der Pflanzen, denn sie entwickeln im warmem Wasser aromatische Dämpfe, die durch die Atmung auf das Zentralnervensystem einwirken können. Über die Lungen gelangen die Dämpfe in den Körper und wirken auf die Atmungs- und Verdauungsorgane, auf Kreislauf und Nerven heilend und stimulierend ein.

Ein Kräuter- oder Blumenbad kann auf verschiedene Weise hergestellt werden, auch die Menge der zu verwendenden Kräuter mag variieren. Generell rechnet man für ein Vollbad 250 g getrockneter Kräuter; mit dieser Menge erreicht man die volle Wirkung eines Kräuterbades. Wenn man nur ein leichtes, duftendes Bad nehmen will, dann genügen auch 100 g getrockneter Kräuter für ein Bad.

Der Kräuterzusatz läßt sich auf verschiedene Weise herstellen: Man kann einen sogenannten Auszug durch Abkochung herstellen, das heißt, die getrockneten Kräuter werden in eine ausreichende Menge siedenden Wassers gegeben, umgerührt und bei kleiner Flamme etwa 15 Minuten leise gekocht. Anschließend wird die Flüssigkeit abgeseiht und dem Badewasser zugesetzt.

Die zweite Möglichkeit der Zubereitung ist weniger aufwendig. Dazu füllt man ein Leinen- oder Synthetiksäckchen mit den trockenen Kräutern, bindet es mit einer Schnur zu und legt es in die trockene Badewanne. Nun läßt man heißes Wasser einlaufen, bis die Wanne voll ist. Sobald man ins Wasser steigt, drückt man das Säckchen kräftig aus und hängt es an den Wasserhahn. Während des Badens nochmals ausdrücken und immer gut ins Wasser hängen lassen! Das Kräutersäckchen nach dem Bad auszuschütten und zu reinigen, wäre eine mühsame, überflüssige Arbeit. Verwendet man statt des Säckchens einen ausgedienten Perlonstrumpf, kann man das ganze Päckchen nach dem Bad wegwerfen.

ENGLISCHES SCHÖNHEITSBAD

Zu diesem erfrischenden, duftenden Bad braucht man drei Handvoll getrockneten Rosmarin, eine Handvoll frische Rosenblätter, eine Handvoll getrocknete oder frische Lavendelblüten und eine Handvoll Borax.

Die Zutaten werden bis auf den Borax ins Kräuterpäckchen gefüllt, zugebunden und ins Badewasser gegeben; Borax setzt man dem heißen Badewasser getrennt davon zu.

Dieses erfrischende Bad wirkt stimulierend, es erfrischt die Haut und öffnet die Poren.

ROSMARIN-BAD

Mit der gewünschten Menge Rosmarin füllt man das Badesäckchen oder bereitet eine Abkockung. Will man den Rosmarinduft noch steigern, fügt man dem Badewasser ein paar Tropfen Rosmarinöl zu.

Das Rosmarin-Bad regt den Kreislauf an, hebt den Blutdruck, steigert die Durchblutung und macht beschwingt und munter. Man sollte es deshalb nicht vor dem Schlafengehen nehmen.

ROSENBLÄTTER-BAD

Rosenblätter sind reich an heilkräftigen Substanzen wie Gerbstoffe, Fett, Zucker, Zitronensäure und ätherische Öle. Man füllt die frischen Blätter in ein Badesäckchen und läßt es ins heiße Wasser hängen; je mehr Blätter man einfüllen kann, desto besser.

Will man die Rosenblätter selbst sammeln, dann sollte man sich die Zier-, Garten- und Heckenrosen heraussuchen. Die Alpenrosen kommen für die Schönheitspflege nicht in Frage, denn ihre Blätter enthalten unter anderem auch giftige Stoffe.

HEUBLUMEN-BAD

Das Heublumen-Bad ist vor allem ein wohltuendes, stoff-wechselanregendes Bad. Man kann es auch als Schlankheitsbad verwenden, dazu muß man jedoch die Menge von 250 g Heublumen verarbeiten.

Die getrockneten Heublumen, die man in Reform- und Kräuterhäusern kaufen kann, werden in den Kräutersack gefüllt oder abgekocht. Das Bad wirkt vor allem krampflösend, es beseitigt Gewebestauungen und wirkt gut bei beginnender Grippe. Nach dem Bad sollte man sich gleich in eine wärmende Decke wickeln und schwitzen.

HOPFENBLÜTEN-BAD

Ein Bad in getrockneten Hopfenblüten eignet sich für alle, die nicht einschlafen können; es ist der ideale Ersatz für die Schlaftablette, es stärkt und beruhigt die Nerven.

Die Menge der getrockneten Hopfenblüten wird je nach Bedarf eingesetzt. Will man ein richtiges Einschlafbad bereiten, stellt man eine Abkochung aus 250 g Blüten her. Das Badewasser sollte nicht zu heiß sein!

MELISSEN-BAD

Für das entspannende Melissenbad nimmt man entweder die getrockneten Melissenblätter oder die frische Zitronenmelisse aus dem Garten. Das Bad verströmt einen feinen, angenehm zitronenähnlichen Duft. Zu empfehlen ist das Melissenbad bei Nervosität, Migräne, gegen Verkrampfungen und Menstruationsbeschwerden.

LAVENDEL-BAD

Die getrockneten Lavendelblüten aus dem Kräuterhaus ergeben ein duftendes Bad, ausgelöst durch den reichen Gehalt der ätherischen Öle in der Lavendelblüte. Das Bad wirkt sehr entspannend, krampflösend und erfrischend.

LATSCHENKIEFERN-BAD

Dieses Bad wirkt am besten, wenn man das reine Latschen-kiefernöl, das in der Apotheke für wenig Geld zu kaufen ist, ins heiße Badewasser schüttet. Man braucht davon nur einen Löffel voll.

Eine Flasche Latschenkiefernöl gehört in jede gute Hausapo-theke, dann hat man immer ein gutes Mittel gegen beginnende Erkältungen und Schnupfen im Haus. Nach dem Bad ins Bett gehen! Ein Bad mit Latschenkiefernöl wirkt vor allem krampf-lösend, sekretionslösend und bakterizid. Es macht die Atem-wege frei und verschafft ein angenehm durchwärmtes Gefühl nach dem Baden.

PFEFFERMINZ-BAD

Dieses Bad ist besonders für die heiße Jahreszeit geeignet, es erfrischt, belebt den Kreislauf und reinigt die Poren. Man braucht dazu drei Handvoll getrocknete Pfefferminze, zwei Handvoll getrockneten Rosmarin und den Saft von vier Zitro-nen. Die Kräuter werden ins Kräutersäckchen gefüllt, die Zitronen preßt man aus und filtert den Saft ins heiße Bade-wasser.

SCHÖNHEITSBAD

Dieses Bad ist besonders für die Pflege der unreinen, schlecht durchbluteten Haut zu empfehlen. Man braucht dazu zwei Handvoll getrockneten Fencheltee, zwei Handvoll getrockne-ten Rosmarin, zwei Handvoll Pfefferminzblätter, zwei Hand-voll Thymian und einen Eßlöffel Kampferspiritus. Die Kräuter werden vermischt und mit kochendheißem Wasser übergossen, bis sie gut bedeckt sind; anschließend auf kleiner Flamme 15 Minuten leise kochen. Dann seiht man die Flüssigkeit ab und rührt den Kampferspiritus darunter. Alles ins Badewasser schütten.

Die Gesamtheit der Inhaltsstoffe schafft eine komplexe Wirkung, das Bad reinigt und desinfiziert, es wirkt aber auch erfrischend und nervenstärkend.

SLEEP-WELL-BATH

Dieses amerikanische Baderezept ergibt ein beruhigendes, krampflösendes und gleichzeitig hautreinigendes Bad. Man braucht dazu 100 g Kamillenblüten und 150 g Lindenblüten, beides gibt es getrocknet im Reformhaus zu kaufen. Die Blüten werden miteinander vermischt und mit soviel kochendheißem Wasser übergossen, bis sie bedeckt sind. Auf kleiner Flamme läßt man die Mischung etwa 20 Minuten kochen und seiht die Abkochung anschließend ins heiße Badewasser.

Dieses Bad ist besonders dann zu empfehlen, wenn man sich abends nervös, überarbeitet und entkräftet fühlt. Nach dem Bad sollte man sich sofort ins Bett legen. Der gute, erholsame Schlaf läßt dann nicht lange auf sich warten.

KRÄUTERCOCKTAIL-BAD

Wer eine reiche Auswahl von Kräutern im Haus hat, sollte sich daraus ein Schönheitsbadevergnügen zusammenstellen: Lindenblüten, Kamille, Pfefferminze, Rosmarin, Fenchel, Heublumen, Lavendel und Salbei, je eine halbe Handvoll, ergeben eine wirksame Mischung. Die getrockneten Kräuter werden vermengt und mit heißem Wasser übergossen bis sie bedeckt sind. Eine Stunde lang bedeckt durchziehen lassen, dann ins Badewasser abseihen, Kräuter dabei mit der Hand auspressen.

Das Bad wirkt belebend und anregend auf die erschlaffte Haut, es reinigt die Poren und fördert die Durchblutung.

KLEIE-BAD

Ein Säckchen Weizenkleie hing zu Großmutters Zeiten fast in jeder Badewanne. Dem Kleiebad sprach man eine ganze Reihe Wirkungen zu – es reinigt, erfrischt, ist gut gegen kleine Hautentzündungen, es macht die Haut zart und weich.

Für ein Kleiebad braucht man 250 g Weizenkleie aus dem Reformhaus, am besten die sogenannte stabilisierte Weizenkleie. Man kann sie entweder ins Badesäckchen füllen und im heißen Badewasser auspressen, oder eine Abkochung bereiten und den abgeseihten Extrakt ins Badewasser schütten. Das Kleiebad ist auch für die Badepflege von Kindern geeignet.

EUKALYPTUS-BAD

Das Eukalyptus-Bad hilft gut gegen Erkältungskrankheiten, beginnenden Schnupfen und Grippe. Man verwendet am besten den fertigen Eukalyptus-Extrakt aus der Apotheke und gibt davon die vorgeschriebene Menge ins Badewasser. Das Bad regt den Kreislauf an, macht die Atemwege frei und wirkt sehr entspannend.

EICHENRINDEN-BAD

Das Eichenrinden-Bad ist eine Wohltat für die fette, unreine Haut, es adstringiert und klärt, erfrischt und belebt die Haut. Man verwendet dazu vier Handvoll getrockneter Eichenrinden, die es im Reformhaus zu kaufen gibt und bereitet daraus eine Abkochung. Nach einer Viertelstunde Kochzeit wird der abgeseihte Extrakt dem heißen Badewasser zugesetzt.

SALBEI-BAD

Der Zusatz von Salbei im Bad wird am besten durch Abkockung hergestellt, um Verschmutzungen der Wanne durch die stark färbenden Blätter zu vermeiden. Weist die Emailbeschichtung der Wanne rauhe und spröde Stellen auf, darf die Abkockung nur in die volle Wanne geschüttet werden.

Salbei ist ein wirksamer Badezusatz bei erschlaffter oder unreiner Haut. Die gute Wirkung des Salbei kann man noch unterstützen, indem man einen Teil Kamillenblüten – bei zwei Teilen Salbei – in die Abkochung mischt.

Beim Baden, Schwimmen oder in der Sauna wird der Haut normalerweise Fett entzogen. Badeöl ist ein idealer Zusatz, um der Haut während des Badens die nötigen Fette zuzuführen.

Das Baden mit Badeöl ist nicht nur eine Wohltat für die trockene Haut, es ist auch dann zu empfehlen, wenn man im Bad oder nach dem Baden leicht friert. Hier erwirkt der Ölzusatz ein wohltuendes Gefühl der Erwärmung.

Mit getrockneten Kräutern kann man für den täglichen Gebrauch ein leichtes Badeöl herstellen, dessen gute Wirkung weniger auf den stark aromatischen Duft als auf die glättende Wirkung des Öls im warmen Wasser zurückzuführen ist. Wer in Eile ist, setzt dem Badewasser einen Schuß Olivenöl, süßes Mandelöl oder Weizenkeimöl zu. Mehr Spaß macht das Ölbad, wenn man ein duftendes Öl verwendet. Aromatisches Kräuteröl kann man auf zwei verschiedene Arten herstellen: entweder läßt man den Kräuterzusatz in Öl mazerieren oder man erwärmt die Kräuter im Öl auf dem Wasserbad. In beiden Fällen bereitet man sich zweckmäßig den Zusatz für mehrere Bäder: für ein Bad rechnet man als Zusatz etwa zwei Kaffeelöffel Öl.

Um die Kräuter mazerieren zu lassen, braucht man $1/4$ Liter Olivenöl auf 50–100 g Kräuter oder Blüten. Das Gewicht läßt sich nicht exakt angeben, da die Pflanzen verschieden schwer sind. Auf jeden Fall sollten die Kräuter ganz vom Öl bedeckt sein, wenn man sie mit Olivenöl übergießt. Sie sollen nun im gut verschlossenen Glas etwa drei Wochen lang durchziehen. Das verschlossene Glas wird an einem kühlen, nicht zu hellen Platz aufbewahrt. Man prüft das Aroma nach etwa drei Wochen; ist man mit dem Ergebnis noch nicht zufrieden, läßt man die Mischung weitere 8–10 Tage stehen. Dann seiht man das Öl ab.

Bei der zweiten Ölgewinnung füllt man etwa $1/4$ Liter Olivenöl in einen hohen Plastiktopf, gibt die Kräuter hinein und erwärmt das Öl zusammen mit den Kräutern oder Blüten auf dem kochenden Wasserbad. Etwa 30 Minuten soll das Wasser kochen, bis man die Mischung vom Wasserbad nimmt und abseiht.

Als Zusatz für das selbstgemachte Badeöl eignet sich vor allem Rosmarin, Kamillenblüte, Pfefferminze, Melisse oder Thymian. Auch Fichten- oder Kiefernnadeln ergeben ein duftendes Ölbad. Dazu braucht man allerdings die frischen Sprößlinge, die nur im Frühling wachsen. Wer gern in Fichtennadelöl badet, sollte sich im Mai den ganzen Jahresvorrat anlegen und das Öl kühl lagern. Die einzelnen Nadeln müssen nicht vom Zweig gezupft werden, um sie in Öl einzulegen. Man zerkleinert lediglich den kleinen Zweig, füllt mit den kleingemachten Zweigen das Glas randvoll und gießt soviel Öl darüber, bis alles gerade bedeckt ist. Je länger die Zweige ziehen, desto duftender wird das Öl.

Das reine ätherische Öl der Pflanzen, das Parfümöl, das man in der Apotheke schon in ganz kleinen Mengen zu kaufen bekommt, kann dem Bad zusätzlich als stimulierender Duftstoff beigefügt werden. Diese reinen ätherischen Öle sind von guter Wirkung auf die Atmungsorgane und auf den gesamten Organismus. Es eignen sich vor allem Rosmarin-, Melissen-, Pfefferminz- und Thymianöl. Man setzt dem Bad nur ein paar Tropfen zu, das genügt bereits für ein volles Wannenbad.

Blumenöle

Rosenblätter, Veilchenblätter, Stiefmütterchen, Weißdornblüten, Apfelblüten, Löwenzahn, Lavendel sind die Blüten, die man im Frühling und Sommer für ein selbsthergestelltes Badeöl verarbeiten kann. Man sollte sicher sein, daß die Blumen nicht mit Chemikalien behandelt wurden, deshalb zupft man sie am besten selbst im Garten oder auf Spaziergängen. Wer Spaß an Mixturen hat, kann verschiedene Blüten miteinander mischen und so seine eigene Duftkomposition für das Badeöl erfinden.

Blütenblätter sind empfindlich, sie verlieren leicht ihren Duft, wenn sie erwärmt werden. Man kann deshalb bei der Herstellung des Blütenöls nur mazerieren, das Erhitzen im Wasserbad ist für die Gewinnung nicht geeignet.

SCHÖNHEITSPFLEGE NACH DEM BAD

EAU DE TOILETTE

Selbstgemachtes Lavendelwasser duftet feiner als jedes fertige. Man braucht etwa drei Handvoll frischer oder getrockneter Lavendelblüten, legt sie in ein gut verschließbares Glas, das etwa $1/4$ Liter Flüssigkeit aufnehmen kann. Dann übergießt man die Blüten mit zwei Teilen reinem Alkohol (96%) und einem Teil Rosenwasser. Das Glas bleibt mindestens acht Wochen an einem kühlen Ort verschlossen stehen, danach seiht man die Flüssigkeit ab und verwendet sie für die Einreibung nach dem Bad. Wer die Geduld aufbringt, die Blüten noch länger durchziehen zu lassen, wird ein noch duftenderes Eau de Toilette gewinnen. Mein bestes Lavendelwasser stand ein ganzes Jahr.

Die Lavendelblüten können noch einen weiteren Zweck erfüllen, wenn man sie nur in Alkohol einlegt. Der damit gewonnene Lavendelspiritus ist ein gutes Mittel gegen rheumatische Schmerzen, er wirkt krampflösend und sehr erfrischend.

KRÄUTER-ESSIG
Zutaten:
Pfefferminze
Salbei
Rosmarin
Lavendel
jeweils eine Handvoll, getrocknet

70 g Obstessig
50 g Alkohol 96%
1/2 Kaffeelöffel Kampferkörner
30 Tropfen Myrrhentinktur
Destilliertes Wasser

Herstellung: Die getrockneten Kräuter werden in einer entsprechend großen Porzellanschüssel gut miteinander vermischt, mit dem Obstessig und so viel destilliertem Wasser übergossen, bis alles gut bedeckt ist. Daneben mischt man in einem Glas oder einer Flasche 50 g destilliertes Wasser mit der gleichen Menge Alkohol, fügt den Kampfer und die Myrrhentinktur hinzu und verschließt das Glas gut.

Man bedeckt die Schüssel mit einer Folie oder einem Tuch und stellt beide Gefäße an einen kühlen Platz. Nach einigen Tagen gießt man noch etwas destilliertes Wasser in die Kräuterschüssel, bis die Kräuter wieder in Flüssigkeit schwimmen. Nach 8–10 Tagen seiht man die Flüssigkeit ab und mischt sie mit der zweiten Lösung zusammen.

Wirkung: Der gewonnene Kräuteressig eignet sich vor allem als erfrischende Abreibung nach dem Bad, wenn man eine schlecht durchblutete Haut hat. Er ist der Haut bei der Neubildung des Säuremantels behilflich und verschließt die durch das warme Wasser erweiterten Poren. Er wirkt belebend und hautverfeinernd. Der zunächst vorherrschende Essiggeruch verfliegt auf der Haut rasch, zurück bleibt der erfrischende Geruch der gehaltvollen Kräutermischung.

ROSMARIN-TONIKUM
Zutaten:
 1,5 g Alaun
50 g destilliertes Wasser
 5 Tropfen Rosmarinöl

Herstellung: Man erwärmt das destillierte Wasser und löst Alaun darin auf. Nach dem Erkalten des Wassers träufelt man das Rosmarinöl in die Mischung ein und schüttelt alles gut durch. Verwendet wird hier das reine Rosmarinöl, das man grammweise in der Apotheke kaufen kann.

Wirkung: Das fein duftende Tonikum dient vor allem der Erfrischung der Haut nach dem Baden. Es wirkt leicht adstringierend und belebend und ist als Ergänzung zu einem Bad mit Rosmarin sehr gut geeignet.

EAU DE MILLE FLEURS

Dieses Toilettewasser ist leider nicht zu jeder Jahreszeit herzustellen, denn man braucht dazu die frischen Blüten, die in einem Sommergarten wachsen. Sammeln Sie Rosenblätter, Weißdorn, Apfelblüten, Lavendel, Löwenzahnblüten, Veilchen, soviel Sie davon finden können, um Ihren Jahresbedarf an Eau de Toilette herzustellen.

Füllen Sie die Blätter zu Hause in ein gut verschließbares Porzellan- oder Glasgefäß und übergießen Sie alles mit einem Teil reinem Alkohol 96% und zwei Teilen destilliertem Wasser, bis die Blätter gut bedeckt sind. Nun läßt man das verschlossene Gefäß etwa drei Wochen lang an einem kühlen Platz stehen, danach wird die Flüssigkeit erst abgeseiht und dann nochmals durch ein Kaffeefilterpapier laufen lassen, damit alle feinen Blütenreste entfernt werden. Das duftende Blumenwasser ist haltbar, gut für die tägliche Körperpflege geeignet und wird von jeder Haut vertragen.

Auch Orangenblüten- und Rosenwasser, die man für die Cremeherstellung verwendet, eignen sich zu erfrischenden Abreibungen nach dem Bad. Einen besonders wohltuenden Effekt erzielt man damit, wenn man die Wässer im Kühlschrank kaltstellt.

FRANZBRANNTWEIN

Abreibungen mit Franzbranntwein, den man fertig in der Apotheke kaufen kann, verströmen zwar keinen betörenden Duft, sie sind aber sehr erfrischend und belebend, insbesondere für die fette und unreine Haut. Unerwünschte Pickel und Hautunreinheiten werden durch die regelmäßige Abreibung mit Franzbranntwein vertrieben.

BODY-LOTION

Zutaten:

10 g Stearinsäure
 5 g Lanolin ($\frac{1}{2}$ Kaffeelöffel)
40 g süßes Mandelöl
80–100 g Orangenblütenwasser
 3 g Triäthanolamin (1 Kaffeelöffel)
 3 Tropfen Benzoetinktur

Herstellung: Schmelzen Sie die ersten drei Zutaten auf dem Wasserbad in einem hohen Plastiktopf. Inzwischen vermischen Sie die Hälfte des Orangenblütenwassers gut mit dem Triäthanolamin. Unter die vollständig geschmolzenen Fetteile rühren Sie nun mit einem sauberen Holzkochlöffel portionsweise die vorbereitete Flüssigkeit. Langsam einrühren; die sich verdikkende Masse muß vor jeder Flüssigkeitszugabe glattgerührt werden. Die entstandene glatte Sahne verdünnen Sie am Schluß mit dem restlichen Teil des Orangenblütenwassers auf die Ihnen angenehme Konsistenz. Je mehr von der restlichen Flüssigkeit Sie unterrühren, desto dünnflüssiger wird die Lotion.

Wirkung: Diese gut verstreichbare Milch ist für die gesamte Körperpflege geeignet. Reiben Sie sich damit nach dem Bad vom Hals bis zu den Zehen ein. Sie zieht schnell in die Haut ein und hinterläßt keinen sichtbaren Fettglanz. Trotzdem führt sie der Haut durch die feinverteilten wertvollen Fettbestandteile die notwendigen Nährstoffe zu.

Körperöl

Nach dem Bad ist die Körperhaut für eine Einreibung mit pflegenden Ölen besonders aufnahmebereit. Die in den Ölen enthaltenen Fettsäuren und Vitamine bringen rauhe oder schuppige Hautstellen zum Verschwinden und beugen auch einer frühzeitigen Faltenbildung vor.

Sie können verschiedene Ölmischungen herstellen, bei sehr trockener Haut oder nach dem Sonnenbad ist vor allem ein größerer Anteil von süßem Mandelöl zu empfehlen:

I
1 Teil Olivenöl
1 Teil süßes Mandelöl
II
2 Teile süßes Mandelöl
1 Teil Weizenkeimöl
III
1 Teil süßes Mandelöl
1 Teil Avocadoöl
1 Teil Weizenkeimöl
1 Teil Sesamöl

Die Öle sollten so frisch wie möglich und in kleinen Mengen verarbeitet werden, da sie nur begrenzt haltbar sind. Kühl lagern!

Körperpuder

Puder saugt nach dem Duschen oder Baden Feuchtigkeit auf und beugt Hautreizungen vor, die durch zu eng sitzende Kleidungsstücke entstehen können. Bei fetter und unreiner Haut ist die Pflege mit Puder besonders zu empfehlen, da er leicht desinfizierend, entgiftend und saugfähig wirkt. Auch nach der Entfernung von störendem Haarwuchs an den Beinen oder unter den Armen ist der Puder ein ideales Mittel, um die gereizte

Haut zu beruhigen. Selbstverständlich beschränkt man die Anwendung des Puders auf ein ganz leichtes Einpudern, da sonst die Poren verstopft werden können.

Den einfachsten und trotzdem sehr wirkungsvollen Körperpuder stellt man her, indem man – je nach Bedarf – etwa 20 g Talkumpuder aus der Apotheke ein bis zwei Tropfen Parfümöl, zum Beispiel Rosmarinöl, Lavendelöl oder Pfefferminzöl, zusetzt. Man füllt die Mischung in eine gut verschließbare Dose und schüttelt kräftig durch. Nach einiger Zeit hat sich das Parfümöl mit dem Puder vermischt, es ist ein fein duftender Puder für die tägliche Verwendung entstanden.

Bei entzündlicher oder fetter, unreiner Haut empfiehlt sich der folgende Körperpuder:

Zutaten:
30 g Talkum
 5 g Zinkoxyd
 2 Tropfen Parfümöl

Herstellung: Die Zutaten einschließlich des Öls in eine verschließbare Dose füllen und durch kräftiges Schütteln miteinander verbinden. Dieser feine weiße Puder hat durch den Zusatz von Zinkoxyd eine besonders stark desinfizierende Wirkung. Ist die Haut entzündet, empfiehlt es sich, vorsichtshalber die Parfümierung wegzulassen.

PFEFFERMINZ-KÖRPERPUDER
Zutaten:
30 g Talkum
10 g Bolus Alba
 5 g Zinkoxyd
 4–5 Tropfen Pfefferminzöl

Herstellung: Die Herstellung des Körperpuders ist höchst einfach: man gibt alle Zutaten, einschließlich des Pfefferminzöls, in ein gut verschließbares Gefäß und schüttelt kräftig durch. Es entsteht ein sehr erfrischender, kühl duftender Puder, der besonders durch die Boluszugabe große Mengen von Feuchtigkeit zu binden vermag.

Körperpackungen

Wer je eine Schönheitsfarm besucht hat, wird die Körperpakkungen schätzen gelernt haben, die man zur allgemeinen Hautpflege einmal in der Woche anwendet. Im Gegensatz zu einer Gesichtspackung soll die Körperpackung möglichst über Nacht einwirken und nicht mehr abgewaschen werden. Man trägt die Packung nach dem Bad auf, wickelt sich in ein Leinentuch und legt sich ins Bett. Am nächsten Morgen ist die Haut zart und weich, glatt und geschmeidig.

NÄHRPACKUNG
Zutaten:
1 Eigelb
1 Spritzer Zitronensaft
4 Eßlöffel süßes Mandelöl
4 Eßlöffel Olivenöl
2 Eßlöffel Weizenkeimöl
1/2 Kaffeelöffel Obstessig
4 Tropfen Melissenöl

Herstellung: Eigelb in eine Tasse schlagen und Zitronensaft unterrühren. In einer kleinen Porzellanschüssel die angegebenen Öle (außer Melissenöl) gut miteinander vermischen. Nun die Ölmischung langsam, zunächst portionsweise unter das Eigelb rühren. Glattrühren. Zuletzt Obstessig einrühren und das Melissenöl zufügen.

Wirkung: Mit der schönen goldgelben Sahne reibt man den ganzen Körper verschwenderisch vom Hals bis zur kleinen Zehe ein. Rauhe und schrundige Hautstellen an den Knien oder an den Ellbogen bedeckt man besonders reichlich.

Die Packung eignet sich für jede Haut, sie ist aber ganz besonders bei trockener und spröder Haut zu empfehlen, als Nachurlaubskur oder als Hautpflegemittel nach dem Winter, wenn man die Haut fürs Frühjahr schnell „auf Hochglanz" bringen will.

LANOLIN-KUR

Die Lanolin-Packung ist schnell herzustellen und wirkt wohltuend auf die spröde und trockene Haut. Man braucht dazu etwa zwei Eßlöffel Lanolin und etwas süßes Mandelöl. Lanolin im Wasserbad leicht erwärmen, aber nicht zum Schmelzen bringen; süßes Mandelöl einrühren, bis eine gut streichfähige Creme entsteht. Vom Wasserbad nehmen und leicht warm auftragen. Die Creme sollte über Nacht einwirken.

KÖRPERPACKUNG

Zutaten:

2 Kaffeelöffel Lanolin
4 Eßlöffel Weizenkeimöl
15 Tropfen Arnikatinktur

Herstellung: Lanolin auf dem Wasserbad leicht erwärmen. Bevor der Schmelzpunkt erreicht ist, Weizenkeimöl unterrühren, vom Wasserbad nehmen und Arnikatinktur einrühren.

Dieses Rezept für eine Körperpackung eignet sich auch für die Pflege der unreinen und fetten Körperhaut.

Deodorante

Unter nervösen Schweißausbrücken leidet man heutzutage viel mehr als früher: Schuld daran ist häufig der vermehrte Konsum von Zigaretten, Kaffee, Alkohol, aber auch psychisch bedingte Reize, wie Aufregung, nervöse Hast, Hektik und Angstzustände. Frauen, die viel Achselsprays verwenden, werden bald feststellen, daß sie ohne ihre Sprayflasche nicht mehr leben können. Sie regulieren damit nicht die selbständigen Funktionen der Schweißtätigkeit, sondern unterbrechen sie und müssen immer mehr Spray verwenden, um die unangenehmen Gerüche zu beseitigen. Es wäre den Versuch wert, sich auf ein leichtes, regulierendes Mittel umzustellen. Man sollte dabei etwas Geduld aufbringen und dem Körper Zeit lassen, sich auf ein leichteres Mittel einzustellen.

Stark desinfizierend wirken die Teeaufgüsse aus Rosmarin, Thymian und Kamille, die man als Körperlotion verwenden kann. Man sollte mehrmals täglich die Achselhöhlen damit abreiben, wenn man unter starker Schweißabsonderung zu leiden hat. Zum täglichen Gebrauch eignet sich auch folgendes Rezept:

DEODORANT
Zutaten:
30 g reinen Alkohol 96%
 1 g Menthol
50 g Hamameliswasser
 1 g Alaun

Herstellung: Man löst zunächst das Menthol im Alkohol auf, dann erwärmt man das Hamameliswasser leicht, um darin das Alaunpulver zu lösen. Nun gießt man beide Flüssigkeiten zusammen. Am besten füllt man die Flüssigkeit in eine praktische Kunststoffflasche mit Spritzverschluß ab, so kann man die gewünschte Menge tropfenweise in die Hand träufeln lassen und sich damit abreiben. Man nimmt die Einreibung nach dem Waschen vor, sie hinterläßt auf der Haut ein angenehmes, kühlendes und frisches Gefühl.

Ein anderes Mittel, um den Achselschweiß zu bekämpfen, ist der aufsaugende und austrocknende Körperpuder (Siehe S. 187). Bei der Puderanwendung ist peinliche Sauberkeit oberstes Gebot, da der mit Schweiß aufgesaugte Puder, wird er am Abend nicht sorgfältig abgewaschen, die Poren verstopfen kann.

9

DAS HAAR

Eine blonde Frau hat im Durchschnitt 140.000 Haare auf dem Kopf, eine Brünette etwa 110.000 und eine Rothaarige 88.000. Auf einem Quadratzentimeter Kopfhaut wachsen im Durchschnitt 120 Haare. Jedes Kopfhaar wächst innerhalb von 2–4 Tagen etwa 1 mm und lebt im Durchschnitt 6 Jahre. Nach dieser Zeit löst sich die Haarwurzel von den umgebenden Zellen, der Haarpapille, fällt aus und macht dem neuen Haar Platz. Man verliert täglich etwa 50 Haare, wenn das Haar gesund nachwächst, werden die verlorenen Haare ständig durch neuen Nachwuchs ersetzt.

Obwohl feststeht, daß die blonden Haare am reichlichsten sprießen, hat das blonde Haar die feinste Beschaffenheit, während das dunklere oder rote Haar eine festere Struktur aufweist. Unabhängig von der Farbe des Haares baut sich jedes Haar gleich auf – das einzelne Haar liegt mit seiner Wurzel eingepflanzt in der Haut, umgeben von Blutgefäßen, Nerven und Talgdrüsen. Jedes einzelne Haar besteht aus verschiedenen Schichten, von außen nach innen betrachtet aus der Hornschicht, der Rinde und dem Mark.

Die Hornschicht ist eine dichte Lagerung von einzelnen Hornblättchen. Der Hornstoff, das Keratin, aus dem das Haar besteht, ist chemisch gesehen eine schwefelhaltige Eiweißverbindung.

Die Rinde oder Rindenschicht bildet die Hauptmasse des einzelnen Haares, sie besteht aus verhornten Zellen, die auch jene Pigmente enthalten, welche die Haarfarbe bestimmen. Die Pigmentversorgung der Rindenschicht geht von der Haarwurzel aus; läßt die Zufuhr nach, werden die Haare grau. Das Ergrauen des Haares hängt teilweise von Erbfaktoren ab, aber auch andere Ursachen, Fehlernährung, Neuralgien oder Infektionskrankheiten können den Pigmentstoffwechsel des Haares stören und zu frühzeitigem Ergrauen führen. Bei der generellen Pflege des Haares spielt die Durchblutung der Kopfhaut eine große Rolle, da man durch Kopfmassagen das Wachstum der Haare anregen und auch den Pigmentstoffwechsel fördern kann.

Die Ernährung und die Regeneration des Haares findet in der Haarwurzel statt; man kann also den Zustand und das Aussehen des Haares von innen durch die Ernährung beeinflußen. All jene Stoffe, die zum Aufbau der Hornsubstanz des Haares nötig sind, sollte man dem Haar durch die Ernährung zuführen – Schwefel, Eisen, Kieselsäure, Kalk und Jod. Umgesetzt auf die Kost finden sich diese Stoffe beispielsweise in Vollkornbrot, unpoliertem Reis, frischen Gemüsen, Zwiebeln, Fisch, Leber, Milch und Eiern. Auch Vitamin B wirkt sich in der Ernährung besonders günstig auf den Zustand des Haares aus. Der berühmte amerikanische Schönheitsexperte Gayelord Hauser bezeichnet Vitamin B sogar als das Anti-Ergrauungsvitamin. Sein Rezept gegen frühzeitige Ergrauung, gegen Haarausfall und mangelnden Haarwuchs lautet:

„Trinkt einen Liter Yoghurt täglich und nehmt einen Löffel Bierhefe nach jeder Mahlzeit. Nehmt $^1/_2$ Tasse Weizenkeime mit einem Eßlöffel Rohrzucker-Melasse. Eßt so oft als möglich Seefische und Leber. Nehmt außerdem Tabletten aus pulverisierten grünen Algen oder Jod-Ersätzen und erwartet keine Wunder über Nacht! Es wird sich nichts ereignen. Doch werdet ihr nach sechs Monaten, falls ihr meinen Rat befolgt habt, sehr wahrscheinlich entdecken, daß euer Haar dichter und glänzender geworden ist."

Die chemische Löslichkeit verschiedener Substanzen des

Haares macht es den Friseuren leicht, mit konzentrierten Säuren und chemischen Farben die Struktur des Haares zu verändern. Beim Dauerwellen wird beispielsweise durch die Einwirkung auf bestimmte Schwefelverbindungen der natürliche Haarkitt gelöst, beim Färben werden chemische Substánzen aufs Haar gebracht, die in den Haarschaft eindringen müssen, um dort ihren Pigmentstoff zu entwickeln. Jeder Eingriff dieser Art greift die Substanz des Haares an und schadet der Schönheit des Haares. Nimmt man all diese Eingriffe vor, sollte man sich darüber im klaren sein, daß viel Pflege notwendig ist, um die nachfolgenden Schäden und Veränderungen des Haares zu verdecken. Präpariertes Haar wird leicht trocken, spröde und brüchig, es verliert seine natürliche Spannung und seinen Glanz. Bevor man sich entschließt, dem Haar all diese Strapazen zuzumuten, sollte man vorsorglich alle einfachen Mittel ausprobieren, um den Zustand und das Aussehen des Haares zu verbessern.

Gesundes, normales Haar, das weder fette noch trockene Tendenzen aufweist, das niemals von vorübergehenden Veränderungen beeinflußt ist, gibt es, genau betrachtet, überhaupt nicht. Gesundes Haar, das man als normal bezeichnen kann, hat wie normale gesunde Haut auch natürliche Reaktionen. Hält man sich zum Beispiel viel in der Sonne auf, neigt das Haar zu Trockenheit und spröden Spitzen. Hat man, wenn auch nur kurzfristig, unter gesundheitlichen Störungen zu leiden, reagiert das Haar mit: es fallen mehr Haare aus als normal, das Haar hängt schlaff und glanzlos herunter. Normal reagiert das Haar auch, wenn es von Dauerwellen, Haarfarben und Trockenhauben geplagt, sein natürliches Aussehen ungünstig verändert.

Die wichtigste Regel, um gesundes Haar zu pflegen, ist die Sauberhaltung des Haares und der Kopfhaut. Man wäscht das Haar, wenn es schmutzig ist, genauer gesagt, wenn es anfängt schmutzig zu werden. Verschmutzte Luft, trockene staubige Büroluft, engsitzende Mützen im Winter beeinflussen das Aussehen des Haares – aber auch innerliche Umstände tragen dazu bei. Wem das seelische Barometer auf „tief" steht, was häufig prämenstruell geschieht, wer zuwenig schläft oder zuviel Alkohol getrunken hat, dem hängen auch die normalsten Haare schnell strähnig und müde vom Kopf.

Um die Kopfhaut zu durchbluten und um Staub und Schmutz aus dem Haar zu entfernen, bürstet man das Haar täglich mit einer nicht zu weichen Haarbürste aus Naturborste. Der Schmutz darf nicht in das Haar, sondern muß aus dem Haar herausgebürstet werden, das läßt sich am einfachsten durchführen, indem man den Kopf nach vorne beugt und das Haar gegen den Strich bürstet. Dieses Bürsten mit dem Kopf nach unten macht nicht nur schönes Haar, es bewirkt auch mit der Durchblutung der Kopfhaut eine gute Durchblutung der Gesichtshaut. Wer seine täglichen 100 Bürstenstriche absolviert, wird auch immer einen guten Teint haben.

Daß die Haarbürste immer peinlich sauber gehalten werden muß, ist selbstverständlich. In vielen Haushalten werden Kämme und Bürsten von mehreren Personen gemeinsam benutzt, das ist mindestens ebenso unhygienisch, wie die gemeinsame Familienzahnbürste.

Gesundes Haar, selbst wenn es sehr fein ist, verträgt häufiges Waschen. Wichtig für die Auswahl des Haarshampoos ist zu wissen, welchen Härtegrad das Wasser hat. In vielen Großstädten ist das Wasser nicht nur hochgradig kalkhaltig, sondern auch gechlort. Es empfiehlt sich deshalb, das Wasser für die Haarwäsche mit etwas Borax zu enthärten oder nur abgekochtes Leitungswasser zu verwenden.

Zeigt das Haar leicht fettende Tendenzen, ist ein Schwefelshampoo zur Haarwäsche zu empfehlen. Hochwertige Schwe-
felshampoos bekommt man in der Apotheke zu kaufen, meist
enthalten diese Shampoos nur wenig Schäumungsmittel und
müssen eine Weile einwirken, bevor man sie wieder abspült. Ist
das Haar nur wenig verschmutzt, sollte man ganz auf Shampoo
verzichten und das Haar stattdessen nur mit Eidottern waschen.

Es gibt zwar auch Haarshampoo mit Ei zu kaufen, aus
Erfahrung weiß man aber, daß ein frisches Ei auf dem Kopf eine
bessere Wirkung hat als ein chemisch verarbeitetes Eigelb. Das
Eidottershampoo stellt man her, indem man zwei oder drei
Eidotter, je nach Haarlänge, mit dem Saft einer halben Zitrone
verquirlt und der Mischung ein paar Tropfen Rum zusetzt. Die
Hälfte des Eidottershampoos wird in das angefeuchtete Haar
einmassiert und anschließend lauwarm ausgewaschen. Mit der
zweiten Hälfte verfährt man ebenso, spült allerdings wesentlich
länger nach, damit keine Reste von Eigelb im Haar zurückbleiben. In das letzte Spülwasser kommt der Saft einer halben
Zitrone oder ein Schuß Obstessig. Statt der sauren Spülung, die
vor allem dann wichtig ist, wenn man ein seifenhaltiges
Shampoo benützt hat, lassen sich auch mit Kräuterspülungen
nach der Haarwäsche sehr gute Wirkungen erzielen.

BIRKENBLÄTTER-SPÜLUNG
Getrocknete Birkenblätter aus dem Kräuterhaus oder fertiger
Birkenblättertee aus dem Reformhaus wird für die Spülung wie
Tee zubereitet: 1 Teelöffel Blätter auf eine Tasse Wasser. Man
übergießt die Blätter mit kochendheißem Wasser und läßt den
Aufguß abkühlen, bis er lauwarm ist, erst dann seiht man ihn
ab. Bleiben nach dem Abseihen noch feine Blätterreste in der
Spülung zurück, gießt man die Spülung durch ein Kaffeefilter-
papier ab, damit keine Reste im Haar hängenbleiben.
Wirkung: Die Spülung hilft den Haarboden gesundhalten, sie
macht das Haar weich und glänzend und wirkt auch gut gegen
Haarausfall. Nicht für blondes Haar geeignet.

BRENNESSEL-SPÜLUNG

Die getrockneten Brennesseln oder der fertige Brennesseltee aus dem Reformhaus werden ebenfalls wie normaler Tee zubereitet: 1 Teelöffel Blätter auf eine Tasse Wasser. Es empfiehlt sich, nur getrocknete Brennesseln zu verwenden, da frische Brennnesseln grün färben.

Wirkung: Brennesseln sind ein altbekanntes Hausmittel, um die Haarwurzeln zu stärken und um Schuppenbildung zu verhindern. Nicht für blondes Haar geeignet.

KAMILLEN-SPÜLUNG

Die Kamille ist eine der beliebtesten Pflanzen für die Kräuterspülung des Haares. Sie wirkt desodorierend und heilend, in einem alten Kräuterbuch der Volksheilkunde heißt es sogar: „Mit einem Kamillenabsud das Haupt gewaschen, stärket das Gehirn!" Die Kamillenspülung stellt man wie Kamillentee her: 1 Teelöffel Kamille auf eine Tasse Wasser. Die Blüten werden mit kochendem Wasser überbrüht und müssen bis zum Abkühlen durchziehen, bevor man sie abseiht und abfiltert.

Wirkung: Kamille macht das Haar nicht nur seidig und glänzend, es hellt auch nachgedunkeltes, blondes Haar auf. Blondes Haar bekommt durch die Kamillenspülung einen schönen Glanz. Wer blondes Haar besonders verwöhnen will, wäscht es statt mit Wasser nur mit Kamillentee und fügt der letzten Spülung den Saft einer halben Zitrone bei.

HAARPFLEGE

Nach dem Waschen werden die Haare mit einem Frotteehandtuch getrocknet. Ob man das Haar auf Lockenwickler legt oder nur in Form bürstet, in jedem Fall sollte man es so oft wie möglich in der Luft trocknen lassen und auf die Trockenhaube verzichten. Die heiße Luft der Trockenhaube ist für das Haar, die Kopfhaut und vor allem für die Gesichtshaut eine Strapaze; wer viel unter der Trockenhaube sitzt, bekommt schnell sprödes Haar und eine trockene Haut. Wenn man es einrichten kann, sollte man versuchen, das Haar statt unter der Trockenhaube mit dem Fön zu trocknen. Es gibt ganz moderne Friseure, der große Meister Vidal Sassoon gehört dazu, die den Haarschnitt auf eine Fönfrisur abstimmen, das heißt die Kundin bekommt das Haar so geschnitten, daß sie es zu Hause leicht selbst in Form fönen kann. Die Föntechnik ist höchst einfach: die einzelnen Haarsträhnen werden vom unteren Nackenhaar ausgehend, rund über eine Haarbürste gezogen und über der Bürste trockengefönt. Auch dauergewellte Frisuren legen die ganz modernen Friseure nicht mehr auf Wickler, sondern fönen sie in der gleichen Technik über die Bürste. Wer Zeit hat, sollte das Haar in der frischen Luft oder im warmen Zimmer trocknen lassen, das strapaziert weder die Haut, noch das Haar. Nicht zu empfehlen ist ein Trockenbad in praller Sonne, es sei denn, man hat an Schuppen oder Schuppenflechte zu leiden.

Normale, gesunde Kopfhaut braucht kein Haarwasser zur täglichen Haarpflege. Um die Kopfhaut zu durchbluten, genügen die täglichen 100 Bürstenstriche oder eine Massage mit den Fingerspitzen. Man greift dazu unters Haar und bewegt die Kopfhaut mit leichtem Druck hin und her, ohne zu zerren und zu reiben. Über den Ober- und Hinterkopf massiert man so bis in den Nacken.

Gesundes Haar braucht ab und zu eine Packung. Besonders im Sommer neigen die Haarspitzen zu Trockenheit, im Winter fehlt den Haaren Sauerstoff und auch die winterlich überheizten Räume tragen nicht gerade dazu bei, die Struktur des Haares zu verbessern. Es ist zweckmäßig, die Packungen jeweils nach der Vorwäsche aufzutragen, denn jede der hier genannten Packungen muß nach der angegebenen Einwirkungszeit sorgfältig abgewaschen werden.

PACKUNGEN

Unter ein Eigelb – oder zwei, wenn das Haar lang ist – rührt man einen Eßlöffel voll Rizinusöl und massiert die Mischung ins Haar, nicht auf die Kopfhaut. Statt Rizinusöl kann man auch kaltgepreßtes Olivenöl, Avocadoöl oder Weizenkeimöl zusetzen. Je wärmer man die Packung auf dem Kopf hält, desto besser wirkt sie. Man setzt sich deshalb am besten eine Plastikhaube auf den Kopf und wickelt ein warmes Frotteehandtuch darüber. Einwirkungszeit: mindestens eine Stunde.
Wirkung: Eigelb enthält Lezithin, ein guter Nährstoff fürs Haar; auch Öl führt dem Haar Nährstoffe zu, macht es weich, glänzend, zart und gut frisierbar.

ÖL-PACKUNG

Das Haar muß nicht extrem trocken sein, um eine Ölkur anzuwenden, denn Öl ist gut für jedes gesunde Haar. Wer gefärbtes oder dauergewelltes Haar hat, sollte vor jeder Haarwäsche die Spitzen mit angewärmtem Öl einmassieren und das Öl eine Weile einziehen lassen. Süßes Mandelöl, Klettenwurzelöl, kaltgepreßtes Olivenöl und Avocadoöl kommen für die Öl-Packung in Frage. Das angewärmte Öl wird ins Haar massiert, um es warm zu halten, setzt man eine Plastikhaube auf. Je länger man Zeit hat, das Öl einwirken zu lassen, desto besser fürs Haar.
Wirkung: Öl nährt das Haar, macht es weich, locker und gut frisierbar.

KRÄUTERÖL-PACKUNG

Die gute Wirkung von Kräutern läßt sich bei der Haarpflege nicht nur durch eine Spülung mit aufgebrühtem Tee erzielen. Man kann die Kräuter auch in Öl einlegen, bevor man das Öl als Packung für das Haar verwendet.

Die getrockneten oder frischen Kräuter werden in kaltgepreßtes Olivenöl gelegt, man rechnet etwa eine Handvoll Kräuter auf eine Tasse Öl. In einem gut verschlossenen Glas oder Porzellantöpfchen wird das Öl anschließend an einem dunklen, kühlen Platz aufbewahrt und so eine Woche lang stehengelassen. Vor der Anwendung wird das Öl abgeseiht. Wer in Eile ist, kann das Kräuteröl auch in einer Art Schnellverfahren herstellen. Dazu gibt man das Öl in einen hohen Plastiktopf, wirft die Handvoll Kräuter hinein und erwärmt alles zusammen auf dem Wasserbad. Die Kräuter sollen etwa 15–20 Minuten auf dem Wasserbad durchziehen, bevor man das Öl abseiht.

Als Zusatz fürs Kräuteröl eignen sich vor allem Birkenblätter, Brennessel, Rosmarin, Kamille, Kleeblüte, Kresse und Ehrenpreis.

Ziehen die Kräuter im Ölbad sehr viel Öl auf, muß man beim Abseihen solange mit der Hand pressen, bis der letzte Tropfen des kostbaren Öls gewonnen ist. Wer in der Kosmetik-Küche rationell arbeiten will, setzt das Öl nicht nur für eine einmalige Haarpackung an, sondern gleich für mehrere Male. Je länger das Öl steht, desto aromatischer wird es, man kann es ruhig bis zu vier Wochen stehenlassen.

Anwendung und Wirkung: Das Kräuteröl wird nach dem Abseihen kurz erwärmt, es sei denn, man hat das Öl bereits im Wasserbad hergestellt. Man verteilt das Kräuteröl aufs Haar, in erster Linie aber auf die Haarspitzen. Einwirken sollte das Öl so lange wie möglich, mindestens eine Stunde.

Die Kräuteröl-Packung hilft, kleine Anomalien, die etwa durch Witterungseinflüsse entstehen, zu beseitigen. Das Öl stärkt und kräftigt das Haar, macht es weich, glänzend und gut frisierbar.

GLANZ-NÄHR-PACKUNG
Zutaten:
1/2 Tasse Olivenöl
1/2 Kaffeelöffel Lanolin

1 Kaffeelöffel getrocknete Birkenblätter
1 Kaffeelöffel getrocknete Brennesseln
1 Kaffeelöffel getrocknete Kamillen
1 Eigelb
1 Spritzer Zitronensaft

Herstellung: Man zerschmilzt das Lanolin mit dem Olivenöl im Wasserbad, fügt der geschmolzenen Mischung die getrockneten Kräuter bei und läßt alles eine halbe Stunde lang auf dem kochenden Wasserbad gut durchziehen. Anschließend seiht man das Öl ab, indem man die Mischung durch einen Leinenbeutel oder durch Kaffeefilterpapier preßt. Nun wird das Eigelb mit einem Spritzer Zitronensaft verrührt und das etwas abgekühlte Kräuteröl langsam unter das Ei gerührt.

Anwendung und Wirkung: Man verteilt die Packung gleichmäßig aufs Haar und hält sie unter einer Plastikhaube warm. Nach einer Einwirkungszeit von etwa einer Stunde wird das Haar zunächst mit der Packung gewaschen, als sei die Packung ein Haarshampoo. Erst bei der nächsten Wäsche wird etwas Shampoo verwendet. Die Nähr-Packung ist eine wahre Wunderpackung. Sie macht das Haar seidenweich, geschmeidig und glänzend. Wer dauergewelltes oder gefärbtes Haar hat, wird von dieser Packung sehr begeistert sein, denn nach ihrer Anwendung läßt sich das Haar spielend leicht einlegen und gut frisieren.

HAARFESTIGER

BIERSPÜLUNG

Helles Bier ist ein hervorragendes festigendes Mittel für jedes Haar; man verwendet es als Haarfestiger, wenn man die Haare nach dem Waschen auf Lockenwickler drehen will. Es genügt eine Tasse Bier, das man gleichmäßig über das ganze Haar verteilt und anschließend nicht mehr abwäscht. Das Bier hinterläßt im Haar weder Geruch noch einen grauen Belag, im Gegenteil. Neben seiner festigenden Wirkung macht es das Haar seidig und glänzend.

Wer eine pflegende Kräuterspülung nach der Haarwäsche vornehmen will, das Bier aber als Festigungsmittel braucht, kann mit einem kleinen Trick beides tun: nach der Kräuterspülung wird das Haar auf die Lockenwickler gedreht, anschließend betupft man jeden einzelnen Wickler mit einem in Bier getränkten Wattebausch.

KRÄUTERFESTIGER
Zutaten:
1 Handvoll Brennesseln
1 Handvoll Birkenblätter
1 Handvoll Huflattich
1 Handvoll Eichenrinde
50 g Alkohol 96%
Destilliertes Wasser zum Aufgießen, ca. 1/2 Liter.

Herstellung: Die getrockneten, ersten vier Zutaten werden mit dem Alkohol und so viel destilliertem Wasser übergossen, bis alles bedeckt und durchfeuchtet ist. In einer Glas- oder Porzellanschüssel läßt man die Mischung bedeckt etwa fünf Tage lang durchziehen, zwischendurch mit destilliertem Wasser nachgießen, wenn die Kräuter sehr viel Feuchtigkeit aufgesogen haben. Nach der angegebenen Zeit seiht man die Mischung durch ein Haarsieb und filtert die gewonnene Flüssigkeit nochmals durch Kaffeefilterpapier.

Anwendung und Wirkung: Dieser Kräuterfestiger ist nur für mittelblondes, brünettes oder dunkles Haar geeignet, bei blondem Haar könnte er leicht fleckig wirken. Mit den angegebenen Mengen gewinnt man etwa einen halben Liter Haarfestiger.

Der Kräuterfestiger wird wie eine Spülung angewandt und

gleichmäßig ins Haar massiert. Das Haar bekommt durch den Kräuterfestiger einen schönen Glanz, gute Griffigkeit und gute Haltbarkeit. Er wirkt gleichzeitig sehr pflegend und kann beliebig oft verwendet werden.

KAMILLENFESTIGER
Zutaten:
2 Handvoll Kamillenblüten
1 Zitrone

Herstellung: Die getrocknete Kamille mit etwa einem halben Liter kochendheißem Wasser übergießen und eine halbe Stunde durchziehen lassen. Anschließend seiht man die Flüssigkeit durch ein Haarsieb und danach durch Kaffeefilterpapier, damit alle feinen Blütenreste entfernt sind. Nun wird die Zitrone ausgepreßt und ihr Saft ebenfalls durch den Kaffeefilter geseiht. Man vermischt die beiden Flüssigkeiten miteinander und massiert das Haar gleichmäßig damit ein.

Wirkung: Der Kamillenfestiger ist nur für blondes Haar geeignet. Er gibt dem Haar einen schönen Glanz, hellt es leicht auf und macht die Frisur gut haltbar.

HAARFARBEN

Seit Menschengedenken haben die Frauen versucht, mit vielerlei Hilfsmitteln dem Haar eine glanzvollere Farbe zu geben als die, welche die Natur ihnen geschenkt hat. Die Haarfärbeprozeduren dauerten oft stundenlang und waren eine Strapaze für Haar und Kopfhaut, abgesehen von den zweifelhaften Ergebnissen der neuen Farbschöpfung. Mit altmodischen Haarfärbetechniken braucht sich heute keine Frau mehr zu beschäftigen, denn jeder Friseur ist in der Lage, innerhalb kurzer Zeit jede gewünschte Färbung vorzunehmen. Aber auch die modernen Haarfarben machen das Haar häufig trocken und brüchig, wenn man nicht sehr viel ausgleichende Pflege vornimmt. Auch wirken die perfekt gefärbten Köpfe häufig eintönig, denn keine Frau hat von Natur aus vollkommen einfarbiges Haar. Es gehört also ein erstklassiger Friseur dazu, wenn man sich das Haar in einer natürlich aussehenden Farbe einfärben lassen will. Um in farbloses Haar ein paar glanzvolle Lichter zu bringen, kann man zu Hause leichte Spülungen mit einfachen, schonenden Mitteln vornehmen. Sie helfen die individuelle, natürliche Haarfarbe akzentuieren, ohne das Haar anzugreifen.

HENNA

Wer den Rotschimmer von blondem, mittelblondem, brünettem oder rotem Haar betonen oder allzu streng wirkendem schwarzem Haar einen warmen Rotton verleihen möchte, sollte das Haar in Henna baden. Man bekommt es in Drogerien oder in manchen Großstädten auch in Boutiquen zu kaufen. Beim Einkauf sollte man auf die Farbe des Pulvers achten, es muß gelblich-grün sein, rötliche Ware ist alt und nicht mehr zu verwenden.

Henna wirkt, wenn man es lange einziehen läßt, wie eine Färbung, es ist also mit Bedacht anzuwenden. Wenn man ganz sicher gehen will, schneidet man aus dem unteren Deckhaar eine kleine Haarsträhne heraus, bindet sie mit einem Faden zusammen und bestreicht sie mit dem in warmem Wasser angerührten Hennabrei. Nach etwa 20 Minuten soll man die Haarsträhne waschen und trocknen lassen. Nun kann man genau sehen, wie intensiv die Tönung geworden ist, beziehungsweise werden soll. Ist das Haar bereits gefärbt, sollte man Henna nur mit Vorsicht anwenden, es könnte leicht unschöne Schattierungen geben.

Bevor man den Hennabrei aufträgt, wird das Haar gut gewaschen und dadurch entfettet. Mit heißem Wasser rührt man nun das Hennapulver zu einem sämigen Brei, dessen

Konsistenz so zu halten ist, daß er gerade noch leicht vom Löffel fließt. Nun scheitelt man das Haar in Partien und trägt den Brei warm auf, bis alles Haar vom Brei gut bedeckt ist. Die Mischung sollte auch auf dem Kopf warm bleiben, man setzt sich deshalb eine Plastikhaube auf den Kopf und wickelt ein Frotteehandtuch darum. Die feuchte Wärme unter der Haube trägt ganz entscheidend zum guten Gelingen der Tönung bei. Je nach der gewünschten Nuance läßt man die Tönung einwirken, man kann von 20 Minuten bis zu 2–3 Stunden rechnen.

Henna ist nicht nur ein schonendes Tönungs- und Färbemittel, es macht das Haar auch glänzend und seidenweich.

KAMILLE UND ZITRONE

Ein gutes altes Hausmittel, um blondes, mittelblondes oder aschblondes Haar aufzuhellen, ist die Kamillen-Zitronen-Spülung. Man überbrüht dazu drei Handvoll Kamillen mit kochendheißem Wasser, bis alles bedeckt ist und läßt den Sud etwa eine Stunde lang durchziehen, bevor man ihn durch den Filter abseiht. In die gefilterte Flüssigkeit gibt man nun den ebenfalls gefilterten Saft einer halben Zitrone und spült die Mischung gleichmäßig ins Haar, ohne das Haar hinterher nochmals zu waschen.

Verdoppelt man die halbe Zitrone auf den Saft einer ganzen Zitrone, wirkt die Farbspülung gleichzeitig als Festiger. Ist das Haar bereits gebleicht, empfiehlt es sich, bei der Haarwäsche in die letzte Spülung einen Schuß Obstessig zu geben, er macht das Haar leicht frisierbar.

WALNUSSBLÄTTER

Wer natürlich braunem Haar einen intensiven, satten Braunton verleihen will, sollte die Teespülung mit getrockneten Walnußblättern verwenden. Die Walnußblätter-Spülung betont das Braun des Haares und gibt farblosem Haar einen vollen, warmen Braunton. Die Spülung wirkt gleichzeitig leicht festigend und macht das Haar glänzend und gut frisierbar.

Die getrockneten Walnußblätter aus dem Kräuterhaus mit kochendheißem Wasser übergießen und etwa eine Viertelstunde durchziehen lassen. Anschließend seiht man die Flüssigkeit ab und filtert sie nochmals durch Kaffeefilterpapier, damit feine Blätterreste restlos entfernt werden. Mit der gewonnenen Flüssigkeit massiert man das Haar gleichmäßig ein und läßt sie ins Haar einwirken, ohne das Haar nochmals auszuwaschen.

Die Menge der verwendeten Blätter und die Wassermenge richtet sich nach der Intensität der Farbe, die man erzielen möchte. Generell kann man sagen, daß eine leichte Farbspülung mit einer Handvoll Blätter auf einen Liter Wasser erreicht wird, eine Handvoll Blätter auf eine Tasse Wasser dagegen ergibt schon eine recht intensive Tönung.

WÄSCHEBLAU

Der hübscheste Effekt, den man mit grauem Haar erzielen kann, ist eine Verschiebung der meist gelblich-grauen Farbe in ein warmes bläuliches Grau. Früher spülten sich die Frauen das Haar mit Wäscheblau; man kann es in jeder Drogerie kaufen. Die Menge des verwendeten Wäscheblaus richtet sich ganz nach der gewünschten Farbe, man gibt beim Haarewaschen eine kleine Menge davon ins letzte Spülwasser.

SCHWARZER TEE

Will man in dunkles oder schwarzes Haar einen satteren Farbton bringen, bereitet man einen ganz normalen schwarzen Tee nach englischem Rezept: Einen Teelöffel Blätter auf eine Tasse Wasser. Man läßt den Tee mindestens eine halbe Stunde ziehen, bevor man ihn abseiht und als Haarspülung verwendet. Je stärker man den Teeaufguß bereitet, desto dunkler wird die Spülung. Die Teespülung wird normalerweise nicht mehr aus dem Haar gewaschen, will man aber einen sehr starken Teeaufguß als Farbspülung verwenden, läßt man die Spülung eine halbe Stunde aufs Haar einwirken und wäscht das Haar danach nochmals kurz mit Wasser ab.

PFLEGE FÜR TROCKENES HAAR

Gegen trockenes, störrisches Haar gibt es viele gute Hausmittel, die bei regelmäßiger Anwendung zu einer dauerhaften Verbesserung der Haarstruktur führen. Trockenes Haar kann anlagebedingt sein, wenn die Talgdrüsen zu wenig natürliches Hautfett produzieren. Dabei tritt das trockene Haar meist zusammen mit trockener Haut auf. Aber auch andere Ursachen kommen für die Trockenheit der Kopfhaut und des Haares in Frage, zum Beispiel zuviel Sonnenbestrahlung, zuviel Trockenhaube oder der ständige Aufenthalt in schlecht gelüfteten, überheizten Räumen.

Die Durchblutung der Kopfhaut ist sehr wichtig bei der Pflege trockenen Haares, um die Produktion der Talgdrüsen anzuregen. Täglich 100 Bürstenstriche mit der Naturborstenbürste oder tägliche Kopfmassage mit den Fingerspitzen helfen die Kopfhaut richtig zu durchbluten.

REINIGUNG

Auch für trockenes Haar gibt es keine Regel, wie oft man es waschen soll; man wäscht es dann, wenn es schmutzig zu werden beginnt. Für die Haarwäsche sind alle Mittel zu vermeiden, die das Haar noch mehr austrocknen, dazu gehört auch stark kalkhaltiges Wasser. Wenn man sich nicht die Mühe machen will, das Waschwasser abzukochen, sollte man auf jeden Fall nach jeder Haarwäsche eine Spülung vornehmen, mit welcher alle Rückstände wie Chlor oder Kalk aus dem Haar entfernt werden: Kräuterspülungen sind dazu geeignet.

Für die Haarwäsche empfiehlt sich ein hochwertiges Öl-shampoo, das man in der Apotheke zu kaufen bekommt. Es enthält keine waschaktiven Substanzen und schäumt deshalb nur wenig. Ein Berg von Seifenschaum auf dem Kopf mag zwar auf Reklamefotos lustig aussehen, bei trockenem Haar sollte man sein Vertrauen aber lieber den weniger dekorativen Shampoos schenken. Verschiedene französische Firmen stellen neuerdings hochwertige Ölshampoos mit Kräuterzusätzen her, die fast keine Schaummittel enthalten. Die Shampoos sind zwar recht teuer, aber sie pflegen das Haar ausgezeichnet.

Wichtig für die Pflege trockenen Haares ist die Behandlung vor und nach der Wäsche. Wenn man keine Zeit hat, eine Packung aufzutragen, sollte man wenigstens die Spitzen vor der Wäsche einölen oder mit Lanolin einfetten. Rizinusöl, süßes Mandelöl oder Weizenkeimöl kommen für die Schnellbehandlung in Frage. Das Öl sollte mindestens zehn Minuten einwirken, bevor man das Haar wäscht. Die Mühe lohnt sich, denn das Haar bleibt nach dem Trocknen schön geschmeidig und weich. Ist das Haar nur wenig verschmutzt, kann man es auch mit einem selbstproduzierten Eidottershampoo waschen. Man verrührt dazu – je nach Haarlänge – einen oder zwei Eidotter mit dem Saft einer halben Zitrone und wäscht mit der Mischung das Haar wie mit jedem anderen Shampoo. Bei der zweiten Wäsche muß das Haar lang und sorgfältig gespült werden, damit keine Eigelbreste im Haar zurückbleiben. Der Eidotterwäsche sollte man allerdings keine Ölkur vorausgehen lassen, sonst bekommt man das Haar nicht mehr frei von Ölresten.

Nach jeder Haarwäsche gehört trockenes Haar nachgespült. Hat man das Haar mit seifenhaltigen Shampoos gewaschen, sollte eine saure Spülung der Haarwäsche folgen. Ein Schuß Obstessig oder etwas Zitronensaft im letzten Spülwasser neutralisieren die Rückstände und machen das Haar glänzend und weich. Auch Kräuterspülungen helfen, das trockene Haar geschmeidig und zart zu machen und den Haarboden zu gesunden. Birkenblätter, Brennessel, Kamille und Huflattich kann man als Kräuterzusatz für trockenes Haar verwenden.

Wichtig für die Behandlung nach der Wäsche ist das richtige Trocknen des Haares. Die Trockenhaube sollte man nach Möglichkeit vermeiden, der heiße Wind, der ihr entströmt, ist nicht nur schlecht für trockenes Haar, er schadet auch der Haut. Kann man auf die Trockenhaube aus zeitlichen Gründen nicht verzichten, sollte man sie nur lauwarm einstellen.

Am schonendsten trocknet man das Haar im Freien, wenn es warm genug ist, oder im warmen Zimmer. Wer es eilig hat mit dem Haaretrocknen, sollte den Fön benutzen. Wenn man das Haar selbst auf Wickler legt, sollte man die Haarspitzen mit einem speziellen Seidenpapier einwickeln. Man bekommt es leider nicht in allen Drogerien zu kaufen, aber viele große Kaufhäuser führen es in der Parfümerieabteilung. Überreden Sie auch Ihren Friseur dazu, Spitzenpapier beim Einlegen zu verwenden, es schont nicht nur die spröden Spitzen, es macht auch die Frisur viel haltbarer.

Wenn sich das Haar nach dem Trocknen zart und geschmeidig anfühlt, traktieren Sie es möglichst nicht mit Haarspray, der das Haar austrocknet. Vermeiden Sie auch starkes Toupieren, Bleichen oder Färben.

Die Durchblutung der Kopfhaut ist, wie bereits erwähnt, das A und O der Pflege trockenen Haares. Tägliches Bürsten und Kopfmassage sollten auf dem Pflegeprogramm an erster Stelle stehen. Wenn die Kopfhaut spannt, greifen Sie sich unter das Haar und massieren die Kopfhaut leicht mit den Fingerspitzen durch. Man braucht dazu kein Haarwasser, das ruiniert meist nur die Frisur.

PACKUNGEN

Auch Packungen, besonders die Eigelb- und Glanznährpakkung, helfen bei regelmäßiger Anwendung, die trockenen, störrischen Haare zu bändigen. Erwärmtes Öl ist ebenfalls ein wirksames Mittel.

ÖLKUR

Man vermischt einen Eierbecher voll Rizinusöl und Weizenkeimöl und erwärmt die Ölmischung auf dem Wasserbad. Anschließend wird das Haar in einzelne Partien gescheitelt und das warme Öl direkt mit den Fingerspitzen auf die Kopfhaut aufgetragen. Wenn alles gut eingestrichen ist, wird das Haar mit einem großzinkigen Kamm durchfrisiert, damit sich das Öl auf das gesamte Haar gleichmäßig verteilt. Dann setzt man eine Plastikhaube auf und wickelt ein in heißes Wasser getauchtes Frotteehandtuch um den Kopf. Sobald das Handtuch abkühlt, erneut in heißes Wasser tauchen, bis die Sitzung zu Ende ist. Je länger das warme Öl einwirkt, desto besser – mindestens sollte es 20–30 Minuten wirken, wenn man eine gute Wirkung erzielen will. Steht das Haarewaschen vormittags auf dem Schönheitsprogramm, beginnen Sie schon am Abend zuvor mit einer Ölkur und lassen Sie die Packung über Nacht einwirken. Wenn Ihnen das Gummiband der Haube lästig wird, benutzen Sie eine alte ausgediente Wollmütze, sie erfüllt den gleichen Zweck. Waschen Sie das Haar nachher lang und sorgfältig durch, bis alle Ölreste aus dem Haar verschwunden sind. Ins letzte Spülwasser geben Sie einen Schuß Obstessig. Die Ölkur macht das Haar wunderbar weich, zart und gut frisierbar. Das Öl nährt und kräftigt das Haar, und bei regelmäßiger Anwendung hilft die Kur, die Struktur des Haares auf Dauer zu verbessern.

PFLEGE FÜR FETTES HAAR

Wer unter fettem Haar leidet, hat meist auch eine fette Gesichtshaut, denn die Talgdrüsen der Haut und der Kopfhaut produzieren zuviel Fett. Zu der Überproduktion gesellt sich meist noch ein zweites Übel: die Kopfhaut sondert Schweiß und kleine Schüppchen ab. Diese Fett-, Schweiß- und Schuppenmischung bewirkt, daß das Haar bereits kurze Zeit nach dem Waschen zusammenfällt und in fettigen Strähnen herunterhängt. Ist das fette Haar anlagebedingt, läßt sich außer einer regelmäßigen, sorgsamen Pflege recht wenig für eine dauernde Besserung unternehmen. Man kann es allerdings schon als einen großen Fortschrittt bezeichnen, wenn das Haar mindestens fünf Tage lang nach dem Waschen locker und trocken bleibt. Diesen

Erfolg erreicht man, wenn man die Kopfhaut regelmäßig mit desinfizierenden, adstringierenden und schwach entfettenden Mitteln behandelt. Krasse Entfettungskuren mit stark alkoholhaltigem Haarwasser, häufig angewandte Anti-Fett-Shampoos oder gar Anti-Fett-Haarspray führen zum Gegenteil von dem, was man erreichen will: Die traktierte Kopfhaut wird zu immer intensiverer Talgproduktion angeregt und das Haar wird immer noch fetter und strähniger.

Prüfen Sie auch die Ernährung, wenn das Haar schnell fettet. Fettes Fleisch, Süßigkeiten, Kuchen, geräucherter Fisch und scharfe Gewürze sollten so sparsam wie möglich auf dem Speiseplan zu finden sein. Auch gesundheitliche Störungen mögen vorliegen, wenn das Haar ohne ersichtlichen Grund mehr fettet als gewöhnlich. Zu den organischen Gründen, die zu einer intensiven Talgabsonderung führen, gehören auch hormonelle Veränderungen, das betrifft vor allem die Tage vor der Menstruation, wo die Talgdrüsen mehr Talg absondern als gewöhnlich.

Produziert die Kopfhaut außerordentlich viel Talg und Schuppen, zeigen sich sogar Entzündungen oder Ekzeme, müssen Sie schleunigst zum Arzt gehen. Die ärztliche Hilfe kann schon einsetzen, bevor diese Übel auftreten: Gegen fettes Haar helfen beispielsweise Quarzlampenbestrahlung und medizinische Haarpflegemittel.

Sorgen Sie bei stark fettendem Haar für einen lockeren, problemlosen Haarschnitt und vermeiden Sie komplizierte Frisuren und lange, glatt herabhängende Haare. Sie werden wahrscheinlich darauf angewiesen sein, das Haar sehr häufig selbst zu waschen, und abgesehen davon, daß niemand die Zeit und das Geld aufbringt, jeden zweiten oder dritten Tag zum Friseur zu gehen, schadet die heiße Luft der Trockenhaube dem Haar und der Haut.

Ist das Haar sehr dünn und leicht fettend, hilft zwar eine leichte Dauerwelle, dem Haar etwas Stand und Lockerheit zu geben, man sollte sich aber möglichst eine Dauerwelle machen

lassen, die nicht eingelegt werden muß, sondern selbst in Form
gefönt werden kann.

Vermeiden sollte man enganliegende Kopftücher, Mützen
und Hüte, die das Haar zu eng an die Kopfhaut andrücken.

REINIGUNG

Waschen Sie das fette Haar so oft wie nötig, wenn es sein
muß, jeden zweiten Tag. Häufiges Waschen schadet dem Haar
viel weniger als zu wenig Waschen. Die Ansammlung von Talg
und Schweiß auf der Kopfhaut bildet einen idealen Nährboden
für Bakterien, und wer die Pflege schnell fettenden Haares
nachlässig betreibt, wird bald mit Schuppen, in schlimmeren
Fällen sogar mit Ekzemen rechnen müssen. Die Reinhaltung
der Kopfhaut ist also die wichtigste Maßnahme, um eine
dauerhafte Besserung zu erzielen.

Wenn das Haar sehr häufig gewaschen wird, sollte man nur
an einem Tag in der Woche die gründliche Haarwäsche
einplanen; für diese Wäsche benutzt man ein medizinisches
Schwefelshampoo aus der Apotheke und wäscht damit das
Haar zweimal hintereinander gründlich durch. Wird das Haar
während der Woche nochmals gewaschen, genügt eine leichtere
Haarwäsche mit wenig Shampoo und einmaligem Durchwa-
schen. Bei diesen Zwischenwäschen gibt man nur eine ganz
winzige Menge von Schwefelshampoo in die hohle Hand,
verdünnt es in der Hand mit etwas Wasser und massiert es so
sanft wie möglich ins angefeuchtete Haar.

Borax ist ein geeignetes Mittel, das Waschwasser weich zu
machen und die Kopfhaut schonend zu entfetten. Wenn das
Haar oft gewaschen werden muß, schadet hohe Kalkhaltigkeit
dem Haar; eine Prise Borax im Waschwasser hilft, das Haar
schonend zu waschen.

Häufig wird das Eishampoo oder die Eidotterwäsche mit
frischen Eidottern auch für die Behandlung des fetten Haares
empfohlen. Sie ist für häufige Anwendung insofern wenig
geeignet, weil Eigelb das Haar sehr weich macht. Je weicher das

fette Haar aber wird, desto schneller fällt es zusammen und legt sich an die Kopfhaut an. Wenn man trotzdem gelegentlich eine nährende Eidotterwäsche anwenden will, eignet sich eine Mischung von Eidotter und Brandy. Man rechnet auf ein Eigelb ein Schnapsgläschen Brandy, mischt alles gut zusammen und massiert die Mischung in das angefeuchtete Haar. Dann gut auswaschen, damit keine Eigelb-Reste zurückbleiben. In die letzte Spülung gibt man den Saft einer halben Zitrone oder einen Schuß Obstessig.

Nach jeder Haarwäsche, ob es nun eine gründliche oder eine Zwischenwäsche war, sollten Sie eine Kräuterspülung vornehmen.

KRÄUTERSPÜLUNG

Thymian, Huflattich, Zinnkraut oder Rosmarin sollte man immer im Haus haben, wenn man fettes Haar hat. Alle diese Pflanzen, die man getrocknet in der Kräuterhandlung kaufen kann, sind ideale Mittel, um die Kopfhaut und das fette Haar schonend zu pflegen. Hier noch ein kurzer Wegweiser dafür, welche Kräuter welchem Zweck am dienlichsten sind:

Thymian – desinfiziert und reinigt

Huflattich – enthält Schwefel und hilft die übermäßige Aktivität der Talgdrüsen zu bremsen

Zinnkraut – wirkt heilend bei leicht entzündbarer Kopfhaut.

Rosmarin – wirkt leicht gefäßerweiternd und erleichtert den Abfluß von Talgsekretionen.

Herstellung und Anwendung: Die Kräuterspülung ist schnell zubereitet, sie wird wie ein Tee hergestellt. Man rechnet auf eine Tasse Wasser etwa einen Teelöffel getrockneter Kräuter. Man übergießt die Kräuter mit kochendheißem Wasser und läßt den Aufguß abkühlen, bis er lauwarm ist. Dann seiht man die Flüssigkeit durch Kaffeefilterpapier und spült sie mit leicht massierenden Bewegungen ins Haar, damit auch die Kopfhaut etwas davon abbekommt. Anschließend wird das Haar nicht mehr ausgewaschen.

Nach der Haarwäsche und Spülung trocknet man das Haar mit vorgewärmten Frotteehandtüchern sanft und schonend ab. Wann immer sich die Gelegenheit bietet, sollte man das Haar in der Sonne trocknen lassen, sie wirkt heilend auf den Haarboden und hilft, die Schuppen zu vertreiben. Doch man soll sich nicht in die pralle Mittagssonne setzen, denn starke Hitze wirkt reizend auf die Kopfhaut. Diese ungünstige Reizwirkung hinterläßt auch die Trockenhaube, schalten Sie deshalb die Haube immer auf halbe Hitze, wenn Sie beim Friseur sind.

Wenn Sie das Haar auf Lockenwickler drehen, lassen Sie es eine Weile vortrocknen, bevor es eingelegt wird, das verkürzt die Trockenzeit. Braucht das Haar zum Einlegen einen Festiger, verzichten Sie besser auf einen fertigen Festiger. Benutzen Sie lieber eine Tasse Bier, es verklebt das Haar nicht und gibt ihm einen schönen Glanz.

Je mehr die Kopfhaut massiert wird, desto mehr regt man die Talgdrüsenproduktion an. Kopfmassagen und die obligatorischen 100 Bürstenstriche pro Tag sind also für die stark fettende Kopfhaut nicht geeignet. Wichtig für die Pflege der Kopfhaut ist neben der Reinigung die schonende Desinfizierung. Auch ohne intensive Massage läßt sich ein Haarwasser in die Kopfhaut einmassieren. Am besten eignet sich für diesen Zweck reines, frisches Hamameliswasser. Man trägt es auf, indem man das Haar in einzelne Partien scheitelt und das Wasser mit der Pipette auf die Kopfhaut träufelt. Mit einer Hand wird geträufelt, mit den Fingerspitzen der anderen Hand wird das Hamameliswasser leicht verrieben. Das Hamameliswasser sollte regelmäßig benutzt werden, es hilft die Talgdrüsenproduktion der Kopfhaut regulieren, es desinfiziert schwach und schonend und pflegt die empfindliche, leicht entzündbare Kopfhaut. Riechen Sie am Hamameliswasser, wenn Sie es in der Apotheke besorgen! Es soll einen würzigen Kräuterduft haben; in manchen Apotheken bekommt man es zu wäßrig und geruchlos zu kaufen. Füllen Sie das Hamameliswasser um in eine kleine Pipettenflasche, die man ebenfalls für ein paar Groschen in der Apotheke bekommt.

Wer fettes Haar hat, leidet meist auch unter trockenen, porösen Haarspitzen. Nicht unschuldig daran sind oft die gewaltsamen Entfettungskuren mit Haarspray, Trockenshampoo, Festiger und alkoholhaltigem Haarwasser. Um die trockenen Spitzen schnell wieder loszuwerden, massiert man sie vor der Haarwäsche mit etwas Rizinusöl ein. Während der Einwirkungszeit bleiben die Haare unbedeckt.

Mindestens einmal im Monat braucht das fettige Haar eine Kurpackung, mit der man nicht nur die Kopfhaut, sondern auch das Haar pflegen soll.

ZITRONEN-PACKUNG

Für die Zitronensaft-Packung braucht man nicht mehr als den Saft von zwei frischen Zitronen. Der Saft wird nicht direkt aufs Haar, sondern auf die Kopfhaut aufgetragen und einmassiert. Je trockener die Haarspitzen sind, desto weniger Zitronensaft sollte mit ihnen in Berührung kommen. Nachdem der Saft einmassiert ist, wird mit einem Kamm das Haar leicht durchfrisiert, bei spröden Spitzen kämmt man nur bis zur Haarhälfte. Nach 20 Minuten Einwirkungszeit abwaschen.

Zitronensaft ist ein vorzügliches Mittel gegen fettes Haar, er wirkt antiseptisch, adstringierend und durchblutungsfördernd. Er macht das Haar glänzend und gut frisierbar.

HAARPROBLEME

ABBRECHENDE UND GESPALTENE HAARSPITZEN

Wenn die Haarspitzen abbrechen, kann das verschiedene Ursachen haben. Dauergewelltes, blondiertes oder gefärbtes Haar bricht leicht ab, wenn es zu oft behandelt und zu heiß getrocknet wird. Haarspitzen, die beim Eindrehen auf Wickler zu stark abgeknickt und dann zu heiß getrocknet werden, neigen ebenfalls zum Abbrechen, auch wenn das Haar nicht präpariert ist. Brechende, sich spaltende Spitzen kann man nur kurzfristig mit einer Haarkur behandeln, spätestens bis zur nächsten Haarwäsche wird man die porösen Stellen am Haar wieder sehen. Am besten läßt man deshalb die Spitzen abschneiden oder absengen. Künftig darf das empfindliche Haar nur mit Spitzenpapier eingelegt und bei lauer Wärme unter der Trockenhaube getrocknet werden. Vor jeder Haarwäsche reibt man die gefährdeten Spitzen mit reinem Lanolin ein. Liegen bei schulterlangem Haar die Haarenden auf den Schultern auf, spalten sich die Spitzen besonders schnell. Sorgen Sie für eine Frisur, die künftig die Haarspitzen von den Schultern und Krägen fernhält. Dafür gibt es zwei Möglichkeiten: Lassen Sie das Haar entweder noch etwas länger wachsen oder kürzer abschneiden.

Spalten sich bereits die kurzen Nachwuchshaare, sollte man sich vom Arzt untersuchen lassen. Eine gesundheitliche Störung mag der Grund dafür sein, wenn die Ursache des Übels nicht auf strapazierende Verschönerungsmittel zurückzuführen ist.

FEINES, FLIEGENDES HAAR

Bei der Haarpflege sollte man alles vermeiden, was das Haar noch mehr zum Fliegen bringt: Haarbürsten mit synthetischen Borsten oder Kämme aus Kunststoff. Vermeiden sollte man auch Haarspray, er trocknet das feine Haar aus und klebt es zusammen. Fliegt und elektrisiert das Haar sehr stark, beruhigen Sie es mit den eigenen Händen. Streichen Sie mit den warmen Händen einige Male ganz langsam übers Haar, dann brauchen Sie kein Haarspray mehr, um das elektrisierte Haar zu entladen. Wenden Sie öfter eine Haarpackung an und spülen Sie das Haar nach jeder Wäsche mit einer Kräuterspülung, die Ihrem Haartyp entspricht. Dadurch läßt sich das Haar leichter frisieren und es fällt besser in die gewünschte Form. Ist das

Haar sehr trocken, leicht elektrisierend und fliegend, reiben Sie nach der Haarwäsche einen Hauch von Lanolin aufs feuchte Haar.

HAARAUSFALL

Man rechnet, daß pro Tag etwa 50 Haare beim Kämmen und Bürsten ausfallen dürfen. Im Frühjahr und Herbst sind auch etwa 80 Haare pro Tag noch normal. Stellt man fest, daß ohne ersichtlichen Grund mehr Haar als gewöhnlich ausgeht, sollte man einen Arzt fragen. Der Mensch reagiert mit Haut und Haaren auf gesundheitliche Störungen, auf psychische Probleme oder auf eine bereits überstandene Krankheit. Für die Hautärzte ist der tiefere Grund für den Haarausfall in den meisten Fällen auf innere Störungen zurückzuführen. Bei 28 von 100 Frauen, die heute untersucht werden, ist der Hormonhaushalt nicht in Ordnung, bei 46% liegen neurotische Störungen vor. Viele junge Frauen leiden heute auch unter Eisenmangel, weil sie sich falsch ernähren. Bei Haarausfall wird deshalb vom Arzt meist der Eisenstoffwechsel untersucht und notfalls medikamentös ausgeglichen. Bei Haarausfall fordern die Ärzte, das Haar nicht zu kräftig zu bürsten und mit Haarshampoos zu waschen, die waschaktive Stoffe enthalten. Empfohlen werden medizinische Haarshampoos aus der Apotheke.

Allgemein anerkannt ist heute, daß der Haarausfall, der besonders bei Männern zur Kahlheit führt, erblich sein kann. Seit Menschengedenken werden Mittel angeboten, um das schwindende Haupthaar zu retten, aber alle angeblichen Wunderkuren scheinen bisher zu versagen. Amerikanische Forscher berichten neuerdings von Versuchen mit äußerlich anzuwendenden Hormonkuren. Sollten diese Versuche Erfolg haben, wird man sie gewiß bald überall in der Welt auswerten. Ein bewährtes Heilmittel gegen Kahlheit gibt es zur Zeit jedenfalls noch nicht.

Neben den organischen Störungen, die zum Haarausfall führen können, muß auch die Erkrankung der Kopfhaut erwähnt werden, die zu umfassendem oder partiellem Haarausfall führen kann. Die erhöhte Abschilferung der Kopfhaut, die man als Schuppen bezeichnet, steht damit in engem Zusammenhang. Eine alte ärztliche Regel besagt: „Solange Schuppen fallen, bleibt das Haar bestehen; hören die Schuppen auf, dann beginnt das Haar auszufallen."

Stellen Sie fest, ob die falsche Frisur am Haarausfall die Schuld tragen kann. Wer tagein, tagaus einen festen Knoten trägt oder eine straff sitzende Pferdeschwanzfrisur, wer regelmäßig auf Lockenwicklern schläft oder das Haar mit scharfen Mitteln behandelt, kann schnell mehr Haare verlieren, als ihm lieb ist.

Um das Haar bei Haarausfall zu regenerieren, kann man folgende Kur anwenden: Man bringt einen viertel Liter Obstessig kurz zum Kochen und übergießt damit etwa eine Handvoll getrockneter Brennesseln. Die Mengenangaben können entsprechend verdoppelt werden, wenn man für langes Haar mehr Flüssigkeit braucht. Man läßt die Brennesseln eine Viertelstunde im heißen Wasser ziehen, dann seiht man die Flüssigkeit ab. Mit der abgekühlten Lotion wäscht man jeden zweiten Abend das Haar leicht durch, trocknet es ab und massiert anschließend den Haarboden leicht mit etwas Klettenwurzelöl durch. Vor dem Schlafengehen bereitet man sich eine Tasse Zinnkrauttee, der nicht zu heiß getrunken werden soll. Die Regenerationskur wird vervollständigt, wenn man morgens auf nüchternen Magen ein Glas frischen Kressesaft trinkt.

Diese Kur klingt recht kompliziert, aber sie ist eine wunderbare Therapie, wenn man nach einer Krankheit oder einer Schwangerschaft unter Haarausfall zu leiden hat. Sie hat natürlich nur dann einen Zweck, wenn man sicher ist, daß keine akuten gesundheitlichen Störungen vorliegen.

SCHUPPEN

Wer fettes Haar hat, dem macht meist auch eine gesteigerte Absonderung von Hornzellen zu schaffen: Die fettigen Schuppen wirken verkrustet, sie haben eine gelblich-grünliche Farbe. Die trockenen Schuppen dagegen, die man nicht als echte Schuppen bezeichnen kann, sehen aus wie kleine, weiße Flocken.

Tritt die fettige Schuppenabsonderung zusammen mit Haarausfall auf, ist Vorsicht am Platze. Eine Erkrankung der Kopfhaut, innerliche organische Störungen mögen vorliegen. In einem solchen Fall kann nur der Arzt die Ursachen erkennen und behandeln.

Die schuppende Kopfhaut löst meist Juckreiz aus. Die abgestoßenen Schuppen bilden zusammen mit den meist überaus aktiv arbeitenden Talgdrüsen auf der Kopfhaut eine klebrige Schicht, einen idealen Nährboden für Bakterien. Gibt man dem Juckreiz nach, können auf der Kopfhaut Verletzungen entstehen, und die Bakterien haben dann ein leichtes Spiel: Ekzeme, Schorf und feine Narben sind die Folge. Wenn Sie unter den öligen Schuppen leiden, vermeiden Sie alle Haarpflegemittel, welche die Kopfhaut austrocknen und die Produktion der Talgdrüsen noch mehr anregen. Waschaktive Haarshampoos, Haarspray und alkoholhaltige Festiger müssen vermieden werden.

Schonendste Reinhaltung und absolute Sauberkeit mit den Bürsten und Kämmen ist das erste Gebot bei der Behandlung der öligen Schuppen. Man wäscht das Haar so oft wie möglich, damit die Absonderungen der Kopfhaut keine Keime hervorbringen können. Man läßt sich zur Haarwäsche ein medizinisches Shampoo vom Arzt verschreiben oder verwendet ein schwefelhaltiges Shampoo aus der Apotheke. Nach der Haarwäsche hilft eine Kräuterspülung oder eine leichte Kopfmassage mit Hamameliswasser, um die Kopfhaut schonend zu desinfizieren. Um den Haarboden einzureiben, kann man auch nach der Haarwäsche ein entzündungshemmendes Kopfwasser anwenden:

ARNIKA-KOPFWASSER

Zutaten:

 2 Handvoll Brennesseln
 1 kleinen Schuß Alkohol, 96%
20 Tropfen Arnikatinktur
Ca. ¹/₂ Liter destilliertes Wasser

Herstellung: Man übergießt die getrockneten Brennesseln mit
dem reinen Alkohol und gießt so viel destilliertes Wasser nach,
bis die Blätter alle gut bedeckt sind. Etwa 3 Tage stehen lassen,
abseihen und durch Kaffeefilterpapier laufen lassen. In die
gewonnene Flüssigkeit träufelt man nun die 20 Tropfen Arnikatinktur ein.

Anwendung und Wirkung: Das Haarwasser wird nach der
Haarwäsche sanft in die Kopfhaut einmassiert. Das Kopfwasser
erfrischt die Kopfhaut und hilft kleine Entzündungen heilen.

Auch Öle sind ein gutes Mittel, um die Absonderungen des
Haarbodens schonend abzutragen. Besonders gut ist Klettenwurzelöl geeignet, das man fertig in der Apotheke kaufen kann.
Massieren Sie die Kopfhaut damit ein, bevor Sie das Haar
waschen und lassen Sie das Öl unter einer wärmenden Plastikhaube einziehen. Das warme Öl macht die Kopfhaut weich und
geschmeidig und löst auf die schonendste Weise die Absonderungen.

Um den Haarboden schonend zu desinfizieren, kommen
Kräuterspülungen mit Thymian, Kamille, Huflattich und Salbei
in Frage. Vorsicht ist allerdings im Umgang mit Salbei geboten,
da er leicht bräunlich färbt und möglichst nicht für helles Haar
verwendet werden soll.

Auch Pfefferminze gilt als ein gut wirksames Mittel gegen
Schuppen. Auf der Basis von Pfefferminze läßt sich ein
Tonikum herstellen, mit dem man die Kopfhaut vor dem
Haarewaschen einmassieren kann: Eine Handvoll Pfefferminze,
getrocknet oder frisch, wird mit einer Tasse Obstessig und zwei

Tassen Wasser auf kleiner Flamme etwa 10 Minuten lang siedend gekocht. Die abgekühlte, abgeseihte Flüssigkeit wird in die Kopfhaut einmassiert.

Neben den Kräuterspülungen hilft auch stabilisierte Weizenkleie aus dem Reformhaus vorzüglich gegen ölige und trockene Schuppen. Man kocht die Weizenkleie nach Vorschrift und verwendet den abgeseihten Extrakt als Spülung. Der Kleieextrakt wird leicht in die Kopfhaut einmassiert und soll mindestens eine halbe Stunde einwirken, bevor man ihn abwäscht. Gegen die trockenen Schuppen, die meist auf trockener, spröder Kopfhaut gedeihen, hilft auch eine Eigelbpackung.

10

DIE AUGEN

AUGENBÄDER

Die tägliche Reinigung der Augen ist das beste Mittel, um die Augen klar und glänzend zu erhalten, denn Wimpern, Augenlider und auch die Bindehaut sind Verschmutzung ebenso ausgesetzt wie die Haut oder das Haar. Die Reinigung der Augen sollte am Abend vor dem Schlafengehen vorgenommen werden. Man verwendet dazu eine kleine Augenbadewanne, die es in der Apotheke zu kaufen gibt, oder einen Eierbecher mit abgerundetem Rand. Man füllt die Hälfte des Bads mit der entsprechenden Lotion, drückt das Bad leicht gegen die Augen und lehnt den Kopf möglichst weit zurück. Das Auge wird im Bad geöffnet. Die reinigende und beruhigende Kräuterlotion fürs Augenbad stellt man ausreichend für mehrere Augenbäder her. Fürs Augenbad wird immer wieder Borwasser empfohlen, selbst für kleine Kinder. Wie man neuerdings festgestellt hat, wird Borwasser von der Schleimhaut resorbiert und seine Anwendung kann zu Entzündungen und sogar zu Vergiftungserscheinungen führen.

So gut der Zusatz von Kamille für die Hautpflege ist, so wenig eignet auch er sich als Zusatz fürs Augenbad. Selbst nach dem Filtern vermag Kamillentee noch feine Staubpartikelchen zu enthalten, die als Reizstoff ins Auge eindringen können. Wenig zu empfehlen ist auch eine Kochsalzspülung, die immer wieder als angeblich bewährtes Hausmittel angeführt wird. Die dehydrierende Wirkung von Salz ist viel zu radikal, um die Augen damit mild und schonend zu pflegen.

FENCHELTEE

Man übergießt eine Handvoll Fenchelblätter mit etwa einem halben Liter kochendheißem Wasser und läßt den Sud mehrere Stunden durchziehen. Die gefilterte Flüssigkeit ergibt ein vorzügliches Augenwasser; es klärt den Blick und macht müde, überanstrengte Augen wieder munter.

PETERSILIENTEE

Küchenpetersilie ist ein hervorragendes Mittel zur Reinigung und Belebung der Augen. Petersilie gut waschen, eine Handvoll mit einem halben Liter kochendheißem Wasser übergießen und einige Stunden durchziehen lassen. Der gefilterte Sud kann als Augenbad oder Augenkompresse verwendet werden. Sind die Augen sehr müde und überanstrengt, kann man dem Petersilientee noch eine halbe Handvoll frischer Rosenblätter bei gleicher Menge Wasser zufügen. Man sollte allerdings nur ungespritzte Rosen aus dem eigenen Garten verwenden.

ANDERE KRÄUTERZUSÄTZE

Sanfte Augenlotionen kann man auch mit Kerbel, Kornblumenblüten, Rosmarin oder Veilchenblättern herstellen. Die Kornblumenblüten, die man heute leider nur noch in der Kräuterhandlung kaufen kann, nannte man früher auf dem Lande den „Brillenzerstörer", und tatsächlich wirkt der Kornblumentee als Augenlotion sehr erfrischend und belebend.

AUGENBRENNEN

Rote, juckende und brennende Augen bekommt man leicht durch angestrengtes Lesen, langes Fernsehen, Aufenthalt in staubiger, rauchiger Luft oder auch durch unverträgliches Augen-Make-up. Eine häufige Ursache ist auch die Unkenntnis über vorhandene Sehstörungen; dazu kann man in einer Statistik lesen, daß rund acht Millionen Bundesbürger zwar wissen, daß mit ihren Augen etwas nicht in Ordnung ist, aber trotzdem keine Brille tragen.

Um brennende, juckende Augen zu beruhigen, wendet man eine Augenkompresse an. Praktisch und einfach sind dafür Kamillen- Pfefferminz- oder Fenchelteebeutel, die man kurz in heißem Wasser ziehen läßt und dann warm auflegt. Die für die Teekanne vorgesehene Schnur kann man sehr gut zweckentfremden, indem man sie hinter die Ohren legt – so fällt der Teebeutel beim Trocknen nicht herunter. Bei Augenbrennen wirken auch Augentropfen beruhigend, die man in der Apotheke kaufen kann.

Das Rezept für ein selbsthergestelltes Augentonikum: Man bringt eine Teetasse voll Wasser zum Kochen, nimmt es vom Feuer und löst in der Flüssigkeit einen schwachen Teelöffel voll Bienenhonig. Das lauwarme Honigwasser wird tropfenweise in die Augen geträufelt und soll bei geschlossenen Augen zehn Minuten lang einwirken.

AUGENCREMES

Augencremes, Balsame oder Öle sollen helfen, die Haut um die Augen weich und geschmeidig zu erhalten, die zarte Haut zu pflegen und zu schützen. Manche im Handel befindliche Augencremes enthalten Quellmittel. Diese Mittel lassen die Augenfalten vorübergehend hochquellen, so daß der Eindruck entsteht, sie seien verschwunden. Benutzt man die Cremes nicht mehr, treten die Falten meist noch intensiver auf als vorher, dazu ist die Haut meist noch ausgetrockneter und die Lidränder entzündet.

Frisches süßes Mandelöl und Avocadoöl kommen zur Pflege der Augenpartie in Frage. Diese Öle enthalten ungesättigte Fettsäuren, sie sind leicht verstreichbar und dringen schnell in die äußeren Hautschichten ein. Man trägt das Öl am Abend auf, läßt es eine Weile einwirken und nimmt die überschüssigen

Reste nach kurzer Einwirkungszeit ab. Sind die Falten um die Augen schon recht verhärtet, empfiehlt es sich, eine geringe Menge des verwendeten Öls kurz im Wasserbad anzuwärmen und als Kur auch tagsüber aufzutragen. Als Kompresse angewandt, trägt man das erwärmte Öl reichlich auf, gibt eine Mullkompresse auf die Augen und läßt es so lange wie möglich einziehen. Eine leichte Augencreme, die besonders wirksam gegen sehr trockene Haut um die Augen ist, stellt man aus einer Mischung von Lanolin und süßem Mandelöl her. Man verrührt so viel Öl in Lanolin, bis eine leichte Paste entsteht. Nicht zu flüssig werden lassen und schnell aufbrauchen!

AUGEN-MAKE-UP

Dekorative Kosmetika für das Augen-Make-up sollen die Augenpartien nicht unbedingt pflegen, sondern in erster Linie optisch verschönern. Es hängt von der eigenen Hautverträglichkeit ab, welche Wimperntuschen, Lidschatten oder Augenbrauenstifte man verwendet oder nicht. Abgebrochene Wimpern, tränende Augen oder chronische Lidrandentzündung sind deutliche Zeichen unverträglicher Mittel. Meist sind es die Farbstoffe, durch die Reizerscheinungen hervorgerufen werden.

Auch wenn man die angewandten Mittel gut verträgt, sollte man auf die gründliche Entfernung der Farben den größten Wert legen. Mit normalen Reinigungsmitteln lösen sich die Farben meist nicht auf, man versucht deshalb erst gar nicht, mit Wasser und Seife an den Augen herumzureiben. Eine milde und schonende Reinigung, die trotzdem gründlich wirkt, erzielt man mit folgender Reinigungsmilch.

REINIGUNGSMILCH
Zutaten:
 5 g Walrat
10 g Kakaobutter

8 g Cetylalkohol
30 g Babyöl
 2 g Tween 80 (¹/₂ Kaffeelöffel)
90 g destilliertes Wasser

Herstellung: Walrat, Kakaobutter und Cetylalkohol auf dem Wasserbad im Plastiktopf schmelzen, Babyöl und Tween 80 zufügen, alles weitererwärmen bis auf 70 Grad. Inzwischen das destillierte Wasser auf 70 Grad erwärmen und mit einem sauberen Holzlöffel unter das Fettgemisch rühren. Weiterrühren, bis sich die Flüssigkeit verdickt und erkaltet.

Anwendung: Man gibt etwas Milch auf einen feuchtwarmen Wattebausch, reinigt damit die Augenbrauen, Wimpern und Lider, dann mit einem zweiten feuchtwarmen Wattebausch nachreinigen.

Bevor man ein pflegendes Öl zur anschließenden Behandlung aufträgt, sollte man die Haut um die Augen mit einem milden Gesichtswasser erfrischen.

AUGENRINGE

Schwarze Ringe unter den Augen können durch Nervosität, Schlafmangel, falsche Ernährung, Erschöpfung oder als Anzeichen einer Krankheit auftreten. Amerikanische Ärzte haben herausgefunden, daß die schwarzen Ringe unter den Augen auf eine bestimmte Allergie zurückzuführen sein können: Staub, winzige Schimmelpilze, die in der Großstadtluft schweben und mit bloßem Auge überhaupt nicht zu sehen sind, lassen die Schleimhäute in der Nase und ihren Nebenhöhlen anschwellen. Dadurch wird der Blutstrom im Gesicht teilweise blockiert und das dunkelrote, gestaute Blut schimmert durch die zarte Haut der Augenlider hindurch. Außer Ringen unter den Augen können sich bei dieser allergischen Reaktion mit der Zeit auch Tränensäcke bilden.

KRÄHENFÜSSE

Eine amerikanische Schönheitsexpertin schrieb vor kurzem in einer Frauenzeitschrift, das beste Mittel, um Krähenfüße zu verhindern, sei eine gute, vom Arzt verordnete Sonnenbrille. Tatsächlich ist die schnellste Art, sich Krähenfüße zuzulegen, der Aufenthalt in grellem Licht, ohne die Augen und ihre unmittelbare Umgebung zu schützen.

Hat man bereits unter Krähenfüßen zu leiden, erfrischt man die Haut um die Augen mit schwarzem Tee im Beutel oder mit Pfefferminztee im Beutel, beides als Kompresse anzuwenden. Eine kühlende Erfrischung erzielt man auch mit Eisbeuteln. Sind die Krähenfüße einmal da, gilt es, sie weich und geschmeidig zu erhalten. Zur täglichen Pflege der Augen gehört dann eine leichte Klopfmassage mit süßem Mandelöl oder Avocadoöl. Besonders gute Wirkungen erzielt man, wenn das Öl vor dem Auftragen kurz erwärmt wurde. Auch Ölkompressen, die man möglichst lange einwirken lassen sollte, helfen die trockene Haut unter den Augen weich und geschmeidig zu erhalten. Man taucht eine kleine Mullkompresse in das erwärmte Öl, drückt sie leicht aus und legt sie auf die Augen. Anschließend deckt man die Augen mit einem weichen Tuch ab. Bei der Auswahl der Hautpflegemittel sollte man alles vermeiden, was zur Verhärtung der Krähenfüße beitragen könnte: stark alkoholische Gesichtswasser, trockenes Make-up oder auch stark alkalische Seifen.

Gegen beginnende, kleine Krähenfüße und Lachfalten empfiehlt ein französisches Schönheitsrezept eine Mixtur aus Honig, Lauch- und Karottensaft zu gleichen Teilen. Die Mischung soll täglich aufgetragen und nach dem Einziehen nicht mehr abgewaschen werden.

TRÄNENSÄCKE

Tränensäcke müssen nicht unbedingt die Zeichen eines turbulenten Privatlebens sein. Eine Schwellung des Unterlids weist häufig auch auf nervöse Erschöpfungszustände oder Kreislaufstörungen hin.

Meist hilft schon eine kurze Regenerationszeit, um die häßlichen Tränensäcke zu vertreiben. Zur äußerlichen Unterstützung wendet man zusätzlich Wechselkompressen mit einem Zusatz von Lindenblüte oder Augentrost an. Um die empfindliche Haut unter den Augen zu schonen, sollte die Auflage nicht zu heiß sein. Zur Bereitung eines Kräuterabsuds verwendet man normalerweise eine Handvoll getrockneter Kräuter auf einen halben Liter Wasser, beim Augentrost dagegen genügt auf eine Tasse Wasser ein halber Teelöffel, wobei man das Kraut nicht länger als höchstens zwei Minuten im heißen Wasser ziehen lassen soll.

WIMPERNPFLEGE

Schöne lange, seidige Wimpern sind selten angeboren. Gehört man zu den wenigen Glücklichen, die über einen dichten, sanftgeschwungenen Wimpernkranz verfügen, sollte man mit Dekorationsmitteln recht sparsam umgehen, denn allzuviel Farbe und Wimpernklebstoff kann die gesunden Wimpern auf die Dauer spröde und brüchig machen. Bürstet man die Wimpern täglich mit einem Tropfen Wimpernpaste, bleiben sie glänzend, kräftig und gesund.

Sind die Wimpern sehr hell, kann man sie optisch verlängern, indem man sie ab und zu von einer Kosmetikerin färben läßt, das ist schonender als tägliches Tuschen und erleichtert auch die abendliche Reinigung. Sprießen die Wimpern nur spärlich, sollte man sie nicht zusätzlich noch mit Farben traktieren, es besteht sonst die Gefahr, daß sie brüchig werden. Hier kann man sich mit einem kosmetischen Trick helfen, indem man einfach etwas mehr farbigen Lidschatten aufträgt, das lenkt den Blick von den dürftigen Wimpern ab.

Plötzlich ausfallende Wimpern können auf krankhafte Zustände hinweisen, in diesem Fall gehört die Behandlung in ärztliche Hände. Auch manche Augenschminke reizt die Augen, läßt die Lider anschwellen und die Wimpern brüchig werden. Meist werden die Unverträglichkeitserscheinungen durch Farbstoffe hervorgerufen. Neuerdings sind Präparate auf dem Markt, die ausschließlich natürliche Farbstoffe enthalten – ob auch sie Reizungen auslösen, hängt von der individuellen Hautbeschaffenheit ab, es kommt also auf einen Versuch an. Für die tägliche Wimpernpflege ist Rizinusöl nicht geeignet, denn es hat die Eigenschaft zu kleben und den Schmutz anzuziehen. Wer sich viel in staubiger Luft aufhält, fängt mit eingeölten Wimpern mehr Staub auf als mit getuschten Wimpern. Hier ein Rezept für eine Wimpernpaste, die sich als wenig staubanziehend erwiesen hat:

WIMPERNPASTE
Zutaten:
2 g Walrat
5 g Rizinusöl
2 g Lanolin (1/4 Kaffeelöffel)
2 g Weizenkeimöl

Herstellung: Alle Zutaten werden im Plastiktopf auf dem Wasserbad geschmolzen. Nach dem Schmelzvorgang abkühlen lassen. Wird die Paste zu fest, mit etwas Weizenkeimöl verdünnen und in gut verschließbarem, kleinen Cremetopf abfüllen.

11

DER MUND UND DIE ZÄHNE

Zum Zähneputzen verwendete man zu Großmutters Zeiten Kochsalz, Zitronenscheiben, Salbeitee und verschiedene Mundwässer aus der Werkstatt des Apothekers. Dies alles waren schwach desinfizierende, adstringierende Mittel, die zur gründlichen Zahnreinigung vollkommen ausreichend waren.

Heute ist es anders. Wir leben in einer Zeit der Zahnpastakultur. Für den Verbraucher ist es gewiß ganz interessant zu erfahren, was eine moderne Zahncreme alles enthalten muß, um dem allgemeinen Geschmack zu entsprechen: Die Hauptbestandteile einer Zahncreme sind Putzkörper, Bindemittel, Feuchthaltemittel, Süßungsmittel, Schaummittel, Aromastoffe, Konservierungsstoffe und Wasser. Von den Putzkörpern verlangt man eine gründliche Schleifwirkung, während die Bindemittel der Zahncreme Glanz und cremige Konsistenz verleihen sollen. Als Feuchthaltemittel wird häufig Glyzerin, Sorbitsirup oder eine Kombination aus beiden Stoffen verwendet, als Süßungsmittel meist Saccharin. Die Seife ist als Schaummittel bei der Herstellung von Zahncremes fast völlig verdrängt worden, statt Seife werden in modernen Zahncremes Tenside (waschaktive Substanzen) verwendet. Die Konservierungsmittel in den Zahncremes haben die Aufgabe, die Binde- und Feuchthaltemittel vor dem Verderben zu schützen. Der Aromastoff spielt für den kommerziellen Erfolg der Zahncreme eine wichtige Rolle, ätherische Öle oder synthetische Duftstoffe werden dazu verwendet. Obwohl sich die Zahnärzte und

Verbraucher darüber einig sind, daß Zahn- und Mundpflege-
mittel nicht schädlich sein dürfen, begnügen sich die Hersteller
der Zahncreme mit dem nichtssagenden Stempel „Klinisch
getestet", ohne die Inhaltsstoffe einer Zahncreme auf der Verpackung anzugeben. Das wäre jedoch für die Verbraucher ganz
besonders wichtig, da die Mundschleimhaut für viele Substanzen durchdringbar ist. Waschaktive Stoffe und Konservierungsmittel im Mund können durch die Mundschleimhaut dringen
und die Funktion der normalen Mundflora stören.

Es ist gar keine Frage, daß die gründliche, tägliche Reinigung
der Zähne gegen Gärungsvorgänge im Mund anzukämpfen hat.
Wohl steht die Gärung in Zusammenhang mit den Mundbakte-
rien, die Bakterien selbst sind aber nicht die Ursache der
Gärungsvorgänge, sondern das, was durch die Ernährung bei
den entsprechenden Bakterienstämmen erst in Tätigkeit gesetzt
wird. So wirken beispielsweise schon die desinfizierenden
Fähigkeiten des Speichels gegen die Gärungsvorgänge im
Mund, was ebenfalls bedeutet, daß die Zahnpflege mit Rück-
sicht auf die normale Aktivität der Mundflora geschehen soll.
Ein durch Zahncreme nahezu keimfrei gemachter Mund- und
Rachenraum bildet den Nährboden für Krankheitserreger aller
Art, denn die schützende Front der abwehrtüchtigen Mund-
bakterien ist abgetötet und kann nicht zum Einsatz kommen.

Während früher die Paradentose eine Erkrankung älterer
Menschen war, findet man sie heute bereits bei jungen Leuten.
Auch ein kariesfreies Gebiß stellt heute eine Rarität dar, und
das alles in einer Zeit, in der die angeblich wirkungsvollsten
Zahncremes gegen Karies und Paradentose verwendet werden.
Karies und Paradentose treten am häufigsten in hochzivilisier-
ten, industrialisierten Gegenden auf. Die Ärzte bezeichnen die
Karies heute bereits als Zivilisationskrankheit und führen die
Ursache größtenteils auf denaturierte Ernährung zurück: zu
viele Speisen, die kein kräftiges Kauen verlangen, Süßigkeiten,
raffinierter Zucker und präpariertes Mehl werden als die
Hauptfeinde der gesunden Zahnsubstanz betrachtet.

Neben der unzulänglichen Ernährung kann auch die völlige Mißachtung der Zahnpflege zu Schädigungen verschiedenster Art führen. Durch eine Befragung wurde ermittelt, daß nur 11% der Bundesbürger die Zähne zweimal täglich putzen, 37% täglich einmal, 7% sehr unregelmäßig, 45% putzen die Zähne nie. Viele der Befragten besaßen nicht einmal eine eigene Zahnbürste. Bei solch ungepflegten oder gar nicht gepflegten Gebissen stellt der Arzt dicke Schichten aus organischem Material auf den Zähnen fest. Diese sogenannten Plaques führen zu Gärungsvorgängen, die Säuren entstehen lassen, welche den Schmelz der Zähne angreifen.

Wissenschaftliche Erkenntnisse führen schließlich zu der Forderung, die Zähne zweimal täglich gründlich zu putzen und zwar von oben nach unten. Als schonendstes und sinnvollstes Instrument gilt dafür die elektrische Zahnbürste, die gleichmäßig auf mechanischem Weg die Zähne reinigen kann. Die Anschaffung ist auch für eine größere Familie preiswert, denn auf dem Unterbau lassen sich beliebig viele Zahnbürsten aufsetzen. Auch kann die Reinigung mit der elektrischen Zahnbürste ohne Zahncreme erfolgen, etwas Kochsalz oder Zitronensaft auf der Zahnbürste genügt vollkommen. Zur täglichen Anwendung kann man sich auch aus einfachen Mitteln reinigende und erfrischende Mundwässer herstellen:

EUKALYPTUS-MUNDWASSER
Zutaten:
70 g destilliertes Wasser
30 g Alkohol, 96%
10 Tropfen Eukalyptustinktur
Ein paar Körnchen Menthol

Herstellung: Man löst das Menthol in Alkohol und mischt die Lösung zusammen mit der Eukalyptustinktur unter das destillierte Wasser. Alles gut durchschütteln und in eine Flasche abfüllen.

Anwendung: Das Mundwasser muß vor der Anwendung verdünnt werden. Man rechnet ca. 1–2 Kaffeelöffel auf ein Zahnputzglas Wasser.

MYRRHE-MUNDWASSER
Zutaten:
60 g destilliertes Wasser
20 g Alkohol, 96%
15 Tropfen Pfefferminzöl
15 Tropfen Myrrhentinktur

Herstellung: Man mischt alle Zutaten zusammen und schüttelt sie gut durch. In ein Glas abfüllen.

Anwendung: Die milchige Flüssigkeit wird ebenfalls verdünnt angewendet. Man rechnet 1–2 Kaffeelöffel auf ein Zahnputzglas Wasser. Sie ist besonders zu empfehlen bei entzündlichen Vorgängen im Mund- und Rachenraum.

Verwendet man zum Zähneputzen normales Kochsalz aus dem Reformhaus, füllt man eine kleine Menge Salz in ein verschließbares Gefäß, aus welchem man mit der angefeuchteten Zahnbürste eine kleine Menge entnimmt. Salz wirkt adstringierend und reinigend, gut gegen Zahnfleischbluten und hinterläßt im Mund einen frischen, angenehmen Geschmack.

Mit der Innenseite der Zitronenschale kann man sich gelegentlich die Zähne abreiben, das macht die Zähne weiß und stärkt das Zahnfleisch.

LIPPENPFLEGE

Die zarte Haut der Lippen ist empfindlich gegen intensive Witterungseinflüsse, gegen starke Sonne, kalten, nassen Wind und eisige Kälte. Es ist deshalb eine praktische Angewohnheit, in der Handtasche immer eine kleine Dose Lippenpomade unterzubringen. Die Pomade schützt die Lippen nicht nur gegen die schädlichen Wirkungen des Wetters, sie ist auch, sparsam aufgetragen, eine gute Unterlage für den Lippenstift.

LIPPENPOMADE
Zutaten:
 5 g weißes Wachs
 2 g Walrat
 3 g Kakaobutter
10 g süßes Mandelöl

Herstellung: Alle Zutaten werden im Wasserbad geschmolzen und die geschmolzene Masse noch warm in einen Cremetopf abgefüllt. Kleine Portion in Pillendöschen für die Handtasche abfüllen.

Verschiedene andere Mittel helfen, die Lippen weich und geschmeidig zu halten. Man kann sie mit einer ganz weichen Kinderzahnbürste, die man mit einem Tupfen Lanolin bestrichen hat, bürsten. Das regt die Blutzirkulation an und macht die Lippen rosig.

Auch während des Kochens kann man nebenher ein wenig Lippenpflege betreiben. Man streicht etwas Butter mit dem Finger auf die Lippen, das hilft, rissige Lippen geschmeidig zu machen. Oder man tupft ein wenig Bienenhonig auf die Lippen, auch das ist ein altes Hausmittel, um die Lippen zart und weich zu halten.

Neigen die Lippen zu chronischer Trockenheit oder gar zu Entzündungen, kann ein unverträglicher Lippenstift schuld sein. Man erzielt eine rasche Besserung mit folgender Packung: Quark und Honig werden zu gleichen Teilen gemischt und sollen mindestens eine halbe Stunde lang einwirken. Mehrmals täglich auftragen!

12

DIE PFLEGE DER HÄNDE
UND ARME

DIE HÄNDE

In der Küche finden sich viele gute und einfache Mittel zur täglichen Handpflege. Eines der besten Mittel gegen die roten, rissigen, aufgesprungenen und verfärbten Hände ist die Zitrone. Benutzen Sie jede Gelegenheit, die Hände rasch mit Zitronenschale oder etwas Saft abzureiben. Die Zitronen machen die Hände zart, sie desinfizieren und bleichen auf schonendste Weise.

Eine Mischung aus Zitronensaft, Honig und Milch ergibt eine gute Lotion zur Handpflege; stellen Sie eine Flasche davon griffbereit in die Küche und reiben Sie die Hände damit ein, wenn Ihnen eine fetthaltige Creme nicht angenehm ist. Die Lotion ist sehr einfach herzustellen: man erwärmt eine Tasse Milch, löst einen Kaffeelöffel Bienenhonig darin auf und rührt den Saft einer halben Zitrone darunter.

Je fetter die Seife ist, die man zum täglichen Händewaschen benutzt, desto weniger wird die Haut ausgetrocknet. Bürsten Sie die ganze Hand beim Händewaschen mit der Handbürste durch, das kräftigt die Muskulatur und entfernt überflüssige Hautschüppchen. Nach dem Waschen mit Seife müssen die Hände immer gut nachgespült und abgetrocknet werden, zurückbleibende Seifen- und Wasserreste trocknen die Haut aus und machen sie spröde. Wer sich die Hände, vielleicht berufsbedingt, sehr oft waschen muß, sollte sich auch gegen das kalkhaltige Wasser schützen. Um die Alkalispuren zu neutralisieren, gibt man ins letzte Spülwasser einen Schuß Obstessig oder Zitronensaft.

Im allgemeinen decken sich die kosmetischen Mittel, die zur Hautpflege bestimmt sind, auch mit den Mitteln, die man zur Handpflege benutzen kann. Verwenden Sie getrost Ihre beste selbsthergestellte Nährcreme auch für die Hände, insbesondere, wenn sie zu schnellem Verbrauch bestimmt ist. Gut für die Handpflege sind alle Cremes geeignet, die Lanolin, Stearin, weißes Wachs, Bienenwachs, Kakaobutter, Mandel-, Oliven- und Avocadoöl enthalten.

Bleibt noch etwas Lanolin aus der letzten Cremeproduktion übrig, reiben Sie die Hände am Abend damit ein, oder mixen Sie eine kleine Packung für die Hände: rühren Sie einen Eßlöffel Lanolin mit einem halben Eigelb und einem halben Kaffeelöffel Mandelöl zusammen. Man trägt die Paste dick auf die Hände auf und zieht ein Paar kochfeste Baumwollhandschuhe darüber. Nun läßt man die Packung so lange wie möglich einziehen, am besten über Nacht. Die Packung ist eine wahre Wunderkur gegen rauhe, rote und rissige Hände und Schrunden an den Fingerkuppen. Haben Sie die Handpackung nicht ganz aufgebraucht, dann rühren Sie in den Rest noch einen Spritzer Zitronensaft und tragen Sie die Mischung als Handcreme auf.

Hier noch ein leicht herzustellendes Mittel für die tägliche Handpflege. Diese Creme ist vor allem geeignet, die Hände zu schützen, sie läßt das Wasser abperlen und schützt gegen Witterungseinflüsse. Man schmilzt im hohen Plastiktopf auf dem Wasserbad einen Teil Kakaobutter, einen Teil Lanolin und einen Teil süßes Mandelöl. Die Fettschmelze wird mit dem Handrührmix geschlagen bis sie erkaltet und in den Cremetopf abgefüllt.

Bei der Herstellung von Nährcremes für die Gesichtspflege kann man immer einen zweiten Cremetopf für die Handpflege füllen. Fetthaltige Cremes sind etwas schwer, sie eignen sich deshalb zum Auftragen am Abend vor dem Schlafengehen oder als Schutzmittel bei der Hausarbeit. Als Handcreme für die

Tagespflege benutzt man besser eine leichte Emulsion, die
schnell in die Haut eindringt, ohne fettende Spuren zu hinterlassen. Es eignet sich das Rezept der Body-Lotion (siehe
S. 185). Es scheint mir überflüssig, ein besonderes Rezept für
Handcremes anzugeben. Wer sich am Morgen das Gesicht
eincremt, wird kaum die Hände waschen, um anschließend eine
ganz ähnliche Handcreme aufzutragen.

STRAPAZIERTE HÄNDE

Sind die Hände sehr angegriffen, rauh, rissig, spröde und
gerötet, brauchen sie natürlich eine Extrabehandlung. Die
Pflege sollte damit beginnen, künftig auf besseren Schutz der
Hände zu achten: gefütterte Gummihandschuhe für die groben
Arbeiten, nicht zu enganliegende, wärmende Winterhand-
schuhe zum Schutz gegen Kälte, sorgfältiges Abtrocknen nach
dem Händewaschen und nährende Handpflegemittel sind dann
obligatorisch.

Gegen Schrunden und aufgesprungene Hände helfen Abreibungen mit verdünntem Obstessig oder Zitronensaft, Handbäder mit Kamillen-, Salbei- oder Thymiantee. Anschließend reibt
man die erweichte Haut dick mit einer Mischung aus zwei
Teilen Lanolin und einem Teil Zinksalbe ein. Am besten läßt
man die Packung über Nacht einwirken. Um die Bettwäsche
nicht zu beschmutzen, kann man kochfeste Baumwollhandschuhe anziehen. Die Anwendung von reiner Zinksalbe empfiehlt sich dann, wenn die Hände stark rissig sind und leichte
Entzündungen zeigen. Statt Zinksalbe kann man auch das
leichter verstreichbare Zinköl verwenden, das man in jeder
Apotheke kaufen kann. Daneben sollten allerdings die fetthaltigen Cremes weiterverwendet werden, denn Zinksalbe und
Zinköl haben zwar eine heilende, aber wenig pflegende Wirkung.

Ein gut wirksames Mittel gegen rissige Hände ist neben der
Lanolinpackung, die man über Nacht einwirken läßt, das

Handbad in angewärmtem Öl. Man kann reines Olivenöl dazu nehmen, wie man es zum Kochen gebraucht. Das Öl wird leicht erwärmt, in eine Kaffeetasse oder in eine passende Schale gefüllt und die Hände darin gebadet. Nach dem Bad sind die Nagelhäute besonders weich, schließen Sie deshalb gleich eine Maniküre an.

Aufgesprungene Hände sollten so wenig wie möglich mit Wasser und Seife in Berührung kommen. In akuten Fällen helfen Waschungen mit Magermilch, Kamillen- oder Zinnkrauttee. Wichtig ist es vor allem, die Risse und Sprünge so weich wie möglich zu halten, deshalb ist das Eincremen der Hände nach jeder Waschung unbedingt erforderlich. Es empfiehlt sich zur täglichen Pflege eine Mischung aus Lanolin und Zinksalbe, Vorsicht ist im Umgang mit glyzerinhaltigen Handcremes geboten, denn sie vermögen die entzündbare Haut zu reizen.

ROTE HÄNDE

Die roten Hände sind ein schwierig zu behandelndes Schönheitsproblem. Sie können angeboren oder durch Erfrierungen, chronische Hyperämie oder Kreislaufstörungen anderer Art entstanden sein. In diesen Fällen muß der Arzt zunächst die Ursache klären. Mit der Anwendung von Wechselbädern, Massagen und Kurzwellenbestrahlung haben sich bei der äußerlichen Behandlung gute Erfolge erzielen lassen.

Wer unter roten Händen zu leiden hat, sollte bei der kosmetischen Behandlung vor allem auf den Schutz der Hände bedacht sein. Vermeiden Sie die Berührung von zu heißem oder zu kaltem Wasser, gehen Sie niemals bei kaltem oder nassem Wetter ohne Handschuhe aus dem Haus. Achten Sie darauf, daß die Handschuhe nicht zu knapp sitzen, durch zu enge Lederhandschuhe können in den Gefäßen Stauungen entstehen, die durch Kälteeinwirkung zu Frostschäden führen. Tragen Sie an kalten Wintertagen pelzgefütterte Fäustlinge, die genug Spielraum zwischen Hand und Handschuh bieten.

Benutzen Sie zum täglichen Gebrauch weiße Babyseife und trocknen Sie die Hände nach dem Waschen sehr sorgfältig ab. Baden Sie die Hände gelegentlich in Kamillentee oder in angewärmter Milch, insbesondere in den kalten Wintermonaten. Stammen die roten Hände von Erfrierungen, sind die Hände sogar von Frostbeulen verunziert, kann man mit speziellen Bädern helfen. Eichenrindenabkochungen und Meersalzbäder haben sich bewährt. Für das Meersalzbad braucht man etwa 100 g Meersalz auf einen Liter Wasser. Die Mischung wird kurz aufgekocht und, sobald sie lauwarm ist, badet man die Hände darin. Für das Eichenrindenbad rechnet man eine Handvoll getrockneter Eichenrinde auf einen halben Liter Wasser. Die Eichenrinde wird ins kochendheiße Wasser gegeben und soll auf kleiner Flamme weitere 15 Minuten leise kochen. Die abgeseihte Flüssigkeit wird lauwarm angewendet.

FEUCHTE HÄNDE

Feuchte Hände sind häufig ein Zeichen großer Nervosität; neben manchen psychischen Gründen können allerdings auch organische Störungen vorliegen.

Die äußerliche Behandlung des Handschweißes bleibt meist unbefriedigend, wenn die innerlichen Ursachen nicht erkannt und beseitigt werden. Man kann versuchen, mit Salbei zu helfen: den Teeaufguß nimmt man dazu für die innerliche und als Handbad für die äußerliche Anwendung. Auch Handbäder in lauwarmem Essigwasser können helfen, wenn auch nur vorübergehend. Man badet die Hände in einer Mischung aus 2–3 Eßlöffeln Obstessig auf einen Liter warmen Wassers.

Handbäder mit einem Zusatz von Kamille oder Eichenrinde sind geeignet. Ein anderes Rezept gegen feuchte Hände rät zu einer Thymiananwendung. Dazu übergießt man am Abend eine Handvoll Thymian mit einem halben Liter kochendheißem Wasser und läßt den Tee über Nacht durchziehen. Am nächsten Morgen abseihen und eine Messerspitze Alaun zusetzen, darin die Hände mehrmals täglich baden.

Die Hornhautverdickungen an den Händen lassen sich mit etwas Geduld durch häufige Abreibungen mit Bimsstein entfernen. Man badet zunächst die Hände in einer warmen Seifenlauge, um die Hornhaut zu erweichen, während des Badens bürstet man die Hände unter Wasser kräftig durch. Nach dem Händetrocknen werden die Schwielen vorsichtig mit dem Bimsstein bearbeitet. Anschließend werden die Hände mit einer fetthaltigen Creme einmassiert.

Verfärbungen an den Händen, zum Beispiel Nikotin- oder Obstflecken, kann man ebenfalls mit Bimsstein abreiben. Schonender allerdings ist die Behandlung mit Zitronensaft: Nach dem Händewaschen reibt man mit der Schale die betreffenden Stellen ab und massiert anschließend etwas Zitronensaft ein.

Maniküre

Schöne Fingernägel sollen glatt und kräftig sein und keine Verfärbungen unter dem Nagel zeigen. Fingernägel sind ein vorzüglicher Gradmesser für den Gesundheitszustand des Körpers: bei Vitaminmangel splittern die Nägel und reißen ein. Das Übel läßt sich durch vitaminreiches Essen wieder beheben; vor allem Vitamin A macht die Nägel kräftig und widerstandsfähig. Es ist in Karotten, Leber und Lebertran, in Eigelb, Butter, Käse, Milch und grünen Gemüsen enthalten. Die alte Meinung, daß Kalkmangel an schnell abbrechenden Nägeln schuld sei, ist nie bewiesen worden. Man nimmt als Ursache heute neben Vitaminmangel vielmehr auch die äußerliche Berührung mit Chemikalien an.

Die Struktur des gesunden Fingernagels weist eine wellenförmige Querlinie auf: Verändern sich die Linien, werden sie zu tief und zu stark, kann das ein Anzeichen gesundheitlicher Störungen sein. Neben der Form der Fingernägel bestimmt vor allem die gut gepflegte Nagelhaut das Aussehen der Hände. Die richtig behandelte Nagelhaut ist elastisch, weich und verschiebbar, sie ist nicht angewachsen oder abgeschnitten und vor allem nicht durch häufiges Abschneiden verhärtet. Schon aus Gründen der Vernunft sollte die Nagelhaut nicht geschnitten werden, denn sie bildet einen guten Schutz gegen Druck und Schlag.

Nimmt man sich planmäßig die Maniküre einmal in der Woche vor, braucht man dafür nur wenig Zeit. aufzuwenden. Der beste Zeitpunkt für die Maniküre wäre nach dem Baden oder Haarewaschen, dann ist die Haut um den Nagel weich und ganz leicht zu pflegen. Sonst badet man sie in einer warmen Seifenlauge, bei trockener Nagelhaut in warmem Olivenöl.

Bevor man die Hände in warmem Wasser oder Öl erweicht, sollte die Maniküre bereits beginnen, indem man die Nägel mit einer Sandblattfeile in Form feilt. Sind die Nägel sehr hart, nimmt man eine Saphirfeile, die zwar nicht gerade billig ist, dafür aber sauber und schonend feilt.

Nach dem Öl- oder Wasserbad werden die Hände sorgfältig abgetrocknet und die Nagelhaut mit etwas Nagelhautentferner eingerieben. Hier ein Rezept dazu:

NAGELHAUTENTFERNER
Zutaten:
15 g Triäthanolamin
10 g Glyzerin
50 g destilliertes Wasser

Die Herstellung ist höchst einfach: Schütten Sie alle Zutaten ineinander und rühren Sie alles gut durch.

Tragen Sie den Nagelhautentferner sparsam auf die Nagelhaut auf und lassen Sie ihn eine Weile einwirken, anschließend schieben Sie die Nagelhaut mit einem weichen Orangenholzstäbchen, das mit Watte umwickelt ist, zurück. Drücken Sie dabei nicht zu fest gegen die Nagelhaut. Hautreste, die sich nicht aufgelöst haben, werden nun mit einer Hautzange vorsichtig weggezupft, aber nicht weggeschnitten.

Anschließend werden die Hände gewaschen und mit der Handbürste gebürstet. Sind die Hände abgetrocknet, feilt man mit der Sandfeile nochmals die Fingernägel leicht nach, um alle kleinen, abstehenden Nagelreste zu entfernen. Nun werden die Hände mit einer fetthaltigen Creme einmassiert. Wer keinen Nagellack auftragen will, kann die Fingernägel nach der Maniküre mit einem Wildlederkissen polieren.

Es wird immer wieder behauptet, daß Nagellack die Fingernägel versiegelt und ihnen die Luft zum Atmen raubt. Das ist purer Unsinn, da der Fingernagel eine Hornhaut ist, weder von Blutgefäßen und Nerven durchlaufen ist noch atmet. Das besorgt das Nagelbett für ihn. Es ist aus diesem Grund richtig, den Nagel nicht vollkommen auszulackieren, sondern zwischen Nagelhaut und Lack einen kleinen Zwischenraum zu lassen. Hinzu kommt, daß der Nagellack häufig Quecksilberderivate oder schlechtverträgliche Farbstoffe enthält, die mit der Nagelhaut nicht in allzu enge Berührung kommen sollen. Um Verfärbungen der Nägel durch Nagellack vorzubeugen, trägt man immer einen farblosen Unterlack auf. Allergische Reaktionen auf bestimmte Bestandteile des Nagellacks sind durchaus möglich, sie können auch nur gelegentlich auftreten, zum Beispiel vor der Menstruation. Die Unverträglichkeitserscheinungen zeigen sich häufig nicht nur an den Händen, sondern auch im Gesicht oder als Reaktion bei anderen Personen, mit denen man in enge Berührung gekommen ist.

DIE ARME

Zwischen dem Handgelenk und den Schultern wird die Schönheitspflege meist nur sehr oberflächlich betrieben. Beginnt dann die warme Jahreszeit, in der man gerne ärmellose Kleider tragen will, stellt man unschöne rauhe Stellen an den Ellbogen, verunzierenden Hautgrieß an den Oberarmen und blasse, schlechtdurchblutete Haut an den Innenseiten der Arme fest. Man kann nur empfehlen, den ganzen Winter über eine tägliche Bürstenmassage durchzuhalten, dann treten derartige Schönheitsfehler gar nicht erst auf. Bei sehr trockener und empfindlicher Haut an den Armen kann man sich vor der Bürstenmassage leicht einölen und statt eines Sisalhandschuhs eine weiche Körperbürste verwenden. Man massiert damit die Arme kräftig vom Handgelenk bis zum Oberarm.

Ist die Haut an den Oberarmen dicht mit Grießkörnchen besetzt und sind die Ellbogen verhornt, dann ist zusätzliche Pflege unbedingt nötig. Ein gutes und einfaches Mittel gegen Grießkörnchen, das sich auch zur allgemeinen Armpflege eignet, ist Seesand-Mandelkleie. Man rührt das Pulver mit lauwarmem Wasser zu einem dünnen Brei, den man mit kreisenden Bewegungen einmassiert. Nachdem der Brei eingetrocknet ist, wäscht man ihn mit warmem Wasser ab und duscht anschließend kalt nach. Dann massiert man die Arme mit einer fetthaltigen Creme oder Body-Lotion ein.

Zeigt die Haut an den Armen trockene, schuppige und rote Stellen, trägt man eine nährende Packung auf, das glättet. Hier eignet sich vor allem das Rezept für die Körperpackung (siehe S. 189). Gehen Sie verschwenderisch mit der Packung um, bedecken Sie auch das Dekolleté, die Schulterblätter und den Hals damit. Lassen Sie die Packung über Nacht einwirken und bürsten Sie die Haut an den Armen am nächsten Morgen mit einer weichen Bürste ab.

Wenn die Oberarme, die Schultern und das Dekolleté von kleinen Hautunreinheiten bedeckt sind, wie das häufig bei Jugendlichen der Fall ist, hilft eine Heilerdepackung, die mindestens einmal in der Woche aufgetragen werden sollte. Man rührt den Heilerdebrei nicht zu flüssig an und läßt ihn bis zum Trocknen einwirken. Dann reibt man ihn mit den Händen trocken ab und duscht anschließend kalt nach. Eine nachfolgende Abreibung mit Franzbranntwein und tägliches Bürsten mit einer weichen Körperbürste unterstützt die Behandlung.

Gut gegen Hautunreinheiten an den Armen und Schultern ist auch eine Leinsamenpackung; der feingeschrotete Leinsamen wird mit heißer Milch zu einem Brei angerührt und möglichst heiß aufgetragen. Um den Brei rutschfest auf der Haut zu halten, umwickelt man die Arme mit einem Handtuch. Nach einer Einwirkungszeit von etwa 30 Minuten wäscht man die Packung mit warmem Wasser ab.

Bei der täglichen Körperpflege hilft neben dem Bürsten auch die Massage mit erfrischenden und pflegenden Mitteln, um die Haut der Arme und Schultern weich, zart und rein zu halten. Gehen Sie verschwenderisch mit Ihrem Toiletteessig um, greifen Sie auch ruhig etwas tiefer in den Topf mit pflegender Nährcreme oder Feuchtigkeitsmilch. Alle Cremes, die Lanolin und pflegende Öle enthalten, sind zur abendlichen Armpflege gut geeignet. Zieht man eine weniger fettende Einreibung vor, kann man Body-Lotion verwenden.

Es liegt mehr im kommerziellen Interesse der Kosmetikindustrie, als im Interesse der Kundin, für die Pflege sämtlicher Körperteile immer wieder neue, angeblich ganz spezielle Pflegemittel auf den Markt zu bringen: etwas für die Körperpflege, etwas anderes aber für die Arme, Beine, Hände oder Füße. Die Hautcremes für die Gesichtspflege sind ohnehin so teuer, daß keine Frau es je wagen würde, auch ihre Füße damit einzureiben. Warum eigentlich nicht? Bei der hausgemachten Kosmetik kann man auf diese sinnlose Einteilung sehr wohl verzichten: ist eine Hautcreme gut, gehaltvoll und billig in der Herstellung, kann man sich getrost damit einreiben, wo man will.

Wer auf glänzend weiße Arme und ein schönes Dekolleté Wert legt, kann eine regenerierende Packung aus Bierhefe auflegen, die man in Pulverform im Reformhaus kaufen kann. Bierhefe ist nicht nur gut zur innerlichen Einnahme, sie regeneriert auch die Haut von außen. Man rührt ein paar Eßlöffel davon mit warmer Milch zu einem Brei und streicht die Arme, das Dekolleté und die Schultern damit ein. Sobald der Brei getrocknet ist, nimmt man ihn mit warmem Wasser oder warmer Milch ab. Diese Packung läßt sich noch mit Honig anreichern; man löst einen Teelöffel voll Bienenhonig in warmer Milch auf und rührt erst dann mit der Bierhefe den Brei an.

Die Ellbogen müssen täglich gebürstet werden: zu empfehlen ist vor allem eine kräftige Bürstenmassage unter Wasser. Das kann man in der Badewanne machen, unter der Dusche oder im Waschbecken. Wird die Behandlung konsequent durchgeführt, erweichen sich die verhärteten Hautstellen von selbst. Nach der Massage unter Wasser duscht man die Ellbogen kalt ab und massiert Nährcreme ein. Zur täglichen Erfrischung am Morgen kann man die Ellbogen auch mit Franzbranntwein oder Toiletteessig einreiben.

Als zusätzliche Pflege gegen problematische Ellbogen helfen auch Zitrusfrüchte und warme Ölbäder. Werfen Sie die ausgepreßten Hälften der Zitronen, Orangen und Grapefruits nicht in den Mülleimer, sondern stützen Sie zuvor ihre Ellbogen in die Schalen, das bleicht die dunklen Stellen und macht sie weich. Sind die Zitronenhälften zu klein, um den Ellbogen darin aufzustützen, schneiden Sie die Schalen auf oder reiben Sie mit dem Innern der Schale die Ellbogen ab.

Um verhärtete Haut an den Ellbogen zu erweichen, hilft vor allem erwärmtes Öl. Erwärmen Sie etwas Oliven- oder Mandelöl im Wasserbad, füllen Sie zwei ausreichend große Schalen damit halbvoll und stützen Sie die Ellbogen darin auf. Behalten Sie die Ellbogen so lange im Öl, bis es abkühlt. Wenn Sie in Ihrer Kosmetikküche rationell arbeiten, dann erwärmen Sie das Öl nochmals und nehmen ein Handbad vor der Maniküre darin.

Aus Amerika stammt ein gutes Rezept gegen rauhe Ellbogen, man kann es auch gegen rauhe Haut an den Knien anwenden. Eine halbe Tasse voll Mandelmehl, das man im Reformhaus kaufen kann, wird mit warmer Milch zu einem streichfähigen, teigartigen Brei angerührt. Man streicht die Ellbogen damit ein oder die Knie und reibt die Paste, sobald sie vollkommen trocken ist, mit den Händen ab. Das entfernt trockene Schuppen und macht die Haut zart.

Ein anderes, gut wirksames Rezept gegen die rauhe Haut an den Armen und Ellbogen besteht aus einer Mischung von Bienenhonig und Zitronensaft. Erwärmen Sie zwei Eßlöffel reinen Bienenhonig, und rühren Sie einen Eßlöffel voll Zitronensaft darunter; damit pinselt man die Ellbogen ein. Diese Mischung tut auch rauhen Händen gut. Man wäscht die Honig-Zitrone-Packung nach 20 Minuten ab und massiert anschließend etwas Nährcreme in die Haut.

Schnell und leicht läßt sich die Eiweiß-Packung herstellen; auch sie hilft, die Haut an den Armen weich und geschmeidig zu machen. Man schlägt ein Eiweiß zu Schnee und unterrührt einen halben Teelöffel voll Bienenhonig sowie die gleiche Menge Zitronensaft. Die Mischung wird auf die Arme gestrichen und nach einer halben Stunde mit warmem Wasser abgewaschen. Will man auch die Schultern und das Dekolleté mit dieser glättenden und reinigenden Packung behandeln, braucht man die Mengen der Zutaten nur zu verdoppeln.

13

DIE PFLEGE DER BEINE UND FÜSSE

Schöne, gesunde Beine brauchen viel Bewegung und gute Durchblutung. Wessen Beruf nur wenig Bewegung zuläßt, sollte für Ausgleich sorgen. Radfahren, Laufen und Schwimmen sind die wirksamsten sportlichen Übungen für die Beine. Wer es möglich machen kann, sollte soviel wie möglich barfuß laufen. Zu empfehlen ist auch das Barfußgehen in Holzsandalen, die Füßen und Beinen Bewegung abverlangen.

Die tägliche Bürstenmassage, das A und O der Durchblutung, ist für die Beine ganz besonders wohltuend. Mit einer weichen Bürste kann man die Beine durchmassieren, immer vom Fuß hinauf bis zu den Oberschenkeln. Hat man zwei Handschuhe, geht's noch schneller, mit zwei Händen lassen sich die Beine auch gleichmäßiger massieren. Rubbeln Sie die Füße und die Knie mit den Handschuhen, das durchblutet, wärmt und entfernt rauhe Hautstellen.

Welches Mittel man auch immer für die tägliche Beinpflege verwenden mag, wichtig ist, daß eine kleine Massage mit der Einreibung verbunden ist. Kneten Sie die Füße und Fesseln kräftig durch, bevor Sie mit streichenden Aufwärtsbewegungen die Schienbeine, Waden und Oberschenkel einreiben.

Auf dem Schönheitsfahrplan für die Beinpflege steht auch die Entfernung der störenden Härchen. Dabei schwört fast jede Frau auf ihre eigene Methode; die einen rasieren die Beine am liebsten mit Rasierschaum und Messer, die anderen benutzen einen elektrischen Rasierapparat, andere tragen Wachs auf, lassen es trocknen und reißen mit der erstarrten Wachsschicht die Härchen aus. Ich glaube, daß die Rasur mit einem kleinen elektrischen Rasierapparat, den es speziell zur Beinpflege zu kaufen gibt, die schonendste Methode ist, da man sich weder schneiden, noch die Haut durch Gewaltkuren reizen kann. Pudert man die Haut vor der Rasur mit Talkumpuder ein, wirkt sie noch schonender.

Wie man die störenden Härchen an den Beinen unsichtbar macht, verrät das folgende Rezept: mit 5%igem Wasserstoffsuperoxyd werden die Beine häufig abgetupft. Die Methode ist allerdings wenig hautschonend, man sollte deshalb nach jedem Abtupfen die Beine mit einer fetthaltigen Creme einmassieren. Statt Wasserstoffsuperoxyd kann man zum Bleichen Blondierfarben nehmen, die auch für das Haarefärben verwendet werden. In beiden Fällen wird die Substanz der Härchen angegriffen, so daß sie nach einiger Zeit brüchig werden und ausgehen.

BEIN-MAKE-UP

Die ersten Frühlingstage bringen sie zutage, die bleichen Winterbeine, die besonders stark auffallen, wenn man vom Skilaufen eine schöne braune Gesichtsfarbe mit nach Hause gebracht hat. Man muß ein wenig nachhelfen; ein guter alter Trick, um die Beine einzufärben, ist die Einreibung mit schwarzem Tee. Man brüht ihn etwas stärker auf als zum Trinken, seiht ihn ab und reibt die Beine damit ein, das verdeckt die Winterblässe. Wem das noch zu wenig ist, der kann auch die Beine mit den stärker färbenden Teeblättern abreiben oder selbstgemachten Fond de Teint anwenden.

ZELLULITIS

Die Oberschenkel sind das Sorgenkind so mancher Frau. Für fast alle Probleme, die damit zusammenhängen, hat sich heute das Schlagwort Zellulitis als Eigendiagnose in Mode gebracht. Jedes kleine Fettpolster an den Oberschenkeln, das durch zuviel Essen und zuwenig Bewegung entstanden ist, kann in den Augen vieler Frauen nur Zellulitis bedeuten, und eiligst werden Tabletten dagegen eingenommen, obwohl mit etwas Diät und Gymnastik schon geholfen wäre. Man kann heute wohl sagen, daß die Krankheitsbezeichnung Zellulitis als ein Dachbegriff für viele verschiedene Veränderungen an der Haut und am Gewebe des Oberschenkels verwendet wird. Die Chirurgen halten Zellulitis für eine Krankheit, die auf einer Entzündung des Gewebes beruht, ausgehend vom Unterleib der Frau. Die Rheumatologen dagegen betrachten die Zellulitis als eine rheumatische Erkrankung, die das lockere Gewebe befällt, von welchem die Gelenke umgeben werden. Damit sind wiederum die Dermatologen nicht einverstanden, denn sie glauben eher an eine entzündliche Erkrankung des subkutanen Gewebes.

Man nimmt neuerdings an, daß Wasserstauungen eine Veränderung der Haut an den Oberschenkeln bewirken können, auch eine Verdickung der Oberschenkel kann auf eine Wasserstauung zurückzuführen sein. Es wird deshalb empfohlen, bei langsam sich verdickenden Oberschenkeln eine Diät einzuhalten, die vor allem das Fett und Wasser beseitigt. Neben dieser Möglichkeit der Diagnose sind die Ärzte heute auch der Meinung, daß hormonale Störungen, Störungen des Nervensystems als Ursache für die Veränderungen der Haut am Oberschenkel in Frage kommen können. Wie immer die Diagnose des Arztes im Einzelfall lauten möge, so wird man bei der allgemeinen Körperpflege immer darauf hinzielen, diesen Veränderungen von außen entgegenzuwirken. Um den Stoffwechsel des Gewebes anzuregen, helfen Massagen, welche die Durch-

blutung fördern, Bewegung durch Schwimmen, Laufen, Radfahren und alle sportlichen Übungen, die viel Beinarbeit verlangen.

FUSSPFLEGE

Die Fußpflege beginnt mit den Schuhen; mit schlecht passenden
Schuhen kann man den Füßen den größten Schaden zufügen.
Ohnehin werden die Füße in den Schuhen eingesperrt, wie in
einem dunklen, licht- und luftlosen Schrank. Je enger dieser
Schrank ist, desto mehr haben die Füße darunter zu leiden. Eine
weitere Sünde, welche die Fußatmung betrifft, sind falsche
Strümpfe. Auch hier gilt die Regel, daß Luftdurchlässigkeit die
bequemste Voraussetzung für die Füße bietet.

Wer die Füße berufsbedingt stark beansprucht, an kleinen
Fußfehlern zu leiden hat, sollte sich passende Einlagen für die
Schuhe vom Arzt verschreiben lassen. Es hat wenig Sinn, die
Einlagen nach Gutdünken zu kaufen, da der Arzt mit einem
Gipsabdruck Fußfehler feststellen und durch die Einlage ent-
sprechend korrigieren kann. Die Reinhaltung der Füße ist ein
wichtiger Punkt in der Fußpflege. Schmutzreste an den Füßen
sehen nicht nur unästhetisch aus, sie können zwischen den
Zehen zu empfindlichen Entzündungen führen. Das abendliche
Fußbad ist ideal für die Reinigung der Füße. Ein warmes
Seifenbad zur Fußreinigung dient auch der Erweichung der
Horn- und Nagelhaut. Steht statt des Fußbades ein warmes
Wannenbad auf dem abendlichen Schönheitsprogramm, kann
man trotzdem den müden Füßen einen Extradienst erweisen.
Man massiert mit der harten Badebürste die Füße unter Wasser
tüchtig durch, das durchblutet, kräftigt und löst auch überflüs-
sige Hautschüppchen ab.

Zur speziellen Fußpflege eignen sich folgende Badezusätze:

Salzbad – Das Salzbad empfiehlt sich bei müden, leicht angeschwollenen Füßen und Fesseln. Man rechnet etwa zwei Handvoll Kochsalz auf eine Fußbadewanne voll warmem Wasser.

Essigbad – Zum Essigbad verwendet man den reinen Obstessig aus dem Reformhaus, eine Kaffeetasse voll für ein warmes Bad. Das Essigbad wirkt erfrischend, belebend und günstig gegen Fußschweiß.

KRÄUTERBÄDER
Ein warmes Kräuterfußbad kann gegen vielerlei Beschwerden eingesetzt werden. Von den hier angegebenen Kräuterzusätzen rechnet man eine reichliche Handvoll getrockneter Kräuter auf ein Fußbad. Man stellt einen Aufguß her, indem man die Kräuter mit kochendheißem Wasser übergießt und etwa 10 Minuten lang durchziehen läßt. Die abgeseihte Flüssigkeit wird dem Fußbad zugesetzt. Die Dauer des Fußbades soll 10 Minuten nicht überschreiten. In dieser Zeit kühlt das Wasser etwas ab, und da die konstant warme Temperatur zur guten Wirkung beiträgt, gießt man nach etwa 5 Minuten nochmals heißes Wasser nach. Es ist deshalb zu raten, die Fußbadewanne anfangs nur halbvoll mit Wasser zu füllen.

Müde Füße, müde Beine: Kamillenblüten, Kalmus, Tausendguldenkraut, Rosmarin, Pfefferminze.

Gelenkschmerzen: Arnikablüte, Heublume, Rosmarin.

Wunde Füße: Eichenrinde, Salbei, Zinnkraut.

Heiße Füße: Pfefferminze, Hanf, Hollunder.

Fußgeruch: Lavendel, Rosmarin, Thymian.

Frostbeulen: Eichenrinde.

Schnupfen und Erkältungen: Eukalyptusöl, Latschenkiefernöl, Salbei, Fenchel und Honig. Von den Ölen rechnet man etwa einen Eßlöffel voll; Honig eine halbe Kaffeetasse.

Nach dem Fußbad werden die Füße tüchtig frottiert, auch die einzelnen Zehen und die Haut zwischen den Zehen. Dann reibt man die Füße entweder mit medizinischem Fußbalsam aus der Apotheke oder mit einer gehaltvollen Fettcreme ein: Fettende Cremes eignen sich für die Fußpflege am Abend, zur Tagespflege kann man Body Lotion, Kampfersahne, Toiletteessig oder Kräutertonikum verwenden. Verbinden Sie eine kleine Fußmassage mit der Einreibung, kreisen Sie mit der flachen Hand über den Fußrücken, die Fußsohle, massieren Sie mit beiden Händen den Fuß von der Zehenspitze bis zu den Waden.

FUSSPUDER
Zutaten:
 5 g Gerbsäure
30 g Talkum
10 g Bolus alba
 5 g Zinkoxyd

Herstellung: Alle Zutaten in ein gut verschließbares Gefäß füllen und kräftig durchschütteln.

Fußpuder ist ein angenehmes Mittel, wenn man leicht heiße Füße bekommt, viel stehen oder laufen muß; wer in Bergstiefeln zum Wandern geht, Golf oder Tennis spielt, sollte die Füße damit einpudern, so vermeidet man das Anschwellen.

Bei der Behandlung des Schweißfußes empfiehlt es sich, den Puder über Nacht einwirken zu lassen. Durch das Einpudern kann die Flüssigkeitsabsonderung wirkungsvoll eingedämmt werden. Der Zusatz von Gerbsäure im Fußpuder bewirkt eine Abhärtung der meist etwas angeschwollenen Haut, womit auch eine Verminderung der Schweißsekretion verbunden ist.

14

SCHÖNHEITSFEHLER
UND IHRE BEHANDLUNG

ALTERSFLECKEN

Etwa im Alter von 40 Jahren bekommt man sie leicht, die gefürchteten Altersflecken. Sie treten an den Armen und Händen, auch seitlich am Hals, an der Stirn und an den Schläfen auf. Sie sind meist hellbraun und von sehr unterschiedlicher Größe, durch den Einfluß von Sonnenlicht können sie stärker und dunkler werden.

Die Altersflecken sind absolut harmlose Schönheitsfehler; zur vorbeugenden Behandlung empfiehlt sich eine Vitamin-A-reiche Kost mit Karotten, Lebertran, Leber, Milch und Butter. Sind die Altersflecken einmal da, lassen sie sich kaum wieder entfernen. Allerlei Bleichmittel werden gegen die Altersflecken angeboten, die mit Vorsicht anzuwenden sind, da sie zu schweren Hautreizungen führen können. Wenn man sich trotzdem dazu entschließt, ein solches Mittel zu versuchen, sollte man eine Probestelle am Körper aussuchen und das Mittel nicht gleich im Gesicht anwenden. Wenn sich danach keine Hautrötung einstellt, kann man die Behandlung fortsetzen. Fast alle Bleichmittel sensibilisieren die Haut gegen Sonnenlicht, man darf sie also nur im Haus auftragen. Wesentlich unproblematischer ist das Bleichen mit Zitronensaft. Man verwendet zur Abreibung die aufgeschnittenen Scheiben, die Anwendung erfordert allerdings viel Geduld, bis sich eine erkennbare Besserung einstellt.

Ein anderes altes Hausrezept gegen die Altersflecken, mit dem man eine ungefährliche Bleichung erzielen kann, ist der Meerrettichsaft. Man stellt ein Elexier damit her, indem man geriebene Meerrettichwurzeln etwa eine Woche in Weinessig ziehen läßt und die abgeseihte Lösung täglich einreibt.

GESICHTSHAARE

Gesichtshaare, auch „Damenbart" genannt, können vom zarten Flaum unter der Nase und auf den Wangen bis zur üppig sprießenden Behaarung im wahrsten Sinne des Wortes auswachsen. Das geschieht häufig dann, wenn man den zarten Flaum abrasiert und damit das intensivere Wachstum des Haars um so mehr anregt. Für die dauerhafte Entfernung des unerwünschten Haarwuchses sind Haarentfernungsmittel wenig geeignet, denn schon nach kurzer Zeit wachsen die Haare wieder nach, abgesehen davon vermögen diese Mittel bei empfindsamer Haut Entzündungen hervorzurufen.

Leichten Flaum auf der Oberlippe sieht man am wenigsten, wenn er hell ist, Man bleicht ihn am zweckmäßigsten mit folgender Mischung: ein Teil Wasserstoffsuperoxyd (5%), ein Teil Salmiakgeist und zehn Teile destilliertes Wasser. Der Erfolg der Behandlung beruht auf geduldiger Anwengung: Morgens und abends werden die Härchen mit einem in der Lösung getränkten Wattebausch betupft, das hellt sie schonend auf, ohne der Gesichtshaut zu schaden.

Mit der sogenannten arabischen Methode entfernt man die Härchen, indem man einen Eßlöffel erhitzten Bienenhonig mit dem Saft einer halben Zitrone verrührt und möglichst heiß auf die behaarte Haut aufträgt. Man läßt die Paste eintrocknen und reibt sie nach dem Erkalten mit den Fingerspitzen ab. Diese Anwendung empfiehlt sich allerdings nur bei unempfindlicher Haut.

Die Dauerepilation gilt als die einzige Methode, um unerwünschten Haarwuchs für alle Zeiten zu beseitigen. Die Epilation gehört allerdings in die Hände eines sehr guten Arztes oder einer spezialisierten Kosmetikerin, denn statt der Haare kann man sich leicht Narben einhandeln, wenn die Behandlung nicht mit der nötigen Sorgfalt durchgeführt wird.

HALSFALTEN

Falten am Hals müssen nicht unbedingt eine Erscheinung des Alters sein. Vernachlässigte Pflege des Halses hat meist frühzeitige Faltenbildung zur Folge. Die ersten Falten am Hals sollte man energisch bekämpfen, damit sie nicht zu tiefen Furchen werden.

Wechselkompressen sind ein gutes Mittel, um die Halsmuskulatur zu kräftigen: man legt dazu einen Wickel, den man jeweils dreimal in heißes, dann in kaltes Wasser getaucht hat, straff um den Hals.

Zur Erfrischung, Belebung und Kräftigung der Halsmuskulatur tragen auch Kräuterpackungen bei. Überbrühen Sie dazu zwei Handvoll getrockneter oder frischer Kräuter, zum Beispiel Rosmarin, Petersilie oder Brunnenkresse mit einem $3/4$ Liter heißer Milch und lassen Sie die Mischung eine Weile durchziehen. Tauchen Sie ein Handtuch in die abgeseihte Milch und wickeln Sie die Kompresse so heiß wie möglich um den Hals. Sobald sie abkühlt wird sie abgenommen und der Hals anschließend mit Nährcreme oder Weizenkeimöl einmassiert. Auch Gurkenschalen, in lange Streifen geschnitten, gelten als straffendes Mittel gegen die Halsfalten. Am zweckmäßigsten breitet man die langen Schalen dicht nebeneinander auf ein Tuch aus und wickelt sich die Packung wie einen Stehkragen um den Hals.

Ein hervorragendes Mittel gegen die Halsfalten ist Weizenkeim- oder Avocadoöl. Man trägt das leicht erwärmte Öl am Abend möglichst dick auf Hals und Nacken auf, deckt es mit

Zellstoff ab und wickelt anschließend ein weiches Tuch um den Hals. Die Packung läßt man über Nacht einziehen. Die Ölkur sollte man möglichst häufig anwenden, wenn man schon einige Halsfalten hat, aber auch als vorbeugende Maßnahme ist sie von ausgezeichneter Wirksamkeit.

HAUTGRIESS

Als Hautgrieß bezeichnet man die kleinen grießkornartigen Knötchen, die unmittelbar unter der Epidermis sichtbar zutage treten. Sie sind von gelblicher Farbe und harter Beschaffenheit und befinden sich meist an den oberen Partien der Wangen. Der Hautgrieß entsteht durch eine Verstopfung der Talgdrüse und durch Ablagerung von Hauttalg in der geschlossenen Drüse. Das entstehende Knötchen wirkt wie ein Mitesser, es läßt sich aber nicht durch einen Druck mit den Fingerspitzen entfernen, weil die verstopfte Drüse abgeknickt ist.

Mit Schönheitsmitteln kann man dem Hautgrieß, medizinisch Milium genannt, nicht beikommen. Man sollte auch nicht versuchen, das Körnchen selbst herauszudrücken, da die Haut zuerst mit einem sehr feinen, desinfizierten Messerchen angeschlitzt werden muß, bevor sich das Körnchen herauslösen läßt. Bei der Eigenbehandlung ist die Gefahr der Infektion und die Bildung von Narben durch unsachgemäße Behandlung gegeben, man sollte deshalb den Hautgrieß von einer guten Kosmetikerin entfernen lassen.

PICKEL UND MITESSER

Einzeln auftretende Pickel behandelt man am besten mit heißen Kräuterkompressen auf der Basis von Lindenblüten, Kamille oder Salbei; die heiße Kräuterkompresse sollte man mehrmals am Tag auflegen. Anschließend betupft man den Pickel mit

268

Hamameliswasser oder Kampferspiritus. Sobald der Pickel reif genug ist, springt er entweder von selbst auf, oder er kann mit einem sehr leichten Druck entfernt werden. Um weitere Infektionen zu verhindern, betupft man die Stelle mit Alkohol oder Kampferspiritus.

Eine Schleifkur mit Heilerde hat sich bewährt, mehreren, dicht beieinander stehenden Pickeln zu Leibe zu rücken. Nachdem die Haut gereinigt wurde, erweicht man sie mit einer heißen Kräuterkompresse. Dann rührt man etwas Heilerde mit heißem Wasser und einigen Tropfen Zitronensaft zu einem dicken Brei und trägt ihn warm auf die betroffenen Stellen auf. Sobald die Mischung fest angetrocknet ist, reibt man sie mit den Fingerspitzen ab. Anstelle von Heilerde kann man auch Mandelkleie verwenden.

Ein anderes gutes Mittel gegen die unreinen Hautstellen ist ungebleichtes Weizenmehl. Man verrührt es mit warmem Wasser und angewärmtem Honig zu einem dicken Brei, trägt ihn auf die betreffenden Stellen auf und wäscht ihn erst nach dem Trocknen wieder ab.

Neben der äußeren Therapie kann man auch von innen nachhelfen, die lästigen Störenfriede zu beseitigen. Hier helfen blutreinigende Tees; Alant, Brennessel, Brunnenkresse, Klette, Thymian und Zinnkraut sind die bekanntesten Zusätze für den Aufguß.

SOMMERSPROSSEN

Zu den fleckigen Pigmentierungen der Haut zählen auch die Sommersprossen, kleine, rundliche oder unregelmäßig geformte Pigmentflecke von gelblicher oder bräunlicher Farbe. Sie entwickeln sich bereits in der Kindheit und treten im Frühjahr und Sommer unter dem Einfluß des ultravioletten Lichtes deutlich hervor, besonders am Nasenrücken, aber auch an der Stirn und den Wangen. Es ist schade, daß viele Frauen ihre Sommersprossen als Schönheitsfehler betrachten. Berühmte Schönheiten, wie Greta Garbo oder Joan Fontaine haben Sommersprossen. Sommersprossen machen gute Laune, das meinen die Mannequins und malen sich die Pünktchen mit viel Geschick auf die Nase.

In früheren Zeiten, als die Frauen weder lustig noch gesund, sondern bleich und gefaßt aussehen wollten, verwendete man die verschiedensten Hausmittel, um die Sommersprossen zu bleichen. Buttermilch, verdünnter Zitronensaft, Petersiliensaft oder Gurkensaft sprach man mattierende Wirkungen zu. Ein anderes Hausmittel besteht aus unreifen Johannisbeeren, die man als Packung anwendet. Man nimmt dazu etwa 150 g unreife Johannisbeeren, zerdrückt sie mit der Gabel und fügt dem Brei einen Eßlöffel erwärmten Bienenhonig bei. Die Mischung wird auf die Sommersprossen gestrichen und muß mindestens eine halbe Stunde einwirken. Anschließend wird die Packung mit warmem Wasser abgewaschen und die Haut mit verdünntem Zitronensaft betupft.

Ein anderes Rezept verrät, wie man eine große Fläche von Sommersprossen so miteinander verbindet, daß der Eindruck einer vollkommenen Bräune entsteht. Man reibt die Haut morgens und abends mit frischem Karottensaft ein, und nachdem der Saft in die Haut eingezogen und getrocknet ist, massiert man etwas süßes Mandelöl ein. Die Kur wird vervollständigt mit einem Glas Karottensaft und einer Lebertrankapsel, täglich zweimal einzunehmen.

Es ist gewiß ratsamer, diese einfachen unschädlichen Mittel auszuprobieren, statt mit chemischen Bleichmitteln zu versuchen, die Sommersprossen eine Nuance heller zu machen, dafür aber die restliche Haut ruinieren. Immer wieder tauchen merkwürdige Mittel auf, mit welchen man angeblich die Sommersprossen für alle Zeiten entfernen kann. Dazu gehören beispielsweise die sehr giftige Karbolsäure, Quecksilber oder Wismut, Teer, Schwefel oder Jod. Vor der Anwendung dieser Mittel kann man nur warnen. Wenn man wirklich der Meinung ist, die Sommersprossen müßten auf Dauer entfernt werden, sollte man einen guten Hautarzt fragen, der feststellen wird, ob er eine Entfernung durch Ätzung vornehmen kann.

SONNENBRAND

Sonne und Luft sind Schönheitspflegemittel, die sich jeder leisten kann, es kommt nur auf die richtige Dosierung an.

Wer die Sonne als Schönheitsmittel einsetzen will, beginnt mit Luft- und Schattenbädern und höchstens 20 Minuten direkter Sonnenbestrahlung am Tag. Das Sonnenbad wird täglich um weitere 10 Minuten gesteigert, je heller und empfindlicher die Haut, desto sparsamer soll die Sonne einwirken. Für die Schönheit bringt sparsame Sonnenbestrahlung die verschiedensten Vorteile: sie regt den Stoffwechsel an, macht die Haut glatt und weich, gesundet und regeneriert den gesamten Menschen.

Hat man einmal zuviel Sonne abbekommen, spannt und brennt die Haut, lassen sich verschiedene lindernde Mittel zum Einsatz bringen. Man kann Einreibungen mit Zinksalbe vornehmen, das kühlt und heilt die strapazierte Haut. Gegen leichten Sonnenbrand wirkt am besten Buttermilch, heißt es in alten Hausrezepten. Entweder betupft man die Haut am Abend vor dem Schlafengehen mit frischer Buttermilch oder man stellt eine Essenz aus folgenden Zutaten her: eine frische Gurke wird gut gewaschen und mit der Schale in Stücke geschnitten. Anschließend in Buttermilch einlegen, bis alle Stücke gut bedeckt sind und ein paar Stunden durchziehen lassen. Die abgeseihte Gurkenmilch wird am Abend vor dem Schlafengehen eingerieben.

Ein englisches Rezept rät zur Einreibung mit Kuhmilch, in der ein Päckchen Bäckerhefe zerdrückt wird. Diese Lotion soll ebenfalls zur Kühlung und Linderung aufgetragen werden. Auch Umschläge mit süßem Rahm helfen die Haut wieder zu beruhigen und die Bildung von Falten und Runzeln als Folgeerscheinung des Sonnenbrandes aufzuhalten.

All diese Rezepte sind natürlich nur für die leichten Sonnenbrände gedacht. Bei schwereren Sonnenschäden muß man in jedem Fall einen Arzt aufsuchen!

Gegen die ultravioletten Strahlen der Sonne schützt man sich mit Sonnenschutzmitteln, die durch ihren Gehalt an sogenannten Lichtschutzfaktoren die schädigenden Einflüsse der ultravioletten Strahlen unterbinden.

Leider gibt es nur ganz wenige Firmen, die auf der Verpackung Inhalt und Grad des Lichtschutzfaktors angeben. Der Grad – man rechnet von 1 bis 6 – spielt insofern eine wichtige Rolle, da durch ihn die Schutzfähigkeit des Inhalts benannt ist. So verwendet man zum Beispiel Sonnenschutzmittel mit Lichtschutzfaktor 6 im Hochgebirge, 5 zum Sonnenbaden am Meer. Je weniger intensiv die Sonnenbestrahlung ist, desto niedriger darf der Lichtschutzfaktor sein.

Manche natürlichen Öle enthalten einen schwachen Lichtschutzfaktor, vor allem Avocado- und Sesamöl. Braucht man nur einen leichten, pflegenden Hautschutz, dann empfiehlt sich folgendes Rezept:

SONNENÖL

Zutaten:
1 Teil Sesamöl
1 Teil Avocadoöl
1 Teil reines Olivenöl
Herstellung: Mischen Sie die drei Öle miteinander, und schon ist das hautpflegende Sonnenöl fertig. Für ein Sonnenbad in praller Sonne sollten Sie das Öl nicht verwenden, dagegen ist es als Hautschutz bei Luft- und Schattenbädern sehr gut geeignet. Ist Ihnen die Ölmischung zu schwer, setzen Sie etwas Zitronensaft oder etwas Obstessig zu, man rechnet auf eine Tasse Öl jeweils einen Kaffeelöffel. Kühl lagern!